JN218751

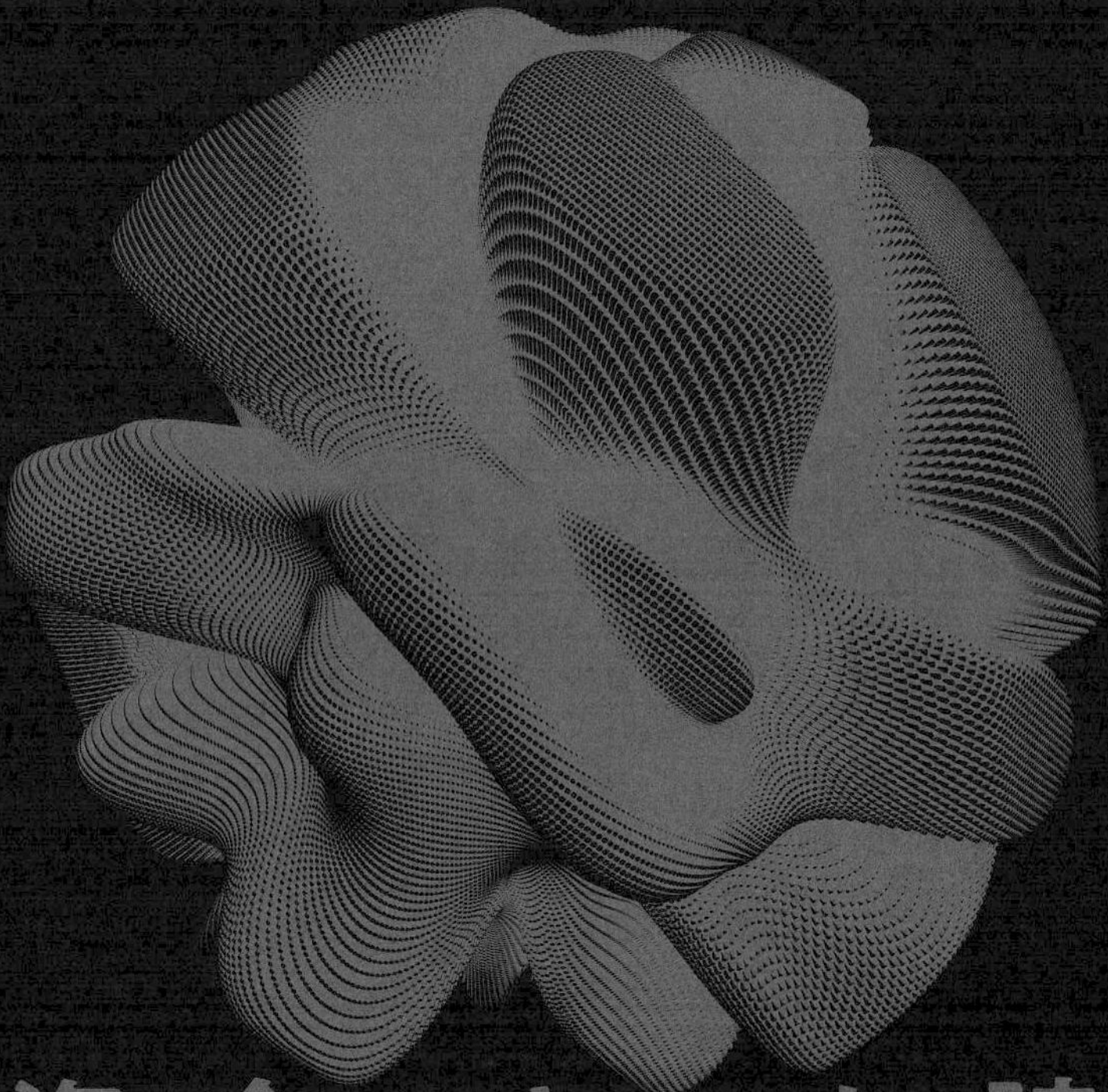

建築のかたちと金融資本主義

氷山、ゾンビ、極細建築

マシュー・ソウルズ
牧尾晴喜 訳

草思社

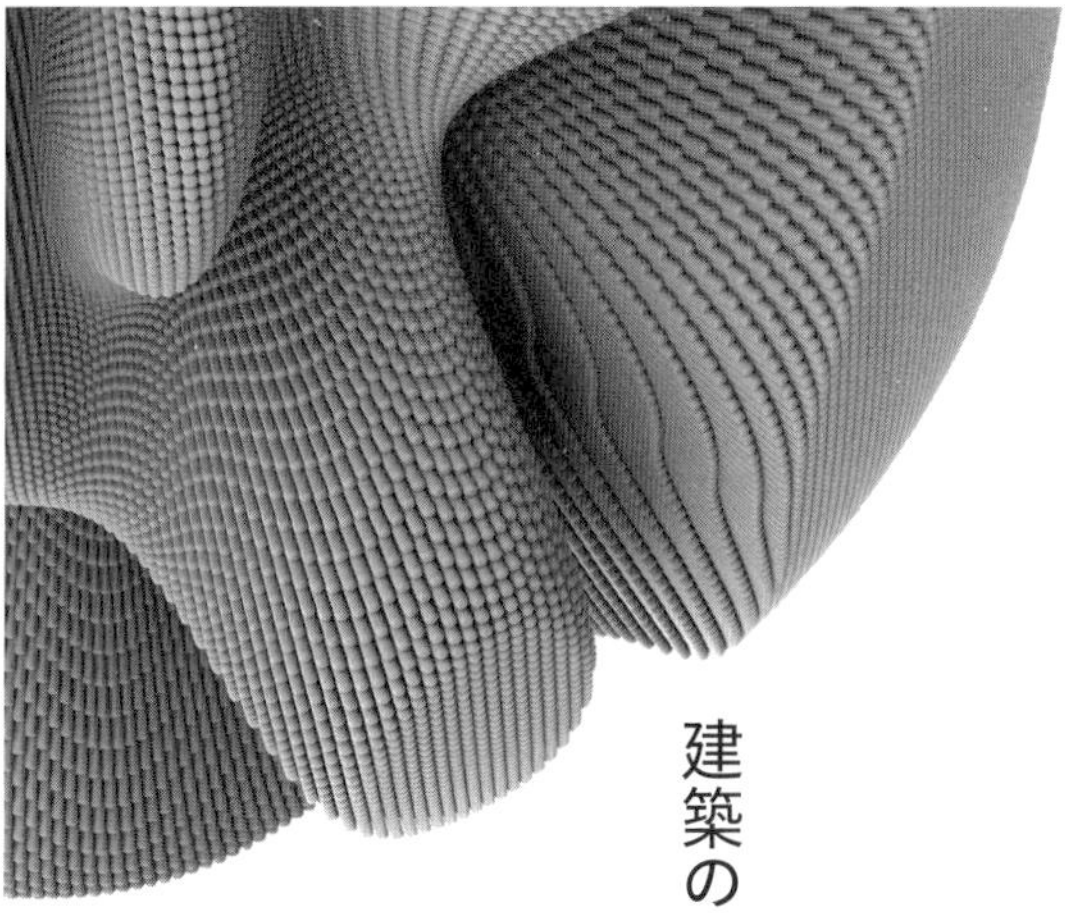

建築のかたちと金融資本主義

氷山、ゾンビ、極細建築

Icebergs, Zombies, and the Ultra-Thin
Architecture and Capitalism in the 21st Century
by Matthew Soules

Copyright © 2021 by Matthew Soules.
All rights reserved. No part of this book may be reproduced in any form without written permission from the publisher.
First published in English by Princeton Architectural Press, a division of Chronicle Books LLC.
Japanese translation rights arranged Chronicle Books LLC, San Francisco, California through Tuttle-Mori Agency, Inc., Tokyo

建築のかたちと金融資本主義——目次

書誌名に欧文が併記されているものは邦訳がないもの。
また、本文中の引用に出典が示されていないものは私訳による。

まえがき

本書は2007年から2008年にかけて起きた世界金融危機を契機として書かれた。この危機により、グローバル資本主義における金融の重要性が特に浮き彫りになり、金融システムが大きく注目されることになった。社会の全般的な議論や政治的議論と並行して、経済学から社会学に至る分野ではいわゆる「金融資本主義」と「金融化」のプロセスを扱った多くの研究が行われた。これらの研究では、ウォール街や「大きすぎて潰せない」銀行などの非物質的な仕組みに焦点を当てるものが多かったが、この金融危機の物質的な側面に目を向けるものもあった。結局のところ、この危機の核心はサブプライムローンと住宅供給だったのだ。フロリダの差し押さえられた家、アイルランドのゴースト・エステート（幽霊不動産）、中国の空っぽの高層マンションなどは、直接経験していない人々の間でも一般的なイメージとして定着している。

金融危機によって、住宅と都市の金融化にフォーカスした広範な議論と活動が活発になった。現在に至るまで続けられているこれらの議論や活動は多岐にわたっており、たとえば住宅の購入しやすさに関する議論から、空き家に対して課される税金の導入に至るまでさまざまである。国連は特別報告者を任命し、2017年に「住宅が、商品すなわち資産形成の手段、そしてグローバル市場で売買される金融商品の担保として扱われることが多い住宅市場と金融市場、およびグローバルな投資の構造変化」(structural changes in housing and financial markets and global investment whereby housing is treated as a commodity, a means of accumulating wealth and often as security for financial instruments that are traded and sold on global markets)[1]に関する報告書を発表した。

しかし、建造環境の金融化は、政治家、経済学者、大衆メディア、一般の人々の間では、少なくとも一つの関心事としては意識されている一方で、建築という学問分野では、ほとんど何も語られていない。資産としての建築の役割が拡大した一方で、建築家たちはそれに対応する概念的または業務遂行のための枠組みを確立するに至っていないのだ。現在のデザインに関する議論は、今も世界中で建築と都市化のプロセスを推進しつつある資本の機敏性と規模に太刀打ちできるレベルにはないだろう。これは、建物や都市に興味がある人だけでなく、現代の経済問題に関心がある人にとっ

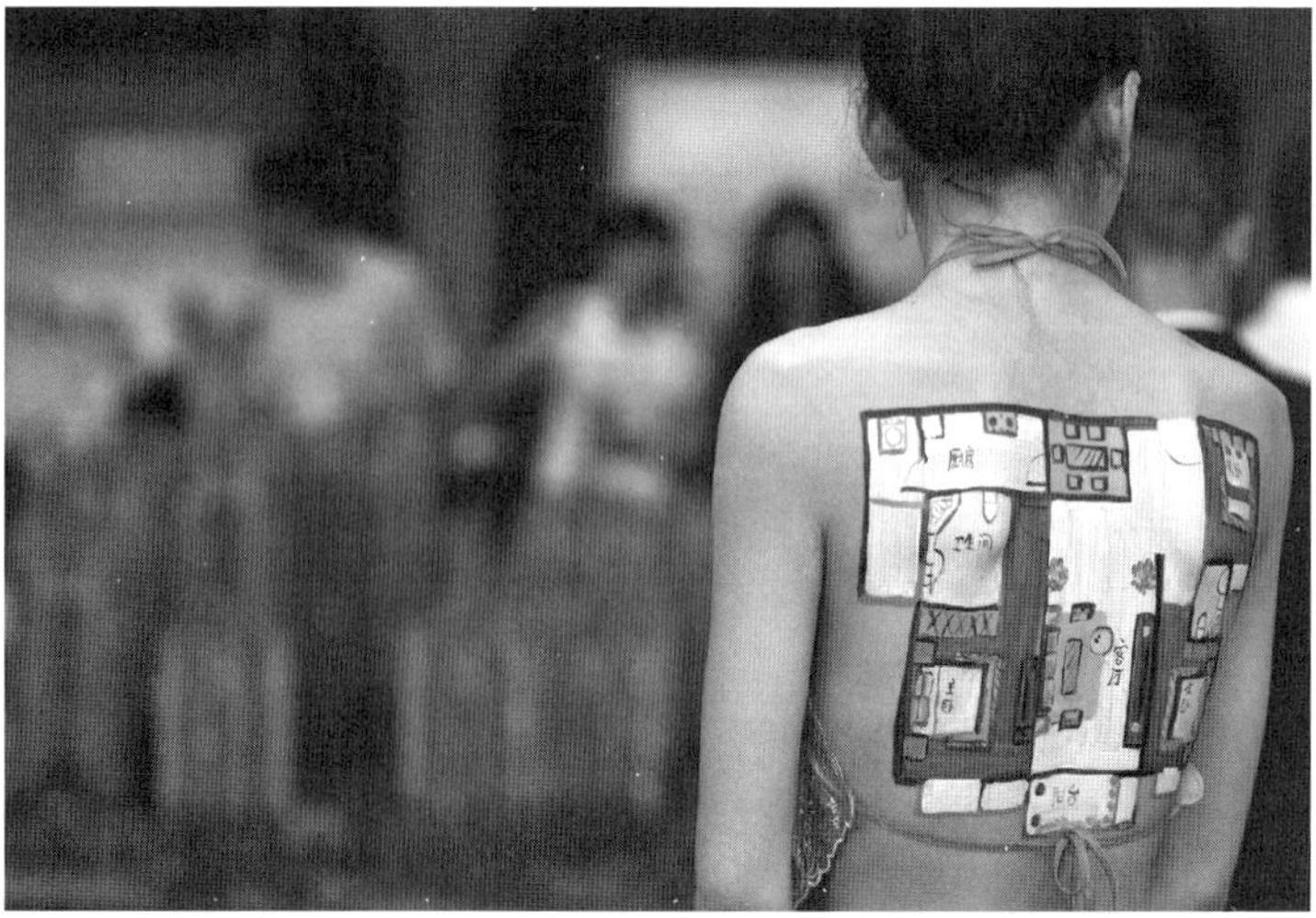

中国、南通市の第55回住宅博覧会で、マーケティング戦略の一環としてモデルの背中に描かれた住宅の間取り図。

ても差し迫った問題である。見落とされがちなこの死角に焦点を当てることが本書の目的だ。

私は2012年にカナダ社会・人文科学研究会議から助成金を受けて、このテーマに関する研究を開始した。[2] この助成金は、2007年から2008年に至るまで、またそれ以降に、建造環境における最も顕著な変化（多くの場合、大量の投機的建設と、その後に生じた劇的な供給過剰やそれに伴う社会的、政治的、経済的課題）が起きた場所の調査に対して支給されたものである。私は2013年から2015年にかけて、アイルランドとスペイン、そして米国ではフロリダと南西部において、現地の状況を記録・分析した。この初期の研究を端緒として、本書ではより広範な関心事について扱っている。

知的な文脈

金融の重要性は、現代の資本主義をよく表す特徴である。金融資本主義の隆盛は、おそらく過去40年間における最も重要な社会文化的な変化であり、この隆盛において建物は独特の重要な役割を果たしている。21世紀の建築を完全に理解するには、金融資本主義という背景における建築の役割を理解することが不可欠である。そして、その金融資本主義がどのように機能しているかを完全に理解するには、その仕組みの中に建築を位置付ける必要があるのだ。

金融と建築の関係を考える際の課題の一つは、建物の財政的側面に関わる分野とデザインに関わる分野との乖離である。建物には資金とデザインの両方が必要であることは誰もが認めるところであり、両者を結びつけようとする多くの努力がなされてきたが、それぞれの分野に携わる人々は通常、互いに不信感を抱いており、資金はデザインに対し（そしてデザインは資金に対し）真に意味のある影響を及ぼすことがないと思い込んでいる。この分断は学術界でもはっきり感じ取れる。建築やアーバニズムの経済的側面に興味がある人は、「不動産」という広いカテゴリーの中で活動する傾向がある。建築系の学校では不動産の専門家が雇われることはあまりなく、雇われていたとしてもその数は限定的で、中心的存在ではない。そして、不動産の専門知識を有しているビジネススクールでは、その教授陣がデザインの知識を有していることはほとんどない。つまり、これら二つの世界は疎遠になっていると言える。金融媒体としての建築の機能が増すにつれ、この長年の分断はさらに大きな問題になっている。

これまで、多くの著者が建築と資本主義の関係を研究してきた。イタリアの建築史家マンフレッド・タフーリは、1973年の著書『建築神話の崩壊：資本主義社会の発展と計画の思想』（藤井博巳・峰尾雅彦共訳、彰国社、1981年）をはじめとする、影響力のある優れた著作を発表した。資本主義により、どのような美的イデオロギーも社会的生産のために役に立たないものになってしまうとタフーリが1969年に初めて明言したとき、それは建築の死を宣告するものとして受け取られた。[3] 現代イタリアの建築家ピエール・ヴィットーリオ・アウレーリの数多くの著作の中でも、2008年に刊行された『プロジェクト・アウトノミア：戦後期イタリアに交錯した政治性と建築』（北川佳子訳、鹿島出版会、2018年）では、タフーリと、1960年代から1970年代にかけてのイタリアにおけるより広範な建築の議論が、今日の建築の政治的可能性を探るための手段として再評価されている。建築家の労働に関する問題を考察してきた米国の建築家ペギー・ディーマーは、2014年に『建築と資本主義：1845年から現在まで（Architecture and Capitalism: 1845 to the Present）』という優れたテキスト集を編纂した。これらの著者は、現代における非常に重要な問題を扱っており、さまざまな意味で私の考え方に影響を与えているが、金融資本主義に焦点を当ててはいない。むしろ、金融化の空間的および物質的性質についてのより洞察力に富んだ研究のいくつかは、社会学や地理学に関する著作や、政治経済と住宅の重層分野の著作に見ることができる。マルクス主義経済地理学者として知られるデヴィッド・ハーヴェイは、余剰資本吸収の手段としての都市化の概念、および金融資本主義の特徴の解明において重要な役割を果たしてきた。彼の膨大な著作の中から、前者については1985年に刊行された『都市の資本論：都市空間形成の歴史と理論』（水岡不二雄監訳、青木書店、1991年）を、後者については1982年に刊行され今や古典となった『空間編成の経済理論：資本の限界』（松石勝彦、水岡不二雄訳、大明堂、1989・1990年）を参照されたい。地理学者で社会学者のマニュエル・B・アルバースの2016年の『住宅供給の金融化：政治経済学のアプローチ』（The Financialization of Housing: A Political Economy Approach）などの著作は、金融資本主義において住宅が果たす重要な役割に関する詳細な分析を提供している。

金融資本主義に対する建築分野の意識の低さは依然として深刻であるものの、2008年の金融危機をきっかけに、住宅バブルや金融の崩壊によって一部の建築が物質的な残骸となるなど、その注意の方向は変わり始めていた。アイルランド、スペイン、米国では、小規模な建築家のグループがそれぞれの危機の状況を個別に概念化していた。2011年の選書『危機の後：現在の建築の状況』（After Crisis: Contemporary Architectural Conditions）に収められたイザベル・コンチェイロの「中断されたスペイン」（Interrupted Spain）と、ジュリア・シュルツ＝ドルンブルグの２０１２年の著書『現代の廃墟：収益の地形学』（Ruinas Modernas: Una topografía de lucro）は、どちらもスペインの状況に関する重要な文献である。ラインホールド・マーティン、リア・マイスターリン、アンナ・ケノフの『ビューエル仮説：アメリカンドリームの新たな形』（The Buell Hypothesis: Rehousing the American Dream）は、米国の状況を理解するのに役立つ書籍だ。２０１５年に出版されたクリストファー・マーシンコスキーの『実現しなかった都市：現代都市における投機的性質を再考する』（The City That Never Was: Reconsidering the Speculative Nature of Contemporary Urbanization）は、２００８年の金融危機の影響による荒廃したランドスケープを記録した資料の代表作と言えるであろう。そして、こうした取り組みは、オランダ人建築家レイニエ・デ・グラーフが２０１８年にハーバード大学デザイン大学院（ＧＳＤ）で行ったスタジオ「ファントム・アーバニズム」などにも継承されている。このスタジオでは世界中の空虚な都市開発事業がカタログ化され、金融資本主義の空間的および物質的な影響の一部を総合的に記録・解説しているが、金融資本主義と建築の継続的かつ具体的な検証は行われていない。

１９８０年頃に金融資本主義が発展し始めて以来、金融とデザインの結びつきに焦点を当てた、小規模ではあるが重要な分析が行われてきた。キャロル・ウィリスの１９９５年の著書『形態は金融に従う：ニューヨークとシカゴの超高層ビルとスカイライン』（Form Follows Finance: Skyscrapers and Skylines in New York and Chicago）では、米国における20世紀前半の空間金融構造に関する重要な分析が行われた。ウィリスは、企業金融とニューヨークやシカゴのスカイラインとの関係についての考察を行っているが、これは金融が現在の隆盛を極める以前に関するものである。一方、ロンドンを拠点とする建築家ジャック・セルフのデザインと彼が編集した著書は、現代の状況にしっかりと根差したものである。ロンドン橋の隣の敷地に提案された金メッキの高層マンション「ジ・インゴット」など、セルフによる設計プロジェクトでは建築デザインのツールとして金融アルゴリズムが用いられている。彼は、現代の建築とアーバニズムにおける金融論理の圧倒的な存在感に対する応答として、「金融家としての建築家」(architect as financier) という概念を探求している。ダグラス・スペンサーの２０１６年の著書『新自由主義の建築：現代建築がいかにして規制とコンプライアンスの装置となったか』(The Architecture of Neoliberalism: How Contemporary Architecture Became an Instrument of Control and Compliance) は、現代建築と新自由主義的イデオロギーの類似点を探求した優れた作品である。金融化は新自由主義と連動しており、スペンサー自身は金融資本主義について言及していないものの、この著作には関連性を見出すことができる。

アメリカの文芸批評家、哲学者、政治理論学者であるフレドリック・ジェイムソン、そしてアメリカの建築史家ラインホールド・マーティンの業績は、金融資本主義と建築を分析する上で特に重要である。ジェイムソンとマーティンはどちらも、たいていはポストモダニズムと関連付けながら、１９８０年以降の金融と建築を明示的に探求している。

ジェイムソンは、ポストモダニズムは彼が呼ぶところの後期資本主義、あるいは多国籍資本主義、金融資本主義に特有の文化的条件であると主張した。彼の主題には絵画、写真、小説などが含まれることが多かったが、経済と「実質的に直結している」建築は、分析に極めて有用だと彼は考えた。[4] １９９２年の『ポストモダニズムあるいは後期資本主義の文化的論理』(Postmodernism, or, the Cultural Logic of Late Capitalism) の中で、彼が建築家兼ディベロッパーのジョン・ポートマンが設計したロサンゼルスのウェスティン・ボナベンチャー・ホテルを「本格的なポストモダンの建物」[5]と表現したのはよく知られている。ジェイムソンは、反射するガラスで覆われ、方向感覚を狂わせるロビーを内包するこの建物を、都市に取って代わる密閉空間として捉え、それは「分散した巨大多国間通信ネットワークを地図化することができない……私たちの思考の無力さ……の象徴であり、それを体現したものである。私たち自身もそのネットワークの中で囚われの身になっている」[6]と述べた。

私はジェイムソン同様、金融資本主義のロジックにおいて建築が特別な地位を占めており、この地位が建築に変異をもたらしていると確信している。私は彼の考えに深く影響を受けており、私たちの主張には共通する点もあるが、いくつかの重要な点では意見が異なっている。ジェイムソンについては、建物を資本主義の表象以上のものとして捉える試みも時折見られるものの、ほとんどの場合、建物は資本主義の表象であるという考え方に限定されている。彼にとって、建築とは主に、シンボル、アナロジー、図、表現からなる美的空間である。私も、建築には常に象徴的な部分があると考えているものの、本書での関心は、建築が金融資本主義のシンボルやアナロジーとしてだけでなく、金融資本主義の仕組みに不可欠な機能要素としてどのような役割を果たしているかということだ。この違いは、建築という分野の相対的な自律性を私たちがどのように考えているかに関係している。建築は文学や視覚芸術と並ぶ文化領域の一部であり、それは建築が現実的な世界から表向きは自律しているということなのか、あるいは完全に現実世界の一部なのか、といった建築の自律性に関する議論において、ジェイムソンは自身の立ち位置を確立している。ジェイムソンは、建築の「美的水準の特殊性（自律性あるいは半自律性）や内的ダイナミクス」を尊重しながら、建築が資本主義によって影響を受けるという中間領域に立脚したいと述べている[7]。経済学と美学という二項対立を維持しつつ、その仲介者として建築を理解しようとしている。そしてそのような立場において、ジェイムソンは美学の側により多くの時間を費やしている。対照的に、私は、建築が他の学問分野と同様に固有の内的ロジックと文化を有しており、したがってそれらの内的要素は自律しているだろうと認識しているものの、それらが資本主義の仕組みから意味のある形で自律しているとは考えていない。

１９９０年代後半、ジェイムソンは二つの重要な著作で、より明確に金融資本主義に注目した。１９９７年の論文「文化と金融資本」（Culture and Finance Capital）は文化的領域を幅広く扱っているが、翌１９９８年の論文「レンガと風船：建築・理想主義・土地投機」（『カルチュラル・ターン』（合庭惇、河野真太郎、秦邦生訳、作品社、２００６年）に収録）は、金融資本主義に特有である建築の造形的および美的特徴について、集中的な議論を提起したという点において非常に重要である。この著作の主題は、抽象化と、経済および文化の両方の領域における抽象化の影響である。ジェイムソンは、金融資本のロジックには「文化的生産」において見られる「根本的に新しい形の抽象化」が存在すると主張している。[8] 彼の仮説によれば、この抽象化を表す建築的な特徴は二つあり、モダニズムの「自由な平面」に由来する「極端な等方空間（extreme isotropic space）」と、ガラス皮膜だけではなく、その「皮膜で囲まれた容積」である。[9] この非物質化された抽象化への動きは、レンガから風船への移行（建築の脱物質化）に似ている。[10] 私は、金融資本主義には抽象化の増大が伴い、そのために等方性の表現や特定のタイプの建築外皮が採用されることがあるという点には同意する。しかしながら、芸術や建築が抽象的であるか、あるいは具象的または写実的であるかということに関連して金融資本主義に伴う事象に着目するため、ここでは抽象化そのものに焦点を当てることはしない。また、ジェイムソンの言う抽象化では、ガラスの壁、カーテンウォール、無重力など、特定の物質的条件が強調されているようである。本書では、「抽象化」を「単純化」と「複雑化」というキーワードで補強したいと思っている。これらの用語を用いることで、抽象化だけに固執するよりも、金融資本主義建築で起きていることをより正確に捉えられる。物質的および造形的な状況全体に見てとることができるように、金融資本主義においては単純化と複雑化の両方の傾向が高まっている。つまり、レンガと風船の「両方」が、建築の非物質化ではなく、むしろ再物質化において役割を果たしているのである。

ラインホールド・マーティンもまた、ポストモダン、抽象化、建築と資本主義の関係に関心を持っており、抽象化や、建築による経済と文化の仲介に関するジェイムソンの提案をより完全な形へと発展させ、最終的にはそれを超越することを目指している。彼は２０１１年に、「私たちは建築と都市の形態を、現代生活の抽象化の具体的な物的証拠としてだけでなく、抽象化そのものとしても認識する必要があり」、金融資本主義は、建築を定義するのと同時に、建築によって定義されていると述べている。[11] さらに彼は、「今日の都市では、建築やその他の美的形態を通じた文化的意味の構築と循環は、政治経済のプロセスによる二次的効果ではなく、一次的な特徴である」[12]と述べている。したがって、マーティンは、建築と政治経済のより密接な関係という観点において、ジェイムソンよりも私に近い立場を取っている。

マーティンも私も建築を政治経済的プロセスとして理解しているが、そのプロセスの中で建築がどのように機能するかを考える際に何を重視するかという点で、私たちの考えは異なっている。マーティンは文化と経済の分裂を解消するという点ではジェイムソンよりもさらに踏み込んでいるが、彼は依然として建築の役割を主に伝統的な意味での美学、つまり「文化的意味」の構築と循環として理解することに固執している。こうすることで、マーティンは21世紀のディベロッパー建築を19世紀の風景画になぞらえているのだ。なぜなら、どちらも「崇高」なもの（前者は金融資本の崇高さ、後者は自然の崇高さ）を捉えようとしているからである。[13] マンハッタンのウェストサイドの端に建つフランク・ゲーリー設計のIACビルの波打つ造形は、「多国籍資本主義の移り変わりが夏のそよ風の穏やかな波紋に変換される」場所であると彼は主張している。[14] 私はこれらの主張において必ずしもマーティンが間違っているとは思っていない。文化的意味の構築は、金融資本主義として機能する建築にとって極めて重要な側面だと言える。ただ、それは建築のユニークな役割の一側面にすぎず、マーティンはその他の側面にはあまり関心を持っていないようである。

私は、ジェイムソンやマーティンとは対照的に、建築自体が金融資本主義的投資の媒体としてよりうまく機能できるように、建築とアーバニズムが変異すると考えている。この変異は包括的なもので、建物の設計における使用・管理・運営の意図を変えてしまう。そして、誤解しないでいただきたいのは、これらの設計上の変更は造形的で美的なものだが、同時に金融機能主義と文化的意味の必要性から生じたものでもあるということだ。

範囲と方法論

金融資本主義と金融化はグローバルなものだが、本書では主にヨーロッパと北米に焦点を当てている。その他の地域については概観しているだけであることは、明らかに本書の限界の一つであり、これは時間とリソースの制約によるものである。ヨーロッパと北米は経済が高度に

ダウンタウン・マイアミにあるザハ・ハディドのワン・サウザンド・ミュージアム(左から2番目)を含む高層マンション、2020年。

金融化されている傾向にあるため、金融資本主義と建築の関係を探るのに十分な機会が得られるものの、アフリカ、アジア、南米といった地域に焦点を当てた詳細な追加研究が将来的に必要なことは明らかである。金融化は極めて不均一なプロセスであり、さまざまな地域、都市、国に大きく異なる形で影響を及ぼす。本書で扱っている、限られた数の建物や都市から集められた知見には幅広い関連性があるが、より広範囲の建築と資本主義の地域的な特殊性を検討することで、建築と資本主義の概念にありとあらゆる変化がもたらされるはずだ。

金融資本主義はあらゆる種類の建物に作用しているが、本書では住宅に焦点を当てている。なぜなら、金融は特に住宅不動産と一体化しており、金融資本主義の特徴は住宅不動産において最も鮮明に浮き彫りになるからである。金融とその建築との関係に関する研究の中には、直接的かつ明白なつながりを示すべく、金融関連の企業が入居する建物などに焦点を当てたものもある。[15] また、前衛的な建築や特別な建物に重きを置いた研究もある。[16] 空間金融システムにおいては特別なものと日常的なものが連動しているため、本書ではその両方に焦点を当てている。金融関連企業の本社ビルは、金融の建築的ロジックを分析する最良の機会を提供しているように思えるかもしれないが、金融が自身を顕在化させるための主要な手段はこういった建物ではなく住宅である。そのため本書は住宅にフォーカスしている。人気の博物館からゴルフコースに至るまで、住宅以外の建物、あるいは都市やランドスケープの要素は不動産投資の生態系の中で機能しているのだが、その生態系において優占種であるのが住宅だ。住宅が果たす金融機能は、造形、美学、プログラム、維持管理、使用といった点に見出すことが可能で、本書ではこれらすべてのカテゴリーを同等の重要性をもって扱っている。

　金融資本主義の重要性が高まっている時期は、商品の生産よりも資本の循環が重視される時期と解釈すれば、うまく説明できる。カール・マルクスの資本の一般的定式は「M－C－M'」（貨幣－商品－貨幣）だが、金融資本主義では、貨幣が「自らを解放」し、金融取引を通じて利潤が生じるとして、この定式の「C－M'」の部分が強調される。これはマルクスが「M－M'」（貨幣－貨幣）という定式で説明したところである。[17]資本主義と建物を考える際にディベロッパーの役割を強調する著作物もある。[18]対照的に、本書ではディベロッパーはほとんど登場しない。これはディベロッパーが重要でなくなったからではなく、むしろディベロッパーの資金調達業務は、時間の経過とともに変化しながらも、資本主義経済における建物の生産において常に見られる要素だったからである。金融資本主義の時代における建築の特徴は、ディベロ

2007年から2008年にかけての金融危機以来、一部が未完成のまま残っている米国フェニックス大都市圏の分譲住宅。2015年撮影。

ッパーとは直接的にはほとんど関係なく、むしろディベロッパーとは比較的関係の薄い金融取引を促進する空間金融手段として建築がどのように機能するかに関係している。

筆者のアプローチは主に、哲学、政治経済、政治経済の文化圏への影響、経済理論と経済史、マスメディア、建築関連の議論にもとづいた考察である。そして、このような考察において、具体的な建造環境や建物の観察・分析を織り交ぜている。その結果として生まれた一連の建築および都市の批評は、金融化の大きな手段である空間金融構造としての建物の機能を明確に表現するものである。

本書の構成

本書は序文と八つの章で構成されている。序文では現在の資本主義の特徴とその概念的な歴史の背景を提供するとともに、金融資本主義とそれに関連する金融化のプロセスを定義し、経済データに触れながらその重要性を簡潔に示す。金融資本主義の歴史学は広範囲にわたるが、序文では、カール・マルクス、ルドルフ・ヒルファディング、フレドリック・ジェイムソン、ジョヴァンニ・アリギ、コスタス・ラパヴィツァスなど、有用な基準を提供する少数の人物に焦点を当てている。これらの思想家の議論にもとづいて現行の金融資本主義の問題を位置付け、後続の章で扱う事象のための概念的な背景とした。さらに、金融化は新自由主義とグローバリゼーションの台頭と同時期に起こっているため、金融化が21世紀の資本主義の動きを説明するのに最も適切な概念であるという立場のもと、これら三つの項目の関係を扱っていく。

序文におけるより広範な文脈設定に続いて、第1章では、一般的な意味での金融資本主義と建築の関係に焦点を当てる。まず不動産が金融資本主義の重要な構成要素であることを確認し、次に、金融資本主義と建築との関係を最も鮮明に見ることができる舞台として特に重要な不動産カテゴリーである住宅について、より詳細に議論する。この章では、金融資本主義的建築とアーバニズムの五つの特徴を紹介する。

1. 本質的に不安定であり、危機的な空間を生み出す。
2. ますます投機的な富の保管場所として機能するようになっている。
3. 不均一な開発と、格差を拡大する手段として機能する。
4. 非常に象徴的でありながら、極めて標準化された空間を生むという両方の傾向が同時に存在する。
5. 資産の流動性を高める。

これら五つの特徴については、後続の章で掘り下げていく。

第2章では、金融資本主義的アーバニズムの重要な特徴である危機的な空間の概念を発展させる。危機的な空間は、ゾンビ・アーバニズムとゴースト・アーバニズムの二つのカテゴリーに分類される。ゾンビ・アーバニズムとは、投資用不動産として機能するセカンドハウスの多数が空き家状態に陥る現象を指している。この章では、ロンドンやパリのような大規模で有力なグローバル都市や、気候、文化、自然環境に恵まれていると考えられがちなメルボルンやバルセロナといった小規模都市におけるゾンビ・アーバニズムの状況を追跡する。ゾンビ・アーバニズムよりも多くの空き家が存在するゴースト・アーバニズムは、明らかに危機的な状態である。ゴースト・アーバニズムに関する議論は、アイルランドとスペインの状況に関する詳細な考察と、中国に関する簡単な議論が中心となっている。

第3章では、今日の金融資本主義の隆盛期に現れた五つの建築の類型（「氷山型住宅」、「準郊外の投資マット【訳注：低層でひろがる集合住宅地】」、「スーパー・ポディウム（基壇）」、「極細ペンシルビル」、「金融アイコン」）を検証する。これら五つの空間金融の類型は、場所も開発レベルもさまざまである。そのため、この章ではロンドンの氷山型邸宅、メキシコの準郊外の投資マット、イスタンブールのゾルル・センターのスーパー・ポディウム、マンハッタンの極細（ウルトラ・シン）ビル、スペイン南部とマイアミの金融アイコンといった各地を訪れる。このツアーにより、空間金融エコロジーの国際的な広がりを示す。

今日の金融資本主義の時代では格差が拡大しており、第4章では、新種の超富裕層の出現とその要求に応える建築、つまり超富裕層とスーパープライム資産について検証する。スーパープライム建築の一例としてロンドンのワン・ハイド・パークを検証し、その主な建築的特徴を明らかにして、超富裕層向けの建築の傾向について考察する。この現象をより深く解明するために、建築家のパトリック・シューマッハとピエール・ヴィットーリオ・アウレーリの作品や思想と関連付けて検証する。

第5章では、建物の所有、管理、設計の単純化が金融資本主義の目的に対してどのように役立っているのかということに焦点を当てる。単純化された投資の媒介形態としての不動産投資信託（REIT）と、単純化された所有形態としての分譲マンションの法的発明を扱った後、この章の大部分を建物の設計についての議論に充てている。空間の単純化は、セキュリティとメンテナンスに対処するための特定の戦略の導入と、社会的交流の機会の減少によって起こる。極細ビルでは、この種の空間の単純化が極端な形で機能している。次に、一見複雑な属性がどのようにして、逆説的に単純化につながっているのかを検証する。金融資本主義の目的に合致する単純化された複雑性として、金融資本主義建築がレクリエーション空間や人工的な自然や景観を好む傾向を扱っている。

第6章では、デンマークの建築家ビャルケ・インゲルスのバンクーバー・ハウスという分譲マンションと、この分譲マンションのマーケティング担当者が世界初と豪語する一対一の住宅寄贈事業について考察し、金融資本主義の時代の建築とアーバニズムにおける慈善活動の役割を探る。バンクーバーのような華やかな都市が世界のスラム街からますます遠ざかっていく中で、いかに空間慈善活動がダミー会社や仲介業者を利用した不動産投資などと連携し、新しい形のグローバル・アーバニズムを拡大させているのかを問う。

第7章では、金融資本主義的資産建築の頂点として、ニューヨークを拠点とする建築家ラファエル・ヴィニオリによるマンハッタンの分譲マンション、432パーク・アベニューに焦点を当てる。この建物は、現代資本主義の精神的側面を担うポスト・ヒューマニスト的トーテムとして理解できるものである。オランダ人建築家レム・コールハースによるニューヨーク市のダウンタウン・アスレチック・クラブの描写、トランス・ヒューマニズムの哲学的思想、イタリア人建築家アルド・ロッシのサンカタルド墓地の納骨堂、資本主義の精神的側面に関する議論といった明らかに異質な要素やアイデアを、戦略的でありながら無秩序にクモの巣を張り巡らせるように結びつけて考察する。究極的には、432パーク・アベニューを、金融資本主義という手段を用いて不死を追求する人々のための新しい形の墓として位置付けている。

最後の第8章では、分譲マンションの事前販売（建物が完成する前の物件の売買）と、このような市場が建築にとって何を意味するかに焦点を当てる。事前販売の現象は、金融市場における先物デリバティブの建築版として提示される。金融資本主義はデジタル表現に重きを置いていることから、セカンドライフやディセントラランド【訳注：メタバースにおけるブロックチェーンプロジェクト】などの仮想環境で見られる仮想不動産の市場と共鳴する。建築におけるサイエンス・フィクションの役割と、金融テクノロジー（フィンテック）や不動産に特化したサブカテゴリーである不動産テクノロジー（プロップテック）の出現を議論に組み込むことで、建築やそれ以外の分野における現実とフィクションの構成要素について考察する。究極的には、建築の現状を理解するには、サイエンス・フィクション（sci-fi）というジャンルを金融フィクション（fi-fi）へと見直すことが有用だろう。金融資本主義では、実物資本や貨幣資本とは異なる、マルクスが擬制資本（fictitious capital）と呼んだものが存在感を増す。不動産の「現実性」が、株や債券のような金融商品の架空性を帯びるのに伴い、常にフィクション的傾向がある建築のフィクション性がさらに加速する。つまり建築は、現代の代表的テクノロジーである金融テクノロジーにもとづいた物質的フィクションとして、21世紀初頭の代表的フィクションである金融フィクションを顕著に体現しているのだ。

南カリフォルニアの州間高速道路15号線沿いに見られるモデルハウスの広告。

序章

生産への投資から、株式市場への投機、金融のグローバル化、そして……不動産価値に対する未だかつてない熱狂へと移行していくこと。これらは社会生活に影響を与える現実である……そして、これらの新たな展開の理論化は、単に学術的な問題として済まされるものではない。

フレドリック・ジェイムソン、1998年

世界的な投資家層が建築という形で富を地下深くに埋蔵しているロンドンの氷山型住宅。メルボルンからパリに至るまでの都市で、把握しにくくはあるが持続的な空き家状態が蔓延しているゾンビ・アーバニズム。天文学的な価格の物件が匿名の企業によって秘密裏に購入されるマンハッタンの極細ペンシルビル。マドリッド周辺において極端な規模で反復される住宅地。新しい「自然」の偏好。多くの都市で特異なアイコンとして機能する、関連指標に沿ってパラメトリックにデザインされた複雑な造形の建築。購入されたにもかかわらず空き家状態になっている中国のゴースト都市の何百万もの住戸。建設後、入居を待たずに解体されたアイルランドの投機的住宅街。墓碑のようなネオ・スピリチュアリズムの出現。世界中の都市における住宅の適正価格に関わる危機。混乱を生じさせる住宅ローン担保証券の不透明性。米国の建造環境の構成における不動産投資信託の役割の拡大。不動産仲介会社のグローバル化。過去40年で、建築の役割は根本的に変わってしまったようだ。[1]

資本主義とその絶え間なく変化する特性

資本主義は常に変化しており、その形は場所、時代、対象ごとに変化する。歴史家は、資本主義的な蓄積において支配的な様式、すなわち重商主義、重農主義、産業資本主義、消費資本主義の変容について説明している。また、国家資本主義、福祉資本主義、自由放任主義（自由市場資本主義）、独占資本主義、企業資本主義など、さまざまな社会的関係を強調した呼称もある。あるいは、先進資本主義、後期資本主義、ポスト資本主義という時系列で説明することもできる。認知資本主義、エコ資本主義、監視資本主義、精神資本主義など、あらゆる現象に関連して特定の資本主義の化身（アバター）【訳注：アバターはネット空間でユーザーの分身を指すことが多いが、ここではより広い意味で用いられている】が重用されることも多い。この流動的な遍在性が、資本主義を扱う上での課題であると同時に、その重要性を示している。しかし、数ある呼び名の中で、21世紀の資本主義に最も適切なものは「金融資本主義」である。

「金融資本主義」と「金融化」という用語は、今日の議論において重要な位置を占めているが、その定義は漠然としており、多くの場合において曖昧である。ここでは、金融資本主義は二つの意味で理解される。第一に、金融資本主義は、信用取引や証券およびその他多くのアバターの発行と交換を通じて資本の流通と蓄積を促進する資本主義的な活動の一種である。資本主義では信用取引が不可欠であるため、金融資本主義的な活動は資本主義の黎明期から必要とされ、常に存在するものだった。金融資本主義では、原価に利潤を上乗せして販売される商品の生産ではなく、金融商品の交換を通じて利潤が追求される。金融商品の例として、通貨、債券、株式、デリバティブなどが挙げられる。

第二の意味での金融資本主義は資本主義の一つの段階であり、そこでは金融取引を通じた利潤追求が遍在しており、時代を特徴づけている。本書では、金融資本主義は資本主義における永続的でありながらも変化しつつある特徴であり、同時に、資本主義の歴史における一段階であるという立場を採用している。

金融資本主義のこれら二つの意味に関連しているのが、「金融化」という用語である。「グローバリゼーション」や「新自由主義」といった広く使われている他の用語と同様に、「金融化」という用語には、あらゆるものを意味するがゆえに無意味な表現になってしまう可能性がある。米国経済における金融化の実証分析を発表し、高く評価されている社会学者のグレタ・R・クリプナーは、金融化を「商業や商品生産ではなく、主に金融チャネルを通じて利潤が生じる蓄積のパターン」と定義している。「ここでの『金融』とは、将来の利子、配当、またはキャピタルゲインを期待した流動資本の提供（または移転）に関連する活動を指す」[2]。本書ではクリプナーの定義を拡張し、彼女が特定した蓄積のパターンに関連する人間の活動や慣行のすべてを「金融」としている。このモデルでは、個人の日常生活から大規模な工業生産に至るまで、あらゆるものを金融化することができる。たとえば、クレジットカードが広く普及していること、またメディアにおいて株式市場に関する報道が突出していることはどちらも、日常生活がいかに金融化されてきたかを示している。金融資本主義的活動の重要性と範囲が増大し、私たちの時代を定義するほどのものになった、というのが本書の取る立場である。

シェルターの提供──文化の表出──富の具現化

生産手段および文化的上部構造の一部としての建築は、必然的に常に資本と関係してきた。したがって、建築と資本の多様な関係性は、常に建築批評と建築理論の関心事であり続けた。しかし、1980年以降の金融資本主義の台頭は、建築にとって前例のない特別な重要性を持っている。「建築と21世紀の資本主義」は、本来、「建築と金融資本主義との関係」として考えるべきである。

建築とアーバニズムの構成要素（土地、建物、およびその分譲）は、少なくとも紀元前一世紀のウィトルウィウスの時代以来、投資資産および富を蓄える手段として機能してきた。当時のローマにおいて不動産は市場で売買されており、それは現代の資本主義モデルからかけ離れたものではなかった。カール・マルクスは、彼が言うところの本源的蓄積について説明している[3]。それは、土地から始まった生産手段の私有化を通じた、西ヨーロッパにおける封建制から初期の資本主義への変革で、これによりエンクロージャー（土地の囲い込み）や議会などの活動を通じて、少数の人々が共同地を収奪し、私有地化した。こうして、私有地財産（後に不動産として分類されるようになったもの）は、資本蓄積の「原始的な」場所、つまり富の保管場所の元祖になったのである。

不動産は長い間、富の保管のために重要な役割を果たしてきたが、金融資本主義の台頭により、建物の投資資産機能が継続的かつ劇的に加速した。金融資本主義においては、投機的な不動産投資による利潤の獲得を重視することにより、建築と資本主義の関係がこれまで以上に共生的かつ統合的なものとなった。

建物は、シェルターの提供、文化の表出、富の具現化という三つの基本的な役割を同時に果たしている。屋内空間が風雨に晒されるのを防いでくれるのと同時に、文化的思想や慣習も必然的に体現する。そして物理的な素材で構成されている建物は、設計と施工に労力を要し、常に富を具現化する。シェルター・文化・富の三つの機能の比率は建物によって異なり、シェルターとしての実用性が優先される建物もあれば、文化的機能が優先されるものもある。また、富の保管と利潤の創出が優先される建物もある。歴史的場面や地理的条件の違いについても同様で、建物におけるシェルター・文化・富の機能の相対的割合は、時間や場所とともに変化する。本書は、1980年頃に始まった今日の金融資本主義の時代では、建物が富を具現化する機能が著しく増大しているということを前提としている。そして、富の具現化の機能が増大するのに伴い、シェルターとしての役割や文化的役割との関係が再構成される。金融資本主義において、利潤を生み出す投資資産としての建物の機能がより重要になり、歴史的には優勢だったシェルターや文化的な役割が劣勢になる場合が多くなっている。

今日の金融資本主義の隆盛

１９８０年頃からの金融資本主義の台頭は広範に記録されている。[4] 金融資本主義の台頭は現代の資本の働きに不可欠であるため、その規模を評価する方法はたくさんあるが、株式市場や為替市場など、金融資本主義の中核となる経済の側面や、より広義に金融産業として分類されるものを見てみると特に分かりやすい。

あらゆる観点において、株式市場の範囲と規模は拡大してきた。１９８０年には、世界の証券取引所に上場している企業の数は1万４０００社だったが、現在は4万３０００社になっている。[5] １９８４年に世界中で取引された株式の総額は、現在のドルの価値に換算して１・７兆ドルだったが、２０１５年に１００兆ドル弱でピークに達した後、２０１８年には68兆ドルに至っている。[6]（本書で引用される米ドルの値は、特記がない限りすべて換算後の値である。）これは、世界のＧＤＰの17パーセントから98パーセントへの増加である。[7] ２０１５年には、株式の価値は世界のＧＤＰの１６０パーセントを超えていた。さらに爆発的な成長が見られるのがデリバティブ市場である。デリバティブとは、株式や住宅ローンなどの原資産から価値を引き出す契約である。[8]

為替市場の非常に投機的な性質は、金融資本主義の台頭を顕著に示している。１９７０年代には、1日あたりの外国為替取引額は１００億ドルから２００億ドルだったが、２０００年までには、通常の1日あたりの取引額は約2兆ドルに達した。これは、世界中で毎日取引されるすべての商品とサービスの価値の１５０倍である。[9] １９７５年の外国為替取引の約80パーセントは実際の製品またはサービスの取引に関連しており、その他の取引は投機的なものだったが、２０００

年までにはその割合は劇的に変化し、投機的取引の割合は98パーセントとなっていた。[10]２０１９年までには、外国為替市場の1日の平均取引高は6・6兆ドルに上り、これにより外国為替市場は、他の金融市場と比較して格段に大きい世界最大の金融市場になっている。[11]

金融市場の範囲と規模が急速に拡大するにつれて、金融業界の利潤も増大した。米国では、金融業界の年間企業利潤は他のどの業界よりも高くなっている。１９８２年には、米国の企業利潤の約14パーセントが金融関連企業によって得られたものだったが、20年後、その割合は約40パーセントまで上昇した。[12]しかし、金融関連企業の利潤は、米国経済の金融化の程度の一部を表しているにすぎない。非金融関連企業も利潤のかなりの部分を金融取引から得るようになっており、社会学者であるクリプナーはその方法を示している。[13]自動車メーカーが販売会社や個人に自動車関連の金融商品を提供したり、大手の住宅メーカーが販売する住宅に自ら融資したりすることで利潤を得たりしているのがその例である。

金融市場の拡大とそれに伴う利潤の増大は、金融の社会文化的地位の変化と並行して発生した。西側諸国では、投資信託、クレジットカード、住宅ローンなどの金融商品の広告がメディアに溢れている。一般の人々（10代の若者や子どもも含む）は、金融の知識を身に付けることを奨励されており、２０００年代には米国のエリート大学卒業生のうち、かなりの割合がウォール街に集まり始めた。[14]また、オンライン取引の出現により、人々が金融資産の取引に積極的に参加することが容易になった。１９８０年に、直接的または間接的に株式を所有していた米国人の割合は13パーセントであった。[15]ギャラップ社の世論調査によると、２００４年にその割合は63パーセントの最高値に達し、２０１９年でも55パーセントとなっている。[16] 株式を直接所有していない人々も、年金基金などを通じて間接的に所有している場合が多い。株式を所有し、クレジットカードを使用し、『ウルフ・オブ・ウォールストリート』のような映画を観る人が増えるにつれ、私たちの日常生活も変化する。ニューヨーク大学の芸術・公共政策の教授だったランディ・マーティンは、『日常生活の金融化』（Financialization of Daily Life）で次のように書いている。

お金の満ち引きを管理する金融は、単に利用可能な富のために存在するだけでなく、ビジネスとライフサイクルの融合、あるいは自己実現の手段でもある。日常生活の金融化は、成功するための方法を提案しているだけでなく、肉体と精神の拡大運動の媒体でもある。[17]

こうして、株式市場は経済全般だけでなく、人間の存在そのものの変遷を表す基礎的指標として扱われるようになる。

マルクスと金融フィクション

カール・マルクスは、『資本論』の第3巻『資本主義的生産の総過程』で、金融資本主義批判という表現こそ使っていないものの、その先駆者となった。ここでマルクスは、「（信用の）形成は必然であり……全資本主義的な生産の拠り所になっている」[18] と述べ、資本主義における信用の本質的な役割について議論し、銀行と株式市場の機能における信用の基礎を示している。彼は、債権者と債務者の間に存在する「手形」の機能と、銀行などの組織の仲介的な役割に関する広範な叙述により、金融商品と金融機関を資本主義の恒常的な特徴として位置付けている。マルクスにとって、株式会社（株主が株式を売買できる企業）は信用制度の延長であり、企業は借入（クレジット）または株式の発行（エクイティ）によって資金を調達できる。どちらも金融機関と商品の仲介が必要であり、一つの連続性の中に存在するものとして捉えることが可能だ。

マルクスは、信用と株式の制度の重要な側面を「擬制資本」（fictitious capital）と呼んでいる。彼は、擬制資本を「実物資本」（物理的生産手段の形をとった資本）や「貨幣資本」（紙幣、金（ゴールド）、その他の通貨などの実際の資金）とは異なるものとして理解している。信用と株式の制度における資本の架空性は、取引および関連する会計行動のみによって増減する能力に由来している。マルクスはそれを実際の生産条件から相対的に切り離された状態にあるものとして捉えていた。

> 同じ資本、あるいは単に同じ債権であっても、利子付資本および信用制度の発展とあわせて、さまざまな形態や手法によって、あらゆる資本は2倍あるいは3倍になったように見える。このように「貨幣資本」の最大部分は純粋に仮想的である。[19]

マルクスは別の箇所で、特に手形に関してヨークシャーの銀行業者W・リーサムの言葉を引用している。

そのうちのどの部分が現実の取引（たとえば現実の売買）から生じたものであるか、またどれだけの部分が人為的に作られた架空のもので融通手形のみであるのか、つまり、満期前の流通手形を引き受けるという方法によって、流通手段を作り出すことで擬制資本を創造しようと手形が振り出されているだけなのか、を決定することは不可能である。[20]

したがって、「擬制資本はそれ自身の運動を持つ」のだ。マルクスにとって、手形や株式の形をとっている銀行資本のほとんどは仮想的（fictitious）なものである。[21]

マルクスによれば擬制資本の問題は数多くあり、『資本論』の第3巻では19世紀の英国におけるさまざまな経済危機が詳しく説明されており、金融の悪しき特徴をいくつか示している。信用制度により資本の所有者と生産の管理者が分離されることによって「主に信用制度が発端となって、過剰生産や商業における過剰投機が発生している」と彼は主張する。信用制度の隆盛は資本主義の階級闘争に新たな側面をもたらしており、「新たな金融貴族とでも呼べる存在、つまり、発起人、投資家、単なる名目的な重役といった新たな種類の寄生者」を再生産する。[22]

ヒルファディングとレーニンの考える金融資本主義

「擬制資本」という用語は、マルクスの死後にフリードリヒ・エンゲルスによって完成された『資本論』の第3巻にのみ登場するため、この用語がマルクスの著作の中で中心的な位置を占めているとは言えないが、その重要性は、マルクスの金融に関する予備研究を拡張した20世紀初頭のマルクス主義者の間で高まっていった。20世紀初頭に金融資本主義の課題に取り組んだ著名な人物には、ロシアの革命家でソ連の国家元首ウラジーミル・レーニンやオーストリア出身の経済学者ルドルフ・ヒルファディングが含まれる。

ヒルファディングの1910年の著書『金融資本論』（岡崎次郎訳、岩波書店、1982年）は、マルクスが始めた信用と株式会社に関する研究を拡張しようとする試みである。ヒルファディングの金融資本主義の定義は、彼がヨーロッパの一部で目撃した、産業資本と銀行資本の間の構造的かつ個人的な蜜月関係による。[23] ヒルファディングの見解によれば、マルクスは株式会社の重要性を完全には理解していなかったため、「配当を明確な経済カテゴリーとしてはまだ考えておらず、したがって創業者利得を分析できていなかった」。ヒルファディングは、株式会社の株主は、その会社の利潤に依存するのではなく、むしろ株主証券に特有の利子形態で利潤を得る一種の貨幣資本家になると主張する。このような儲けを創業者利得と呼んだヒルファディングは、それをまったく新しいタイプの利潤として認識し、「創業者利得は詐欺でもなければ、ある種の補償や賃金でもない。それは一般的な経済カテゴリーである」と述べている。この新種の利得は生産と金融の分裂を加速させるものであり、それは「総利潤に占める利子の割合が、企業者利得（entrepreneurial profit、利潤マイナス利子）を犠牲にして一定程度増加するためである。言い換えれば、金利生活者の分け前は、生産的な資本家の犠牲のもとに増大するのである」。[24]

創業者利得は株式会社の設立を奨励し、それによって株式市場を拡大させる。そしてヒルファディングは、株式市場には「真の活動領域……利子への権利、すなわち擬制資本のための市場」

が存在することを認識している。証券取引所の多くの機能は他の機関の機能と重複しているため（たとえば、株式会社の株は（日本とは異なり）銀行と証券取引所の両方から購入することができる）、特徴的な「証券取引所特有の活動は、実は投機である」とヒルファディングは主張する。したがって、金融資本主義は、投機構造の中で独自の利得を可能にする擬制資本とは切り離せないものなのである。ヒルファディングは、投機は生産的ではないものの、資本主義の機能には不可欠なものとして認識している。[25]

１９１６年に出版されたレーニンの『帝国主義：資本主義の最高の段階としての』（宇高基輔訳、岩波書店、１９５６年）は、その大部分がヒルファディングの主張から派生したものであるが、金融資本主義の帝国主義的側面を明確にしたという点において重要である。レーニンによれば、金融資本が地球全体に広げた信用システムによって、世界は少数の「高利貸国家」とはるかに多くの「債務者国家」に分かれている。[26]レーニンの時代には金融資本はすでにグローバル化しており、あらゆる場所の生産様式と政治・イデオロギー的な上部構造を書き換えていた。

歴史の一段階としての金融資本主義

金融資本主義は、資本主義経済の循環的な性質に不可欠なものとして理解できる。イタリアの経済学者で社会学者のジョヴァンニ・アリギは、マルクスの資本の一般的定式であるM－C－M'（貨幣－商品－貨幣）を、最初のM－C局面とその後に続くC－M'局面に分け、資本主義的蓄積の二つの循環局面を構想した。アリギは、「このパターンの特徴は、物質的拡大の時期（資本蓄積のM

－C局面）と金融の再生と拡大の時期（C－M局面）が交互に繰り返されることである」[27]と書いている。第一の局面では、商品が「大量に」増加し、第二の局面では、「大量の貨幣資本は商品資本の形態から解放されて、金融取引（マルクスの省略定式のM－M'）を通じてその蓄積が進む」[28]。アリギは、『長い20世紀 ― 資本、権力、そして現代の系譜』（土佐弘之監訳、作品社、2009年）で、四つの偉大な資本主義の「覇権国」が存在したと主張しており、そのそれぞれが都市ジェノバ（1340～1630年）、アムステルダム（1560～1780年）、ロンドン（1740～1930年）、ニューヨーク（1870年～現在）によって定義されている。それぞれの覇権期間には、一つの「蓄積システムサイクル」が収まっており、アリギは、第二の金融局面を、特定の覇権国の衰退を示す凋落期と呼んだ。

フレドリック・ジェイムソンはアリギの主張をベースに、資本主義の発展を、繰り返されるサイクルが「自己を複製し、一連の三つの局面を再生産しながら」時間と空間を超えて分布する「疫病の流行」として説明している。[29] 第一の局面は、商売による貨幣の蓄積によって定義される。第二の局面は、この蓄積が農業や製造業に投資される資本となるときに訪れる。これにより必然的に市場は飽和状態となり、生産と消費が制限されるため、第三の局面、つまり投機が生じる。

生産性の終焉に対する資本主義の反応あるいは穴埋めとして行われるのが投機、つまり基本産業からの利潤の回収であり、新しい市場（それらもすでに飽和している）ではなく、金融取引そのもので得られる新しいタイプの利潤の追求の過熱である。そこでは資本そのものが浮動性を持つようになる。[30]

ギリシャの政治家で経済学者のコスタス・ラパヴィツァスは、2013年の著書『金融化資本主義：生産なき利潤と金融による搾取』（斉藤美彦訳、日本経済評論社、2018年）の中で、資本主義には二つの「金融優勢の波」があり、最初の波は19世紀の最後の四半期と戦間期（ヒルファディングに影響を与えた期間）に起きた波で、次の波は1970年代後半から現在まで続く波であると主張している。[31] マルクスとは異なり、金融化に明確に焦点を当てているラパヴィツァスは、金融システムを「資本主義経済のマイナーな付属品でも、寄生的なできものでもなく、資本主義経済の蓄積を維持するために不可欠な要素」として理解している。ラパヴィツァスは、現在の金融優勢の時期における、生産圏と、まったく新しい形の利潤を伴って「膨張する流通圏」との間の非対称性について説明している。これはヒルファディングが指摘したような創業者利得ではなく、むしろラパヴィツァスが金融収用と呼ぶものである。金融収用では、労働者の金銭収入から利潤が生じる。[32] 彼はモーゲージ・プール（同様の性質（金利・償還期限等）を有する住宅ローンを集めたもの）を金融収用の一例として挙げ、労働者の将来の収入が、これらの取引資産の利潤の源泉になっていると主張している。マルクスとヒルファディングの理論を現代の金融資本に適用することに限界があると認識しているラパヴィツァスは、擬制資本については慎重である。彼は、金融資本主義を分析する際の概念的なカテゴリーとしての擬制資本の有用性を認識しているものの、金融による莫大な利潤は現実のものであり、架空性の概念が分析の邪魔をしてはならないことを強調している。さらに、彼は、擬制資本ではなく、貸付可能な資本が金融化の根源であると考えている。[33]マルクス、ヒルファディング、レーニン、アリギ、ジェイムソン、ラパヴィツァスなどの著者は、異なる文脈で研究を行い、金融資本主義について異なる考え方を提示した。現代の状況への適用可能性もそれぞれ異なる。しかしながら、金融資本主義の本質的な特徴に関しては共通しており、皆が認識していることがある。それは、金融資本主義が資本主義の永続的かつ変化する特徴であり、金融商品の金融商品自体への交換、投機の役割の高まり、および所有と生産の分離から生じる独特の形態の利潤を伴うということだ。同時に、彼らの中でもより最近の著者であるアリギ、ジェイムソン、ラパヴィツァスは、1980年頃から、重要で特徴的な何かが起きていることを認識している。ジェイムソンが1998年に述べたように、「金融資本は、グローバリゼーションとともに後期資本主義をよく表した特徴の一つであり、現代の状況をよく表している事象の一つであるとも言える[34]」。

新自由主義、グローバリゼーション、金融化

1980年以降の金融化された経済は、同時代のほかの二つの現象、つまり新自由主義とグローバリゼーションと相互に関連している。これらの現象は非常に密接に関係しているため、切り離すことは困難である。この三つの概念は、1980年以降の資本主義を適切に統合する概念としての地位を競い合っている。[35]

新自由主義の定義は曖昧だが、今日の議論では、民営化、規制緩和、政府支出の削減など、民

間部門の役割を拡大する経済政策を意味する傾向がある。多くの新自由主義的な政策や活動は、金融資本主義の台頭において重要な役割を果たしてきた。最も重要な出来事の一つは、１９７１年のリチャード・ニクソンの「新経済政策」で、これにより金本位制が停止され、１９４４年以来、米国、カナダ、西ヨーロッパ諸国、豪州、日本の間の通商・金融関係のルールを確立してきたブレトン・ウッズ体制は事実上の終焉を迎えた。１９７０年代に始まったこの変化は、英国ではマーガレット・サッチャーの、米国ではロナルド・レーガンの、中国では鄧小平の政策によって１９８０年代に勢いを増した。１９８０年代初頭に米国で可決された最初の主要な金融規制緩和法は、新自由主義的再編の鍵となり、今日の金融化の先駆けとなった。規制緩和は、１９３３年の「グラス・スティーガル法」を無効にした「１９９９年金融サービス近代化法」で頂点に達した。これにより、商業銀行と投資銀行の提携が許可され、ますます大規模な金融コングロマリットの形成が可能になった。これらの法改正により、金融機関は急速に成長し、米国経済の中で以前よりもはるかに大きなシェアの利潤を獲得するようになった[36]。

グローバリゼーションの過程は何世紀も前に遡る。ヒルファディングとレーニンは、19世紀後半から20世紀初頭までに金融資本主義が世界規模でどのくらい機能していたかを論じた。ただ、この長年にわたるグローバリゼーションの過程は、ここ数十年で加速しており、１９８０年以降の金融化と同時に進行している。２００７年の国際通貨基金（ＩＭＦ）の報告にあるように、「国境を越えて金融商品に振り向けられる貯蓄の総額は急激に増加しており、それに支えられた技術革新と情報の流れの高速化により、資本フローの劇的なグローバル化が促進された[37]」。国境を越えた資本フローは、１９９０年には1兆ドル未満だったが、２００７年（２００８年の暴落直前）には12兆ドル以上まで増加し、２０１５年にも４兆ドルとなっている[38]。金融取引のグローバル化は今や世界経済にとって不可欠なものになっており、金融抜きのグローバリゼーションなど考えにくく、その逆もまた同様である。金融資本主義の台頭はグローバリゼーションと同時に起こったが、金融化は、１９８０年以降の資本主義における具体的な変化をグローバリゼーションよりも直接的に捉えている。ラパヴィツァスが述べているように、「過去30年以上にわたる資本主義の重要な特性は、グローバリゼーションではなく金融化に焦点を当てることでより容易に捉えることができる[39]」。

金融資本主義としての建築

金融資本主義は建築に特に顕著な影響を与える。金融資本主義が現代の支配的な経済形態であり、すべての社会文化的状況に必然的に影響を与えるからというだけではなく、むしろ金融資本主義の主要な媒体の一つが不動産そのものだからである。経済構造の結果または産物として生じる建築という見方をするのではなく、現代の建築は金融資本主義の主要な活動媒体であると考えることができる。建築は金融資本主義の結果ではなく、むしろ金融資本主義そのものなのである。

建築史家のラインホールド・マーティンは次のように述べている。

> 建築は……文化的に相当するものとして後期資本主義を表現あるいは「反映」する（してい

る）だけのものではない。建築は後期資本主義に「属している」。このような主張は、建築にほぼ絶対的な内在性を帰属させたり、認めたりしているように捉えられるかもしれない。しかし、別の見方をするならば、それは［デヴィッド］・ハーヴェイと［フレドリック］・ジェイムソンの両者が展開した弁証法モデルを、おそらく後戻りできない地点、つまり文化と資本をいかなる有用な方法においても区別できない地点まで拡張するものでもある。[40]

建築が金融資本主義の構築に役立ったのと同じように、金融資本主義も建築の生産に役立ってきた。資本と文化の二項対立は、フィクションと現実の二項対立を思わせる。マルクスの「擬制資本」という用語が示すのは、生産に直結する資本と、信用市場と投機市場の比較的抽象的な領域内における特定の形態の資本との間に違いがあることだ。擬制資本は、表面上は物質的な現実の状況と、非物質的な架空の状況との間に緊張関係が存在することを表している。金融化のプロセスをマルクス主義的に分析するには、そのプロセスがフィクション化のプロセスであるかどうかも検討されなければならない。実際、金融資本主義によりマルクスの擬制資本は必然的に重要性を増している。21世紀の建築が金融資本主義であるならば、建築を金融フィクションとして説明するのがおそらく最適であろう。建築は金融であり、金融は資本主義のフィクション的側面である。

しかし、金融資本主義の取引を通じて生じる利潤は間違いなく現実のものであり、金融フィクションも非物質的なものではない。本書で説明する建築は、他の建築と同様に物理的なものである。したがって、建築が金融フィクションになるということは、単に建築が仮想化または非物質化するということだけではなく、むしろそれが再物質化するということなのである。建築が金融フィクションになるのに伴い、その物質的条件は変化・調整される。金融資本主義としての建築を探求することにより、英国の政治理論家ティモシー・ミッチェルが「あらゆる場所で見られる仮想と現実、モデルと現実の区別」として述べているものが明らかになり、それによって「私たちから切り離されたものとして、今日における現実（あるいは物質）の意味を構築する」ことができる。[41]

第1章

金融資本主義と建築

自由市場では、建築＝不動産である。
――レム・コールハース、2003年

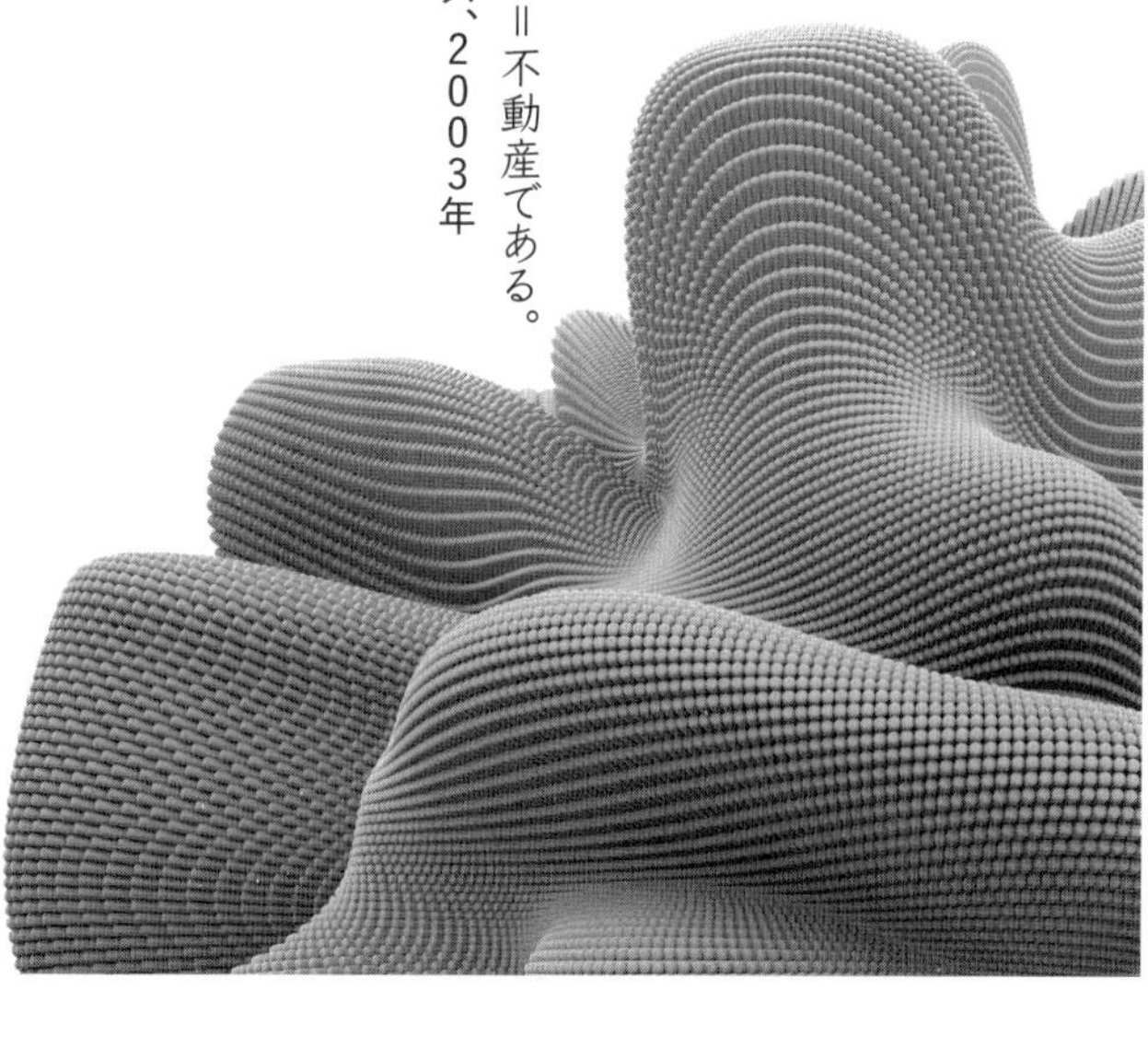

建築と資本主義は常に関連していたが、金融資本主義が台頭した1980年以降には、建築が金融にとって好ましい運用媒体であることから特殊な意味を持つようになった。建築が金融になり、金融が建築になるのに伴い、両者の重要な側面が変化した。これらの変化には、建物の構想、使用、管理の方法と同時に、建物のプロポーションからプログラムの構成に至るまで、設計のすべての側面が含まれる。その結果は、世界中で多くの人々が生活するランドスケープや都市の中に見ることができる。

金融、保険、不動産エコノミー

フレドリック・ジェイムソンが1990年代後半に認識していたように、「今日、特に恵まれた投機形態の一つは、土地と都市空間の投機である」[1]。現在、特定の経済においては不動産が最大の構成要素であると主張する者もいる。アメリカの経済学者マイケル・ハドソンは、『ポスト・インダストリアル』経済（第二次産業（製造業）から第三次産業（サービス業）へと移行する脱工業社会における経済）とは、主に不動産に関わるものであることが分かった」と述べ、西側経済では不動産価値の上昇が「今日の金融化された『富の創造』の原動力になっている」と付け加えた。[2] 金融的手法とロジックは、不動産とは切っても切り離せない関係になっている。不動産投資が主に借金で賄われているという事実は、金融業界と不動産業界の緊密な共生関係の重要な側面を表している。

この共生関係を捉えるために、「金融、保険、不動産エコノミー」という用語が１９８０年代に登場し、一般的な経済用語になった。これは、Finance（金融）、Insurance（保険）、Real Estate（不動産）の頭字語でＦＩＲＥエコノミーとも呼ばれ、地主、銀行、保険会社、住宅ローン仲介業者、投資仲介業者、不動産ディベロッパー、不動産代理店、ヘッジファンドを結び付ける経済的生態系を指す。金融業界と不動産業界だけが緊密に相互依存しているのではなく、保険業界も同様にこれらの業界に依存している。なぜなら、保険会社は不動産への最大の出資者の一つであり、たとえば２０１８年における世界の不動産への最大の出資者はロンドンに本社を置く世界的保険会社のプルデンシャルで、その不動産資産は６４０億ドルと報告されている。[3] ２０１８年に月刊誌の「インスティテューショナル・インベスター」が報じたところによると、不動産に10億ドル以上を投資している機関の21パーセントを保険会社が占めている。[4] 金融、保険、不動産業界の収益の大部分は、変動する資産価格とローンの利子から得られており、それは同業界が金融資本主義を体現していることを表している。

１９９０年代において金融と保険が不動産へとさらに統合されるにつれ、何世紀にもわたって機能してきた不動産の仕組みが根本的に変化した。歴史的には地域的な活動であった不動産は、世界の金融市場においてさまざまな形で取引される資産クラス（投資対象となる資産の種類や分類）へと変化した。[5] このような昨今の不動産の金融化は、範囲と規模において前例のないものとして広く認識されているが、金融資本主義と同様に、不動産も資本主義そのものの恒常的な特徴である。ウラジーミル・レーニンは１９１６年に、「急速に成長する都市の郊外に位置する土地への投機は、金融資本にとって特に有益な運用である」と述べている。[6] ジョヴァンニ・アリギは、彼が指摘した四つの覇権国のうちの最初の二つ、ルネッサンス期のイタリアの都市国家ジェノバと啓蒙主義時代のアムステルダムについて次のように述べている。

距離の離れた通商や高額の金融で得られた利潤に関しては、収益性を損なうことなくこれらの活動に再投資することは不可能だった。当時も今も、この余剰資本のかなりの部分は投機や顕示的消費に流れる傾向にあり、資本主義都市自体における不動産への投資は、投機と顕示的消費を組み合わせるための最も重要な手段である。[7]

金融資本主義において不動産が果たす役割は、金融資本主義が資本主義全体に対してそうであるように、不可欠なものであり、それゆえに永続的なものでもある。

金融資本主義において不動産が果たす重要な役割を理解するための鍵は、地代と擬制資本の関係である。マルクス主義の経済地理学者デヴィッド・ハーヴェイの分析によれば、土地の取引により、土地は特殊な商品になる。土地は労働の産物ではないため、マルクス主義的な意味では何の価値もないが、土地の所有者が継続的に地代を確保することを可能にする。ハーヴェイは、土地の地代収入は原則的には国債や社債などへの投資を通じて得られる収入と何ら変わりがなく、「土地は擬制資本の一つの形態となり、土地の市場は、単に利子付資本の流通の特定の部門として（いくつかの特殊な特徴はあるものの）機能する」と述べている。[8] したがって、資本主義と地代の構造的条件の中で、不動産は金融資本主義の一つの手段として機能している。

住宅の中心的な役割

不動産には未開発の土地や種々の建物などさまざまな形態があるが、今日の金融資本主義の時代では住宅が特に重要な役割を果たしている。住宅は他の不動産と同様に、長年にわたって金融資本の場だったが、現代の資本主義においてはその重要性がより高まっている。コスタス・ラパヴィツァスは、金融化が今日の特徴を持つ原因となった蓄積の傾向が三つあると指摘している。そのうちの一つは、「個人や世帯が、住宅、教育、健康、交通などの重要な物品やサービスへのアクセスを容易にするために、ますます正規の金融制度に依存するようになっているということだ。個人や世帯の貯蓄も、ますます正規の金融制度によって動かされるようになっている」。[9] このような今日の金融化の特徴は、不動産と住宅にとって極めて重要である。なぜなら住宅は、個人や世帯にとって、金融化のための主要な手段だからである。地理学者で社会学者のマニュエル・B・アルバースは、2016年の著書『住宅供給の金融化』の中で、彼の言うところの「金融化の中心的側面としての住宅の特殊性」を示している。彼によれば、現在の市場評価額から住宅ローンの負債を差し引いた住宅の価値にもとづく富は、歴史的に前例のない水準まで上昇しており、金融化の時代における世帯の資産保存手段として不動産の重要性が高まっていることを示唆している。[10]

アルバースは住宅が金融化される五つのメカニズムを特定しており、そのメカニズムとは、（1）住宅ローンの証券化、（2）サブプライムローンと略奪的貸付（詐欺的な営業や、借り手の理解不足に乗じて付与される不公平な特約条項など）の増加、（3）各世帯における住宅ローン債務の増加、（4）プライベート・エクイティ（未公開株式）、ヘッジファンド、上場不動産会社の賃貸市場への参入、（5）住宅供給業者の債券や複雑な金融デリバティブへの依存である。[11]

今日の資本主義における住宅の重要性は、どれだけ強調してもしすぎることはない。金融システムの規制緩和が行われて以来、市場をベースにした住宅への融資は劇的に増加した。[12]その結果、たとえば２０１０年には、米国、英国、豪州で銀行融資全体の70パーセントが不動産ローンになっていた。[13]米国では、１世帯用から４世帯用の住宅のための住宅ローンの総額が、１９８０年には約９０００億ドルだったものが、２０１９年末には約11兆ドルにまで増加した。[14]金融資本主義の時代においては、家計債務（通常、住宅ローンが最大の構成要素）が大幅に増加しており、英国では１９８０年にはＧＤＰの30パーセントだったが、２０１８年には87パーセントに上昇し、同じ期間にカナダでは約46パーセントから１００パーセントに、米国では50パーセントから76パーセントに、そして豪州では38パーセントから１２０パーセントに上昇した。[15]

金融化には広大な市場、複雑な取引ネットワーク、強力な仲介者が伴うが、住宅は人々が金融に最も深く関与する物理的構造物として機能しているということを忘れてはならない。多くの経済圏において、住宅は最も広く所有されている資産であるのと同時に、大多数の家計にとって最大の資産であり、最も融資を受けやすい資産でもある。[16] このような金融との関わりは、通常、数十年にわたる銀行との関係を通じて生じる。同時に、ＩＭＦによれば、住宅価格の騰落は世界中で同期するようになってきている。[17] これは、住宅がもはや各地域で売買され資金調達される物理的構造物であるだけでなく、グローバルな資産クラスでもあるからだ。

巨大な資金プール

住宅と不動産の金融化の推進要因は数多く存在しており、複雑だが、世界的規模の資本の増大がその重要な背景となっている。この巨大な資本の塊は、「巨大な資金プール」や「マネーの壁」と呼ばれている。[18] 世界の資本の総量を測定する方法はさまざまだが、一つは、世界の運用資産、つまり年金基金、投資信託、保険基金など、さまざまな形態の運用基金における資本貯蓄の合計額の検討によるものである。運用資産については多様な機関からさまざまな統計が出されているが、ここ数十年の成長が驚異的であることに関してはどれも一致している。たとえば、ＰｗＣ（旧プライスウォーターハウスクーパース）は、２０１７年に発行された「資産運用業界における変革：急激な変化への対応」という報告書で、２００２年には37兆ドルだった世界の運用資産が、２０１６年には85兆ドルへと2倍以上に増加したと述べている。[19]

このような資金はどこから提供されているのだろうか。主な出資元は「新興市場経済圏」であり、主流となっている経済の議論では一般的に途上国から先進国へと移行している市場（現在含まれるのはブラジル、中国、インドなどの市場）として定義されている。要するに、グローバルな経済システムの生産性と、こういったシステムが新興領域において果たした劇的な役割によって、歴史的に前例のない量の資本がもたらされたのである。さらに、金融緩和政策や多国籍企業による利潤の蓄積といった要因も、巨大な資金プールへの資金供給において重要な役割を果たしている。[20]これらを踏まえて建築にとって何が重要かというと、増大する余剰資本がどのような方法で、どこに吸収されているのかということだ。

合理的なリスクと併せて、収益性の高い資産カテゴリーに資本投資を行う必要性が高まっている。このような必要性は資本主義における基本的な前提条件として理解されるかもしれないが、デヴィッド・ハーヴェイが指摘するように「資本主義の政治を形作る資本余剰の生成と吸収のためには、収益性の高い領域を永遠に探し続ける必要がある」ため、収益性の高い新たな地域への動きは、巨大な資金プールを背景に増幅していると言える。[21]現代史において、投資資金の大部分は、国債や地方債などの比較的安全で安定した投資先に向けられてきた。[22]しかし、資本の増大に伴いこれらの商品の魅力が薄れる一方で、新たな領域の探求の結果として、不動産により多くの資本が吸収されるようになった。ハーヴェイが述べているように、現代の都市化のプロセスは「資本の過剰蓄積のはけ口を見つける必要性を原動力としている」[23]のであり、「都市化は軍事支出などの現象と並んで、資本家が利潤を求めて絶えず生み出す余剰資本を吸収する上で特に積極的な役割を果たしてきた」[24]。不動産と住宅の金融化により、資本家の余剰資本がより多く吸収されるのである。

資産建築と資産アーバニズムの出現

不動産、特に住宅は金融資本主義を実現させるための主要な媒体であり、建築は金融化の主要な媒体であると言うことができる。建築はほとんどの不動産に組み込まれており、金融資本の中心に存在しているのであって、単に周辺領域に存在して金融資本の影響を受けているだけではない。むしろ、金融化の主要な手段の一つであり、金融化そのものとして理解されるべきである。建築は、住宅ローン、住宅ローン担保証券、ホームエクイティローンといった金融商品を通じて、これらの金融商品と必然的に関わりを持っており、今日の金融化の時代の主要構成要素になっている。

しかし同時に、これらの建物はそこで生活する人々の日常の中に、物理的に存在している。そして、これらの建物は金融資本主義のロジックに合わせて設計・使用されるため、人間が空間をどのように移動し、視界に何が入り、建物の内部や建物同

航空写真。ラスベガス大都市圏にあるアスカヤ地区の未完成の開発。2015年撮影。

士の間の公共空間で他者とどのように関わり合うかということにまで金融のロジックが刻み込まれている。このようにして、建築は人間のありようを包括的に金融化するための手段として機能しているのだ。建築はますます多くの人々を、非物質的に見える金融資本の流れに結びつけているだけでなく、彼らの移動、視界、行動をも金融化している。

金融資本主義が台頭し、建築を金融の中心に引き寄せたのに伴い、建築はどのように変化したのか。建築の金融化の特徴は何なのか。このような変化は、建造空間のほぼすべての側面に影響を及ぼす。これには、立地、規模、プログラム、構成、造形、美観、素材などの物理的属性のほか、建物の構想、管理、維持、使用の仕方が含まれる。金融資本主義的な建築には、大きく分けて次の五つの特徴がある。

1. 本質的に不安定であり、危機的な空間を生み出す。
2. ますます投機的な富の保管場所として機能するようになっている。
3. 不均一な開発と、格差を拡大する手段として機能する。
4. 非常に象徴的でありながら、極めて標準化された空間を生むという両方の傾向が同時に存在する。
5. 資産の流動性を高める。

今日の金融資本主義の時代に特有の建築の形態と機能の変化はすべて、これら五つの金融機能との関係において理解することができる。

危機的な空間

資本主義が循環を続ける傾向にある一方で、金融化は危機を増大させる傾向にあるとの主張もある。中には、金融化はほぼ永続的に危機的状態にあると表現する者もいる。[25] 建築と都市開発（アーバニズム）による余剰資本の吸収が増加するのに伴い、建築とアーバニズムは不安定性を伴って株式のような動きを示し始める。急速な開発、建造空間の過剰供給、大量の空き家、そして成長と衰退を繰り返す不安定な変動などは、その結果として作り出されるアーバニズムを特徴づけ、独特の社会空間的課題と状況をもたらす。目立ちにくいながらも持続的な空き家状態が蔓延しているゾンビ・アーバニズムと、著しい空き家状態に陥っているゴースト・アーバニズムは、今や世界的な現象となっている。住宅コストと地域経済との乖離

アスカヤの岩だらけの地面を何年にもわたって均し続けた作業員たち。この広大な造成工事は、崇高な純粋さを感じさせる奇妙な状態のまま維持されてきた。

が大きくなることで、住宅の適正価格に関わる危機を引き起こしているのだ。１９８０年代半ばのＳ＆Ｌ（貯蓄貸付組合）危機【訳注：１９８０年代～90年代初頭に米国で多くの貯蓄貸付組合が破綻した金融危機】や２０００年代半ばのサブプライムローン危機のように、建築が中核にある重大な危機が頻繁に起きるようになった。金融化された建築とアーバニズムは、残骸、そして拡大と崩壊が同時に起こる不条理を特徴とする、不安定なランドスケープを作り出す。

内在する不安定性と、経済の好不況による容赦ない浮き沈みにより、金融資本主義的な建築とアーバニズムの特徴である危機的な空間がもたらされる。これには、開発のために開墾・整地された土地が10年以上放置され、朽ち果てたままになっている状態や、不気味なほど人口が少ない地域が含まれる。このような状況は、歴史的にみれば失敗と危機に結びついたもので、金融資本主義が増殖させる危機的な空間の典型例である。

金融資本主義による危機的な空間では、多くの場合、成功と失敗のシンボルが異常な形で並置される。その一例は、ラスベガス郊外にある「高級」一戸建て分譲住宅地のアスカヤである。山の斜面に３１３区画を切り開いたこのプロジェクトは、２００８年の米国の住宅危機で立ち行かなくなった。十数年が経った今でも、この場所に住む人はほとんどおらず、巨大な造成地の上には数百万ドル規模の住宅がわずかに建っているだけだ。ここでは、少数の裕福な入植者が、一種の経済的不毛の地、つまり新しい「自然」に居住している。金融資本主義の時代における投機的開発では、その規模が成長と崩壊のサイクルに振り回される傾向と相まって、アスカヤのような超現実的な領域を作り出す。

投機的な富の保管場所

金融化は、富の保管と投機的キャピタルゲインの場としての建築の地位を高める。貸金庫（メディアでは分譲マンションがそう呼ばれることもある）や普通預金口座とは異なり、価格が大きく変動する可能性がある建物の場合、大きな儲けを得る機会が提供される。マニュエル・B・アルバースは、金融化の中で、家計にとっての価値貯蔵手段としての住宅の重要性が増していると述べている。[26] また、ジョヴァンニ・アリギの指摘によれば、都市建築への投資が、投機と顕示的消費を組み合わせるための最も重要な手段である。[27] 不動産に流入する多額の資金により、建物の造形と規模は歪められ、建物はより薄く、より高く、より奥行きのあるものになり、より大きな規模で容赦なく反復するようになる。

投機的な富の保管場所の例が、ドバイのペントミニアムである（ペントミニアムという名前は、「ペントハウス」と「コンドミニアム」を組み合わせた造語）。このプロジェクトには、各フロアに550平方メートルの住戸が1戸だけあり、なんとタワー全体がペントハウスになっているのだ！122階建てで、高さ500メートル以上のこの建物は、完成すれば世界で最も高い住宅用の建物となる予定だった。この建物の建設は2009年に始まったが、2011年に22階まで建てられた時点で止まってしまい、一部だけが完成した状態で今も放置されている。ディベロッパーは、建設期間中のプロモーショナル・マーケティングでは「ペントミニアムの掘削工事は、世界で最も深い掘削工事の一つで、この畏敬の念を抱かせるプロジェクトにふさわしいものである」[28] と誇らしげに謳っていた。将来的には富の保管場所になる予定だったこの野心的な計画の残骸は、ずっと前に完成した隣接する高層ビルの間に佇んでいる。

格差

フランスの経済学者トマ・ピケティが示したように、１９８０年以降の金融資本の時代は、ほとんどの先進資本主義経済圏においては格差拡大の時代でもある。極めて裕福な個人の数と、彼らが管理する資金の量が増加したことにより、彼らのためだけに特別に造られた建築が急増した。たとえば、21世紀にロサンゼルスに出現した「ギガマンション」（極大邸宅）を見てみよう。富裕層は大きくて目立つ家をこれまでにも建ててきたが、ギガマンションの数と極端さは未だかつてないものである。「ギガマンション」とは、１８５０平方メートル以上の大きさで、５０００万ドル以上で販売され、シャンパンルームやボウリング場などの派手な設備を多く備えた住宅を指す場合が多い。対照的に、これらのギガマンションから車で数時間のところにあるインランド・エンパイアの分譲地を埋め尽くす戸建住宅は、下層階級や中流階級の家庭が住宅ローンを取得するための物理的な構造物にすぎない。

象徴的な標準化

取引可能な資産として、より適切に機能するために標準化が重視される建築プロジェクトがある一方で、建築史を専門とするＭＩＴの准教授アリンダム・ダッタが呼ぶところの「金融アイコン」になることで投資家の注目を集めようとする建築プロジェクトもある。[29] 標準化された建物と象徴的な建物が連動して機能することもあり、超有名博物館などの特定の金融アイコンは、都市領域に投資家の欲望の種を植え付けることができるため、それにより、周囲にある建物（多くの場合は高度に標準化されている）の富の保管および投機のための空間金融商品としての機能が高められる。

標準化されたものと象徴的なものが同じ建物内に共存する場合もある。ロウワー・マンハッタンにあるヘルツォーク＆ド・ムーロンの56レナード・ストリートは、１４５戸の分譲マンションを擁する57階建てのタワーで、３５０万ドルから５０００万ドルの価格で販売されている。56レナード・ストリートは投機的投資の場として（3戸も購入したドイツ人投資家もいる）、標準化された分譲マンションのユニットが細長い柱状に重ねられた建物だが、その独特の造形により金融アイコンとしても機能している。上層に行くにつれて典型的な直方体のタワーから逸脱し、ランダムな凹凸が

マクレイン・デザイン、オーパス（ヒルクレストII）、カリフォルニア州ビバリーヒルズ、2016年。7室のベッドルーム、11室のバスルーム、2面のプールを備えた1,900平方メートルのギガマンション。購入価格には、170本のクリスタルシャンパンが収まったセラー、金のランボルギーニ、そして金のロールス・ロイスが含まれていた。

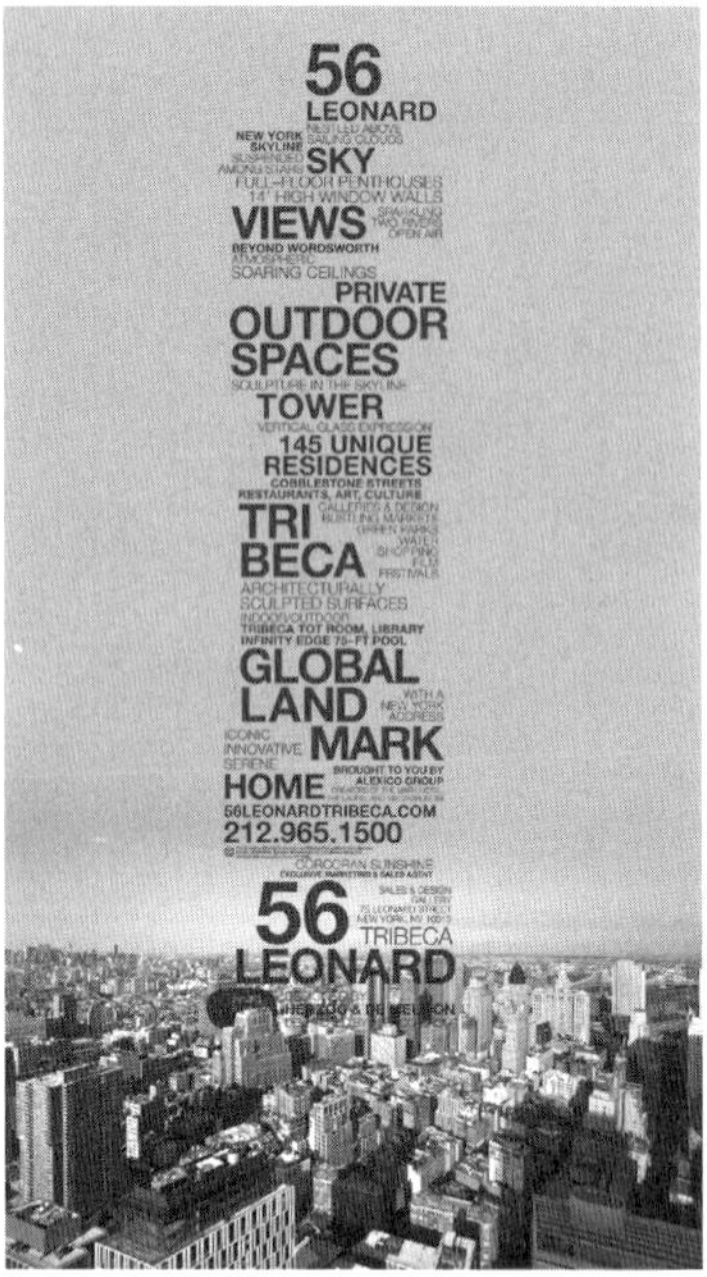

上：ニューヨーク市にあるヘルツォーク＆ド・ムーロンの56 レナード・ストリートの「ティーザー広告」用のポスター、2017年。「世界的ランドマーク」や「空に伸びる彫刻」などの謳い文句が積み上がり、標準化された要素で構成された金融アイコンを表している。

右上：模型とその箱。56 レナード・ストリートのマーケティング・キャンペーンの一部。

右：56 レナード・ストリート。

大きくなる（ピクセル化された）造形のこの建物には、「ジェンガ・タワー」というニックネームが付けられている。これは、量については固定化された高級投資物件をランダムにシャッフルすることで、象徴的な地位を獲得した建物である。

流動性

金融化のプロセスでは、歴史的に金融と建築を切り離してきた内的ロジックに起因する課題が生じる。これらの異なる内的ロジックの統合は、特定の社会空間的な結果につながる。建築の金融化におけるこれらの課題の中で最も重要なものは流動性、つまり、資産を究極の流動資産である現金にどれくらい容易に交換できるかということである。最適な金融資本主義的商品として機能する投資資産には、必要な規模の売買や投資を促進するために比較的高いレベルの流動性が要求される。高いレベルの流動性を備えた株式などの金融商品によって、シンプルで効率的な取引が容易に行える市場環境において、投資家は多様な企業の一部を簡単に所有できるようになっている。対照的に、非金融商品においては、通常、流動性の度合いがはるかに低くなる。流動性の概念に関する入門講座では、非流動資産の典型例として不動産がよく挙げられる。動かすことができない土地、建物、住戸は、比較的大きくて高価で、継続的なメンテナンスを必要とし、かなり特異なものである傾向があり、複雑で微妙な社会政治的文脈の中にあるため、迅速かつ簡単に現金化することが難しい。これらすべての要因により、建物の売買には時間がかかる。

金融化は、さまざまな方法で土地や建物の流動性を高めることを目的としている。不動産所有権の流動的な仲介手段として機能する新たな金融商品の導入、分譲マンションの発明と世界展開による市場規模の拡大、建物自体の社会的性能、物理的形状、美観の変化などの方法が挙げられる。

不動産投資信託（ＲＥＩＴ）と住宅ローン担保証券（ＭＢＳ）は、比較的新しい金融商品であり、１９８０年代以降に人気が高まった。１９６０年に米国で合法化されたＲＥＩＴによって、不動産を所有したり不動産に融資したりしている会社の株式を、確立された株式市場で投資家が売買できるようになっている。ＭＢＳは１９６０年代後半に米国で初めて現在の形で登場したもので、証券化された住宅ローン債権を投資家が取引することを可能にする。ＲＥＩＴとＭＢＳの証券の取引は、不動産を直接購入するよりもはるかに合理的かつ効率的であるため、より流動性の高い不動産投資が可能になる。ＲＥＩＴは世界的に人気のある商品になっている。２００９年、ＦＴＳＥ社は、上場不動産会社とＲＥＩＴの運用実績を追跡するＥＰＲＡ／ＮＡＲＥＩＴグローバル不動産インデックスを開発し、２０１９年までに、その時価総額は１・８兆ドルに達した。[30] ＭＢＳは、はるかに大きな市場を有しており、２００７年から２００８年にかけての世界金融危機に大きく関わっていた。

不動産を直接所有することは、他の資産クラスと比較して費用のかかることであり、また「すべての不動産はローカルなものである」と言われるほど、不動産は地域特性が高いものである。どのような市場でも、高コストと地域特性という要因があると市場規模が限定されてしまうが、金融資本主義においては、市場規模と不動産取引を容易にする複数の要因により、不動産に重点を置くことが促進されてきた。それらの要因の主なものとして、分譲マンションの発明と不動産市場のグローバル化の二つが挙げられる。北米では、１９６０年代に合法化されて１９９０年代になってから普及し始めた分譲マンションにより、取引が合理化された不動産市場に低コストで参入する手段が提供されてきた。同時に、遠隔地にある不動産を購入する個人や法人の増加によって市場が拡大した。現在売上高で世界最大の住宅用不動産仲介業者であるコリアーズ・インターナショナルのような世界的な不動産仲介業者の出現によって、このような拡大が促進されてきたのだ。１９７６年に設立された同社は、現在１万５０００人以上の従業員を抱え、63か国で85のオフィスを展開しており、[31] ニューヨークを拠点とするニューマーク・ナイト・フランクやロンドンを拠点とするサヴィルズなどの他の世界的な不動産仲介業者と競合している。これらの企業の近年の大規模な世界展開は、２０００年代初頭から中頃にかけての不動産価値の急激な上昇を反映したものである。

建物が新しい金融商品や金融活動を通じて高い流動性を確保すると同時に、より流動性の高い最適化された空間金融商品へと変化した。その物理的な形態や機能も変化し、金融資本主義を構成する複雑な法律や規制そして慣行の中で、利潤の蓄積を促進するようになったのだ。これらの変化を可能にしたのは、主に次の四つの手法である。

1. 空間の単純化
2. 資産数の最大化

3. 遠距離からの所有の促進
4. 補塡的複雑性の付加

建築の単純化により、社会的および空間的なあらゆる影響が生じる。よくある方策としては、社会性を低下させ、地域性を抽象化させることである。つまり、建物内および建物間の社会的交流の機会を減少させる一方で、固有の地域特性から相対的に切り離された、標準化された空間を取り入れるのだ。資産数の最大化により標準化された大量の住宅ユニットが反復的に作られ、高層のタワーやずらりと並んだ戸建住宅が建てられる。遠距離からの所有を促進するにあたっては、メンテナンスやセキュリティ上の負荷を軽減するために、建物の配置、ボリューム、構成を調整することに重点が置かれており、これにより建築資産を遠隔地から所有することが容易になる。ただ、この「1.」から「3.」の手法によって流動性の向上が達成されると、逆説的に各建物の個性が失われ、不動産資産としての有用性そのものが脅かされてしまう。建物は過度に単純化および標準化されると、購入には向かないものになってしまう恐れがあるのだ。言い換えれば、不動産の「現実性」が、投資にとって望ましい特性を脅かすレベルまで低下してしまうということである。流動性の追求に内在するこの矛盾を解決するために、複雑な見た目を生み出すという建築的な条件によって、その損失が補塡される。この補塡的な複雑性は、複雑に見える条件を単純化したものであり、主に建物の投資資産としての機能を維持するのに用いられる。

バンクーバーの建築家ジェームス・チェンによって設計され、1999年にバンクーバーに建てられたアクエリアス集合住宅は、流動性を高めるために四つの方策すべてが用いられた初期の例である。このプロジェクトには、４棟のタワーに４８０戸の分譲マンションが収まっており、低層部分には商業施設と少しのオフィススペースが備わっている。低層部の屋上には中庭があり、魚が生息する池と庭園を備えたプライベートなレクリエーション空間を提供している。このプロジェクトでは、標準化されたシンプルなユニットの反復を含むさまざまな手法によって空間が単純化されている。低層部を設けることにより、これらのユニットが地面より高い位置に配置され、人々の暮らしに関わる煩わしい問題から解放される。膨大な数のユニットにより、最大限の資産提供が保証され、分譲マンションにより、所有権と占有権を分離するための法的手段が提供される。低層部の上に比較的細長いタワーを配置するというタイポロジーは、中央のエントランスロビーによってユニットへのアクセスを制御し、屋根などの劣化しやすい部分との接触を減らすことにより、セキュリティとメンテナンスのニーズを最小限に抑えることを可能にする。これらの建築的な単純化による影響は、低層部の屋根に自然主義的な地盤を再現することによって補填される。この管理された人工的自然は、その上にそびえる流動性の高い投資用商品としての分譲マンションにとって、一見ユニークで複雑な場所として機能する。

建築はその資産機能を最適化すると同時に、ユーザーが金融資本のロジックに直接関与する空間領域になる。それは単に金融資本によって建築が変化するということではなく、建築が媒体となり、日常生活の中で金融化そのものが人の住みかとなるということでもある。アスカヤのような投機的な金融の廃墟、56 レナード・ストリートのような投資金融アイコン、アクエリアスで見られるような標準化された分譲マンションでは、投資資本の規模、内在する格差と失敗の傾向、そして人工的な「自然」に覆われた空間的単調さはすべて再物質化として機能しており、これらがまさに金融資本の特徴なのである。

ジェームス・KM・チェン・アーキテクツ、アクエリアス、バンクーバー、1999年。
商業施設の入った低層部の上にそびえるマンション棟。

アクエリアスの低層部の屋上に新たに作られた地盤。魚が生息する池と緑豊かな庭園。

第2章

ゾンビとゴースト、成長と衰退

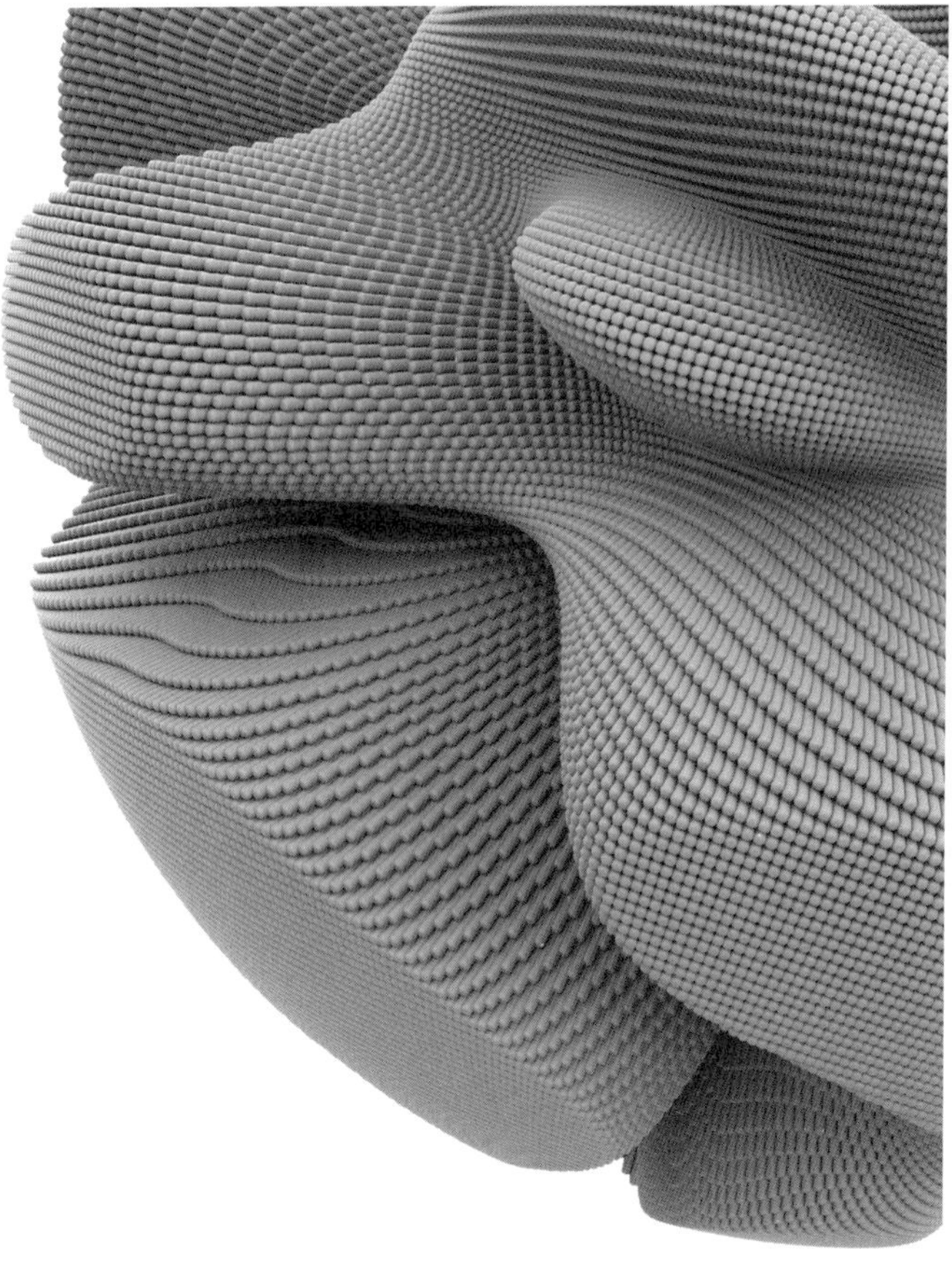

「ウォール街を占拠せよ（Occupy Wall Street）」運動が起きてから数年が経ち、この運動の最も意味のある側面は「占拠（Occupy）」という名前そのものであることが明らかになってきた。つまり、占有（Occupancy）という概念そのものが現代資本主義の中心にあることが明白になってきたということだ。多くの住戸が、所有されていながらも空き家になっているという状態が世界中の都市でかなり日常化しているのだから、それも当然だと言える。住宅がますます投資資産として扱われるようになるにつれ、身体を保護するという住宅の基本的機能が時代遅れのものになってきている。現在の世界的な不動産業界の動向を冷静に評価すると、空き家が好ましい資産クラスであるという結論に至らざるを得ない。空き家率は時間の経過や状況に応じて常に変化するものであるが、たとえば米国では、季節限定で利用される物件の空き家率を含む全体の空き家率は2000年から2010年の間に44パーセント（1040万戸から1500万戸に）増加した。[1] 2010年に経済学者のマイケル・ハドソンは、『ポスト・インダストリアル』経済は、主に不動産に関するものであることが判明した」と宣言したが、これを「今日の経済は主に『空き（unoccupied）』不動産に関するものであることが判明した」と言い換えても不適切ではないのかもしれない。[2]

金融資本主義が使用価値よりも資産価値を重視したことの副産物として、建築空間の過小利用という状況が生じた。21世紀のアーバニズムの顕著な特徴として、(気候、文化、環境などの理由から)住むのに望ましいと広く認識されている都市においても、住宅の空き家率の高さが見られること、さらには、放棄されたりほとんどが空き地のままになっている開発が挙げられる。この二つの状況からも分かるように、すべての空き家状態が同じわけではない。地域において所有されていながらも空き家になっている住戸の割合が高いと、生と死の中間状態であるゾンビ・アーバニズムとなる。さらには、危機が認識されている状況下において空き家または未完成の住戸の割合が劇的に増えると、別の現象であるゴースト・アーバニズムが発生する。使用価値と資産価値の乖離により、建物に関する一般的な考え方に多くの問題が生じる。歴史的には、建物の過小利用は荒廃、衰退、廃墟と密接に関連しており、その対極には、新たな成長による効用の高まりがある。しかし、21世紀のアーバニズムは、新たに作られた廃墟で溢れている。ゾンビ・アーバニズムとゴースト・アーバニズムは、新たな効用によってもたらされる成功と、破滅的な衰退による失敗という対立構造の問題となる。そしてその過程で、理論的にも情緒的にも建築の概念を再編成する。

ゾンビ・アーバニズム

ゾンビ・アーバニズムとは、所有されているにもかかわらず空き家状態の住戸が地域に多数存在し、その結果、実際の人口密度が設計上の収容可能な密度を大幅に下回っている場合を指す。これらの地域には、実在する住民と不在の(統計上だけの)住民が混じっているため、その規模の割には不気味なほど活気がない。このような街は死んではいないが、生きているわけでもない。

都市部のいかなる地域であっても、住宅の需要と供給が完全に一致することはないため、すべての住宅に誰かが住んでいるという状態はどんな時でもありえない。さらに、転出入、住戸の売買、主たる住まいから一時的に離れて過ごす場合など、住人の入れ替わりは一定の割合で起こり、それらすべてが、常に一定数の空き家を生み出す原因となりうる。最適な空き家率は地域の状況によって異なるし、時間の経過によっても変化する。米国国勢調査によると、１９９５年から２０１８年までの間、米国全体の賃貸住宅の空き家率は７・６パーセントから10・６パーセントの間で推移しており[3]、持ち家住宅の空き家率は１・５パーセントから２・６パーセントの間で推移した。[4] 均衡空き家率（ＥＶＲ）とは、住宅コストに上昇圧力も低下圧力もかかっていない状態の空き家率を指す。たとえば、シアトルのＥＶＲは４・97パーセントから５・25パーセントである。[5]

ゾンビ・アーバニズムは、空き家率がこの範囲を大幅に上回っている地域で発生する。

ゾンビ・アーバニズムで見られる、所有されているにもかかわらず空き家状態になっている住戸は、富の保管場所、投機資産、そしてセカンドハウスとしての三つの機能を果たしている場合が多い。これらの機能は個別に作用することもあるが、多くの場合は連動している。たとえば、レクリエーション用のセカンドハウスの購入には、少なくとも部分的には投機的要素が含まれている。一般的な投資家は継続的な収益を得るために住戸を賃貸しするが、非常に裕福な投資家はそれを空き家のままにする場合が増えている。こうした多額の資本を有する個人が、富の保管場所の多様化とグローバルな機動性を備えたライフスタイルを進めるにあたって望ましいと考えるのが、複数の住宅用不動産を所有することである。このような富裕層の増加と彼らの管理下にある資本の量により、世界中の多くの場所に重大な影響が及んでいる。

セカンドハウスは、レクリエーションまたは都市のカテゴリーに分類される。モスクワ郊外の農村部にあるダーチャからロンドンの都市部にあるピエ・ダ・テールに至るまで、一部の地域や都市には長い間このような不動産が存在している。このような建物は何世紀にもわたって富と特権の表れとして機能してきたが、産業革命期には上流階級や発展途上にあった中流階級が近代都市の問題からの解放を求めるようになったり、レクリエーション用の不動産がより普及した。20世紀初頭までには、ロンドンの広い地域（いわゆるカクテルベルトやストックブローカーズベルト）において、カントリーハウスやウィークエンドハウスが建てられるようになった。[6] フランス語の「ピエ・ダ・テール」（地面に足のついたもの）という用語は19世紀に初めて用いられ、短期用または二次的な宿泊施設を指していた。それ以来、この用語は都市部のセカンドハウス（通常はマンション）を指すようになった。

金融資本主義によりセカンドハウスの普及が進んでおり、たとえばマンハッタンのミッドタウンには空き家が多く見られる。『ニューヨーク・タイムズ』紙が米国国勢調査局による２０１２年全米コミュニティ調査のデータを分析したところ、パーク・アベニューと五番街の間の東59丁目から東63丁目までの８つのブロックでは、１２６１戸のうち６２８戸がほとんどの期間において空き家状態であることが分かった。[7] ミッドタウンはピエ・ダ・テールの中心地だが、このような現象はマンハッタンの大部分だけでなく、それ以外の地域においても見られる。ニューヨーク市住宅・空き家調査では、ニューヨーク市のピエ・ダ・テールの空き家の数は、2014年の5万5000戸に対し、2017年には7万5000戸であることが明らかになった。[8] もちろん、他の形態の空き家も存在する。米国国勢調査局の2017年全米コミュニティ調査では、マンハッタンには12万2000戸の空き家があることが集計されており、これは全戸数のほぼ14パーセントに相当する数である。これと比較して、ブロンクスの空き家数は約2万5000戸で、全体の5パーセント未満になっている。[9] 物件が空き家になる原因は多岐にわたり、解体予定あるいは売却予定であるために空き家になっている住戸などもあるが、国勢調査における最も大きな空き家の原因は、「一時的、季節的、またはレクリエーション用途のために保持されているため」である。[10]

パリでは過小利用がニューヨークよりも広がっているようで、パリ市の都市計画専門部局の2017年の報告書によると、1区、2区、3区、4区では住宅の26パーセントが空き家だった。[11] めったに使用されないセカンドハウスはパリ中心部の長らくの特徴だったが、同報告書によると、その数は2008年から2013年にかけて大幅に増加した。パリ市の住宅担当者のイアン・ブロサは、「これは本当に憂慮すべき問題だ。20万戸の空き家や半空き家があるのは普通のことではない。これは、18区（1区から20区までの合計人口の1割程度を占める）のように大きな区にある住宅の数の2倍に相当するものだ」[12]と話している。

ロンドンでもゾンビ・アーバニズムがかなり進行している。『ニューヨーク・タイムズ』紙はウェストミンスター区議会の議員ポール・ディモルデンバーグの発言を引用し、「世界で最も裕福な人々の一部が投資としてこの地で不動産を購入している。彼らは1年のうち夏の2週間ほどだけはここに居住するかもしれないが、残りの期間は地元経済に何の貢献もしていない。新築にもかかわらず明かりがついていない幽霊のような建物は、本当に問題だ」と報じた。[13] サヴィルズ・ワールド・リサーチの報告書によると、チェルシーやケンジントンといったロンドン中心部の一等地にある既存住宅の2011年から2012年にかけての販売額の59パーセントは、海外の買い手によるものである。[14] これらの不動産のかなりの数は彼らの主たる住まいではなく、年間でわずかな期間しか利用されていない。

金融資本主義によって、ニューヨーク、パリ、ロンドンなどの世界有数の中心都市において、所有されていながらも空き家状態になっている住戸の数が増加するとともに、世界中の他の多くの都市にも影響が及んでいる。最新のカナダの国勢調査では、トロントに空き家または過小利用の住戸が10万戸近く存在することが示されている。[15] バンクーバー中心部の特定の地域では、分譲マンションの最大25パーセントがほぼ空き家だ。[16] マイアミに関しては、具体的な数字を入手することは困難だが、不動産データを見ると、セカンドハウスの空き家率を高める条件が完璧に揃っていることが分かる。2007年には、フロリダ州マイアミ・デイド郡の全住宅の3分の1以上と分譲マンションのほぼ60パーセントがセカンドハウスだった。[17] 2015年には、同郡内の分譲マンション購入の31パーセントが、80キロメートル以上離れた場所に住む買い手によるものだった。[18] パナマ市に関しても、正確な数字を入手することは困難だが、同市の住宅用のビルの大部分が空き家であると広く認識されている。報告書によると、同市においては合法な不動産投資と並行して、建物をマネーロンダリングに利用する仕組みが機能しているという。[19] メルボルンでは、２０１４年にオーストラリアのＮＧＯプロスパーが空き家数を把握するために家庭用の水道の使用量を分析したところ、10万戸強が空き家、またはほとんど使用されていないことが判明した。[20] バルセロナ市は、２０１６年に水の消費量がまったくない、あるいはほとんどない住宅を10万戸以上も特定し、それらが空き家もしくは過小利用物件である可能性が高いことを示した。[21] ベイルートの市の中心部にも、人があまり住んでいない分譲マンションのビルが多く存在するようである。ベイルート中心部では、２００７年から２０１１年にかけて、ペルシャ湾岸地域に住む駐在員や外国人を対象とした高級分譲マンションの建設が急増した。[22] これらの住戸の多くは販売済みだが、現在そこに住む人はほとんどいない。

こうした場所はすべて、住むのに望ましい場所であると同時に、不動産で富を蓄えるのに適した場所として認識されている。これは重要なことであり、不動産価値が長期的に上昇すると信じるのに十分な理由があることの表れである。バンクーバーは、並外れた自然の美しさとともに、安定的で透明性の高いカナダの法律と統治の恩恵を受けている。ベイルートは西アジアにおける自由のオアシスとして認識されており、レバノンの長い内戦の終結以来、急速に成長している。多くの人口を抱える東南アジアの中心地に比較的近いメルボルンは、安全で気候に恵まれた都市であるとみなされている。望ましさの具体的理由は場所によって異なるものの、これらの都市はいずれも投資に適した場所として考えられており、不動産投資のための資本が引き寄せられている。

ゾンビ・アーバニズムによってもたらされる課題に対応しようと、多くの行政区ではその発生率を減らすための対策が講じられている。パリではセカンドハウスに対する20パーセントの課税が２０１５年に導入され、その税率は２０１７年には60パーセントにまで引き上げられた。その結果、セカンドハウスの所有者は、主たる住まいの所有者と比較して50パーセント高い固定資産税を払っている。[23] バンクーバーでは２０１６年に空き家税が導入され、年間１８０日を超えて空き家状態となっている住戸の資産評価額に対して、年１パーセントの税金が課されるようになった。メルボルンでは市内16の地域に適用される空き家固定資産税が２０１７年に導入され、継続的か否かに関係なく、年間６か月以上空き家状態の不動産に対して年１パーセントの税金が課されるようになっている。ワシントンＤＣとカリフォルニア州オークランドにも独自の空き家税がある。２０２０年時点では、香港、トロント、ロサンゼルスなどの都市で、空き家税を導入するかどうかの議論がなされていた。

レクリエーション用の不動産が一年のほとんどの間、空き家のままであることが長らく許容されてきた。市内から車で数時間の湖畔にたたずむ質素な小屋は、たいていは空き家であることが想定される。しかし、セカンドハウスの数、場所、豪華さが変化するのに伴い、一般的に受け入れられてきた基準が疑問視されるようになった。場所によっては、レクリエーション用の不動産が飛躍的に増加し、まったく新しいタイプの都市環境が形成されるまでに至っている。たとえば、バレンシアからマラガに至るスペインの地中海沿岸には、北ヨーロッパから訪れる人々のためのセカンドハウスが集中する広大な直線状の都市が出現し、グローバル化した観光経済と、金融資本主義の不動産投資への偏向が融合する場になっている。この一連の巨大プロジェクトにより、レクリエーション用の不動産が形を変え、大規模な独自のアーバニズムを生み出したのだ。

ゾンビ・アーバニズムは今や現代の都市における決定的特徴になっているが、都市の設計、管理、運営、構想の主要な手法は、一定程度の居住率を想定している。サービスやアメニティを採用し展開する上で、それらを提供するのか否か、および提供した場合の規模などに関する基本的な考え方は、伝統的な居住率の概念にもとづく。ゾンビ・アーバニズムはこれらの前提を覆し、アーバニズムのあらゆる側面に新たな課題をもたらす。ニューヨーク州議会上院議員のリズ・クルーガーは「57丁目にある大金持ちのためのビルを建設しているディベロッパーに会ったとき、彼は『心配いりません。今以上の公共サービスは必要ないでしょう。物件の購入者たちは自分の子どもをこの地域の学校に通わせることはないですから、交通渋滞も起きないでしょう』と言っていました」と述べている。[24] 継続的に空き家であることが常態化する中、都市はゾーニング要件、インフラ、公共サービスを再考すべきなのだろうか。長年にわたって住宅の戸数と人口密度の間には相関関係があると考えられてきたため、それらを切り離して考えることは都市の運営および管理に問題をもたらす。ある地域の人口が10パーセント減少すれば、それが地元の店舗やサービスの成否を分ける場合もある。このように、ゾンビ・アーバニズムには、居住空間だけでなく、商業用の路面店といった、より目立つ場所にも空き家を生じさせる可能性があるのだ。

ゾンビ・アーバニズムの空き家は、鉄鋼業の衰退後に石炭工場が閉鎖されたルール渓谷やハリケーン・カトリーナ後のニューオーリンズのように明白な機能不全、欠陥、あるいは惨事の結果として起こるのはなく、むしろ成功によって生じるものである。このような空き家は、供給過剰や需要不足、または雇用市場の衰退に関連して生じるものではなく、強い需要と経済成長の両方を背景に生じる傾向がある。建物は完売し、ディベロッパーは利益を上げ、政府は手数料を徴収し、不動産価値は上昇し続けることが多いが、そこに生気が溢れているわけではない。

ゴースト・アーバニズム

ゾンビ・アーバニズムは、居住率が減少している状態で機能するという独特の成功パターンによって定義されるのに対して、より高い空き家率と失敗の認識という二つの特徴が際立っているのがゴースト・アーバニズムだ。ゴースト・アーバニズムでは意図された居住水準からの根本的な逸脱が生じ、空間を事実上の死に至らしめ、明らかに失敗と認識される状態に陥る。その最も一般的な

ロジャース・スターク・ハーバー・アンド・パートナーズ、ワン・ハイド・パーク、ロンドン、2011年。ロンドンのハイドパークに隣接する高価なことで有名な建物の明かりの消えた住戸。

例が、大量かつ継続的に売れ残ったり、あるいは未完成の状態にある（崩壊している場合もある）住戸である。

不動産への資本流入が増加し、拡大とその後の縮小の時期が長くなりすぎると、建物の過剰生産傾向が強くなり、大量の空き家が発生する。これは、オーストリア生まれの経済学者ヨーゼフ・シュンペーターの「創造的破壊」と共鳴する。[25] デヴィッド・ハーヴェイは、「資本主義の下では……資本がある特定の時点において自らの状態に適した物理的ランドスケープを構築し、その後、多くの場合は危機の過程でそれを自ら破壊せざるを得ないという戦いが永続的に存在する」[26]と述べている。明らかに何かが計画どおりに進んでいないときに発生するゴースト・アーバニズムは、危機の一形態であることが常であり、その危機的な空間は世界中で見ることができる。

ゴースト・アーバニズムの例は多く存在するが、2007年から2008年にかけてのアイルランドとスペインにおける好不況の波は特筆すべきである。多くの点で、これらの国々は当時の世界経済危機、つまり住宅の金融化を中心とした危機において、相対的に最も劇的な変化を経験した。これらの国々で発生したゴースト的状況は今日も残っており、主に投資資産として運用されている建造領域における、容赦ない変化を具体的に示している。

アイルランドのゴースト・アーバニズム

1995年頃に始まり2007年頃まで続いた不動産ブームにより、アイルランドの国土は一変した。この期間中に、当時のアイルランドの総住宅ストックの約40パーセントに相当する、75

万戸以上の住戸が建設された。[27] ２００１年から２００７年にかけてブームの勢いが増し、毎年平均7万戸の住戸が建設された。２００６年には年間9万戸以上が建設されており、[28] 人口約４６０万人のアイルランドでは、１０００人あたり年間18戸に相当する。これによりアイルランドは、スペインと並んでＥＵで最も高い人口当たりの竣工件数（次に件数の多い国であるフランスの約3倍相当）を記録した。[29] この建設ラッシュにより、都市の集合住宅から郊外のメガプロジェクト、準郊外から通勤する人たちのための住宅、そして田舎の注文住宅に至るまで、あらゆるものでアイルランドの島全体が覆われていった。また、このブームは住宅に限定されたものではなく、数十万平方メートルのショッピングモールが建設され、その結果、一人当たりのショッピングモールの面積がヨーロッパで2番目に高いものになった。[30] ２０００年から２００７年にかけて、約１３００万平方フィート（１２０万平方メートル）のオフィススペースが建設され、[31] ２００４年から２００８年にかけて1万８０００室以上の新しいホテルの客室が建設された。[32] ２００６年の不動産ブームの最盛期には、アイルランド共和国における建設業界の市場規模は、ＧＮＰのほぼ25パーセントである３７０億ユーロ（４７０億ドル）に達していた。[33]

アイルランドの研究者たちは、この不動産ブームの規模を示す数々の統計をまとめている。１９９５年から２００６年にかけて、アイルランドの住宅価格は全国的に３００パーセント以上、ダブリンでは４００パーセント以上も上昇した。同じ期間に、未開発の土地の価格は１ヘクタールあたり６３６８ドルから7万６４１６ドルへと、約１２００パーセント跳ね上がり、[34] 商業用不動産の価値は２５０パーセント増加した。[35] これらのデータは、多くの人々が不動産市場に関与し、その拡大がどれほど巨大なものだったかを示している。多くのアイルランド人が、主たる住まいに加えて2番目、3番目、4番目、5番目の投資用住宅を所有することを検討していた。銀行は顧客に勧誘の電話をかけ、不動産取得と住宅ローンの借り入れを増やすように勧めたといわれている。

投資家が利用した二つの主要な住宅ローン（プライマリー・ドゥエリング・ホーム（PDH）住宅ローンと、貸し出し用のバイ・トゥ・レット（BTL）住宅ローン）の普及に注目することで、アイルランドにおいて、投機によりどの程度の住宅購入が促進されたかを理解することができる。ほとんどの場合、BTL住宅ローンの不動産は、継続的な賃貸収入と価格上昇によるキャピタルゲイン（本来の意味での投機）の両方を目的に購入される。[36] 2011年におけるアイルランドの住宅ローン残高のうち、約16パーセントがBTL住宅ローンだった。[37] これは好況期に生産された住宅の総ストック量のかなりの部分を占めており、建造空間が投機の場としてどのくらい機能したかを物語っている。ただ、BTL住宅

ローンの統計は、建造空間の資産機能の一側面を捉えているにすぎない。なぜなら、主たる住まいの新規購入者の多くは将来の購入のための資本構築を目的として市場に参入していたからだ。アイルランドの著名な経済学者ジョン・フィッツジェラルドは、１９９０年代から２０００年代まで続いた住宅購入者のトレンドに注目している。フィッツジェラルドによると、以前のアイルランドの家族は一生住むつもりで不動産を購入する傾向が強かったが、不動産ブーム期には、次から次へと乗り換える間に資産価値が上昇していくため、（借入金を含めない）純資産が増えていく投資として、個人や家族が住宅購入にアプローチするという新しい常態が生まれた。[38]

２００８年になってアイルランドにおける不動産の供給が実際の需要から完全に乖離しているという認識が広まると、ブーム時に投資が拡大したスピードを上回って、ほぼ一夜にして市場が凍結した。住宅ローン市場は崩壊し、不動産購入は停止され、価格は急落した。２０１２年までに、既存の住宅の価格は34パーセント、既存のマンションの価

バッテリー・コート。アイルランド、ロングフォード県、ロングフォードのゴースト・エステート(2013年時点)。

格は49パーセント、新築マンションの価格は54パーセント下落した。[39] 多くの住宅ローン保有者の純資産はマイナスに陥り、ディベロッパーは借金の山に埋もれていた。建設業者たちが撤収した後に残ったのは、未完成のプロジェクトが広がる風景であった。この国であまりにも多くの量の建物が建てられたことは、痛々しいほどに明らかだった。２０１１年には29万４０００戸の住戸が空き家のまま放置された状態になっており、その多くはアイルランド人がゴースト・エステートと呼ぶようになった住宅開発プロジェクトに属していた。ゴースト・エステートでは、工事は完了しているが大部分もしくは全部が空き家になっている場合もあれば、工事が部分的にしか完了しておらず、さまざまな工事段階で凍結された家々が並ぶ荒涼とした状況の中で、数軒の家屋には人が住んでいるという場合もある。それは、あたかも大災害により建設業者たちが避難を余儀なくされたかのようであった。[40]

ゴースト・エステートの苦闘を経験したのは個人や家族という身近な存在であったがゆえに、多くの人々がそれをイメージすることができる。一方で、関連するゾンビホテル、ゴースト・ゴルフコース、大量の空き店舗や空きオフィススペースなどの世界も存在する。完成したホテルが空き家のまま放置され、破壊行為の標的になることや、客室の30パーセントだけが完成していて、それらが最低料金で提供されている場合もあった。複合開発は一階の店舗が空っぽのまま遅々として進まず、完成半ばのショッピングモールの残骸が難破船のように地平線上に横たわっていた。危機客のいないゴルフコースは、貯蔵用の牧草の生産や馬の放牧のための農地へと転用された。危機後のアイルランドにはこのような高い空き家率を伴う失敗物件が散在しており、21世紀のゴーストランドスケープを構成していた。
アイルランドの不動産ブームの期間に建設された住宅には、戸建住宅から高密度複合開発内のマンションに至るまで、ありとあらゆるビルディングタイプが含まれている。２００３年に生産された住宅のうち、約32パーセントが戸建住宅、34パーセントがセミデタッチトハウス（一棟二軒の住宅）、12パーセントが連続建て住宅（アイルランドではテラスハウスと呼ばれる）、22パーセントがマンションだった。[41] ブームの間に建設された典型的な住宅街は、エステートと呼ばれる独立した開発区画で、通常は１か所の入り口から、戸建住宅、セミデタッチトハウス、および３戸〜６戸の住戸から成る連続建て住宅が混在するエリアへとアクセスできる。農地の中にどこからともなく現れたエステートに加えて、アイルランドのほぼすべての都市、町、集落で、周縁部がアメーバのように拡張した。１９９７年から２００７年にかけて竣工した住宅総数のうち約40パーセントは、人口１５００人未満の田舎の集落に建てられたものだった。[42]
資産目的のアーバニズムは、グローバルとローカルの両方の条件を踏まえて理解する必要がある。アイルランド経済は１９９５年頃から成長し始めた。高学歴で英語を話す労働力、そして低い税金と賃金に、多国籍企業が惹かれたためである。また、アイルランドはＥＵ加盟国であり、欧州の単一市場に無関税でアクセスできたためでもある。「ケルトの虎」と呼ばれた急速な経済成長は軌道に乗り、アイルランドは、他国への人口流出を力強い自国への人口流入へと数十年ぶりに反転させた。このグローバルな枠組みのなかでローカル環境における実際の需要が形成されるのと並行して、国際信用市場の自由化により、２０００年代初頭にはドイツとフランスの銀行

完成していながら空き家になっている住宅。アイルランド、リートリム県、ドラムシャンボのゴースト・エステート(2013年時点)。

「仮設」の壁で囲まれた不気味な道路の領域。アイルランド、コーク県、マロウのキャッスルパーク・ゴースト・エステート(2013年時点)。

からアイルランドの銀行への融資資金の流れが潤滑になり、建設と購入のブームが最高潮に達した。アイルランドの銀行は過熱した住宅ローンの需要に応え、住宅ローン期間の長期化と頭金要件の引き下げという形で融資要件をさらに緩和し、最終的には悪名高い、期間40年・頭金なしの住宅ローンを提供するに至った。住宅ローンの借り入れが容易になったことと、建設と住宅所有を奨励することを目的とした政府の方策が組み合わさって、投機的な建設および不動産購入という最悪の状況が起きた。

危機後の数年間で、ゴースト的状況は変化した。2008年以降の最初の4年間は、不動産業界と建設業界がほぼ停滞する中、財政的および物理的な残骸の整理に費やされた。2010年になるとアイルランド政府が「未完成の住宅街」の調査を開始し、これらの開発を「解決」するための複数年にわたるさまざまなプログラムや取り組みが始まった。最初の調査では、18万戸の住戸を含む約3000のゴースト・エステートが対象であった。その後7年間で、その数は計2万5000戸弱の住戸を含む420のゴースト・エステートにまで減少した。[43] 空き家には最終的には人が住み、未完成だったプロジェクトの建設は再開された。少数の建物は人が一度も住むことなく取り壊された（慎重に扱うべき問題で、政府がその数を特定するのは難しい）。2013年におけるアイルランドのメディア報道によると、当時の住宅・都市計画大臣が作成した計画において約40のゴースト・エステートが解体の候補として特定された。[44] 2010年以降、アイルランドのゴースト・エステートが大幅に減少していることは間違いないが、公式の統計値はありえないほど低いため、おそらく実際の物理的な状態を過小評価していると思われる。これは、政府により解決済

み と決定された未完成の住宅開発に関しては、未完成プロジェクトのリストから削除されてしまうからである。つまり、何らかの定義付けで解決としてしまうことにより、政府が過小集計している可能性がある。たとえば、あるエステートを解決済みとするためには、飲料水の供給が求められるが、電気の接続は求められていない。[45]

アイルランドにおけるゴースト・アーバニズムの状況は劇的に改善されたが、それには長い時間を要した。雑木などの伐開後にフェンスで囲まれて開発を待つ土地、どこにも通じない道路や何も供給しないインフラ、そのまま放置されたコンクリートの基礎の列、屋根のない建物、外装材や窓ガラスが設置されていない住宅の躯体、完璧に仕上がった状態でまだ見ぬ住人を待ち続ける無数の住居が、2008年から何年もの間、アイルランドのランドスケープのあちこちに見られた。風化による汚れや生い茂る草木が、これらの開発地がゆっくりと廃墟になっていく様子を物語っている。世界金融危機が始まってから約15年が経過した現在でも、金融危機によって生み出された廃墟はあちこちに見られる。

スペインのゴースト・アーバニズム

アイルランドとスペインで不動産ブームの期間に建設された住宅は、一人当たりで見ればほぼ同程度であるが、絶対数ではスペインの方がはるかに多く、さまざまな建設活動が行われた。スペインでは、2001年から2008年にかけて年間平均56万5000戸のペースで、約400万戸の住宅が建設された。これは、その前の10年間の2倍以上の値である。[46] 2006年の住宅着

解体中のウォーターウェイズのゴースト・エステート。アイルランド、リートリム県、ケシュカリガン（2013年時点）。

工数は86万5000戸で、これはドイツ、フランス、イギリスを合わせた値よりも大きいものだった。[47] また、膨大な量のインフラも建設され、高速道路網は1993年から2011年の間に約1万3000キロ延長された。[48] スペインは現在、世界第3位の規模の高速道路網を有しており、これを上回るのは米国と中国だけである。[49] 5か所の新しい国際空港が建設され、既存の13の空港で新しいターミナルが造られた。市場の最盛期には、スペインのGDPの約11パーセントを建設業が占めていた。[50] これらの活動はすべて、不動産価格が劇的に上昇する状況において発生した。1996年から2007年の間に、未開発の土地の価格は260パーセント増加した。[51] 同じ期間に、住宅価格の全国平均は200パーセント上昇した。[52]

建設の激化と価格の高騰に並行して、スペインの不動産の金融化が進んだ。1996年から

２００７年にかけて、住宅ローンの平均期間は18年から28年に延びた。[53] スペインの経済学者ホセ・ガルシア＝モンタルボは「現在、私たちは40年ローンのことを口にするようになった……ほとんどの住宅ローンは物件価格の１００パーセントに追加費用の10パーセントを加えたものである」[54] と２００６年に述べている。このように金融緩和が行われる環境の中で住宅ローン債務は急増し、ブームの最盛期にはスペインの住宅ローンの値はＧＤＰの１００パーセントに達した。[55] そしてスペインの金融機関は、米国の金融機関と同様に、住宅ローン債務を証券化することで、借金を抱えたスペインの家計を世界の金融市場に直結させた。２０００年から２００６年にかけて、スペインの証券化された資産の総額は１００億ドルから１２７０億ドルに増加したことが報告されている。[56]

セカンドハウス所有が普及したことから分かるのは、投機的投資と投資資産機能の役割の高まりである。スペインではブームの最盛期までに、２戸以上の住宅を所有する世帯が顕著に増加した。マドリッドを拠点とする経済学者のイシドロ・ロペスとエマヌエル・ロドリゲスは、２００７年までにスペインの世帯の35パーセントが複数の住宅不動産を所有していたと述べている。[57] イギリス人、ドイツ人、そしてその他の北ヨーロッパの人々が次々とスペインの住宅開発地の住戸を購入したが、その物件の多くは彼らのために作られたもので、スペインにおける建設の量を激増させた。アリカンテの南海岸に位置するサンタ・ポーラ、グアルダマール・デル・セグラ、トレビエハの各自治体では、２０１０年には全住宅のほぼ80パーセントがバケーション用のセカンドハウスであり、人口の47パーセントが「休暇用住居を所有する登録外国人居住者」だった。[58] こ

Icebergs, Zombies, and the Ultra-Thin

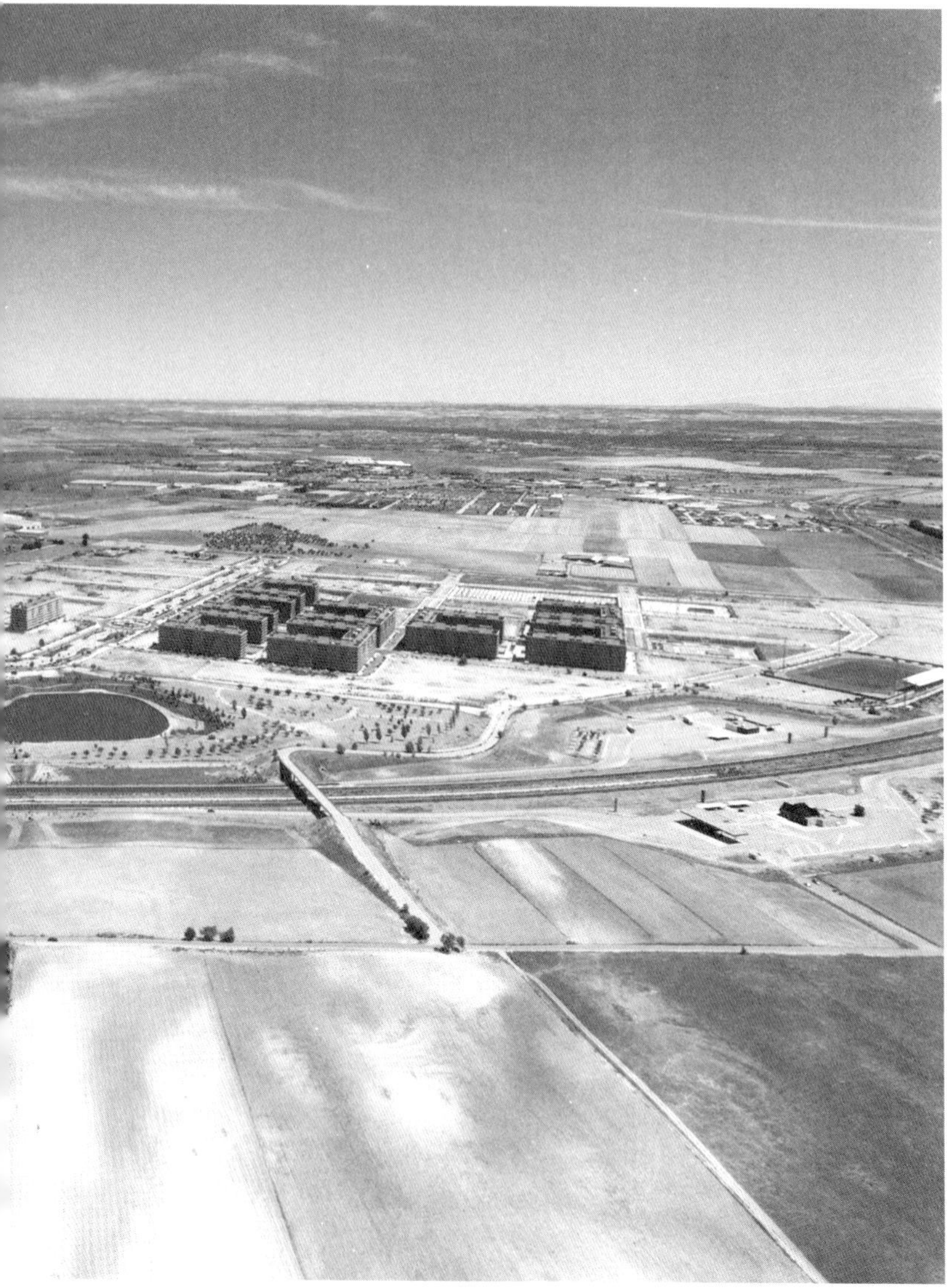

3分の2が未完成のレジデンシャル・フランシスコ・エルナンド。スペイン、カスティーリャ・ラ・マンチャ州、トレド、セセーニャ(2014年時点)。

の人口流入には多くの要因が影響したが、投機的投資の影響が大きかったことは間違いない。スペインの社会学者アイタナ・アルグアシル・デンチェは、「外国投資が基本的に投機的な性質のものであることは、特定の地理的地域に集中していることからも理解することができる。……外国からの住宅投資は、島嶼地域（カナリア諸島およびバレアレス諸島）や、スペイン東部の沿岸部（アンダルシア、ムルシア、バレンシア共同体）に集中する傾向があった。これらは、景気サイクルの上昇局面で最も高い価格上昇を記録した地域である」[59]と述べている。

スペインにおける熱狂的投資と開発は、同国の新自由主義のアバター（化身）たちによって促進された。1998年、スペイン政府は土地法を可決し、国土全体を事実上の開発対象領域として再分類した。政府の言葉を借りるならば、「この法律は、土地供給の促進を目的としており、まだ都市化されていない土地で、保護する理由のないものはすべて都市化することが可能であると考えられる」ということだ[60]。不動産ブームの始まりとほぼ同時期に可決されたこの法律は、新自由主義を特徴づけ、金融資本主義を促進する市場の自由化を象徴するものである。

バレンシア共同体では都市活動法（LRAU）が1994年に成立し、開発代理人（agente urbanizador）という土地開発における新たな役者が登場した。その後、他の自治体もバレンシアをモデルにした法律を可決し、その結果、開発代理人はスペイン全土において開発を推進するという重要な役割を果たすようになった。開発代理人として活動する個人または民間企業は、大きな役割と権限を担っており、私有地の所有者の意向に関係なく土地を開発できる、収用の権限を与えられている。言い換えれば、開発代理人は、収用された土地に対する補償を行うことを唯一の条件として、地主の意志に反して市場目的で土地を開発することができるのである。実際には、この補償は「都市化」（特定の領域が区画へと細分化されて、道路や公共インフラが設置され、建物が建設されるプロセス）を通じて生み出された価値から得られる。ここで注目すべきは、ほとんどの民間企業が開発代理人の役割を担うことができたということである[61]。スペインの建築家イザベル・コンチェイロは、「この役職は、都市開発に協力することを拒否した地主が土地を保持し続けることを終わらせ、都市化を迅速に進めるために創設されたものである」と述べている[62]。また、元々のバレンシアの法律は、都市化された土地の供給を増やすことによって住宅価格が下がるという政治的には左寄りの仮説を中心に作り出されたということにも注目すべきである[63]。ただ、価格が下

スペイン、バレンシア北部の地中海沿岸に位置する投資目的のレジャー用途の開発（2013年時点）。

がることはなかった。この法律に批判的なバレンシア大学教授のフェルナンド・ガハ・イ・ディアスは、「ＬＲＡＵ法は、不動産市場の高騰とインフレの影響を受けた地価を下げることなく開発土地の増産に貢献してきた一方で、大手開発企業のもとに不動産が集中することを［支援してきた[64]］」と述べている。

投資主導の建設ラッシュによって（アイルランドと同様に）スペインにもたらされた重大な副産物に、建物の劇的な過剰生産があった。２０１０年までにスペインでは１００万戸以上の売れ残った住宅が市場に出回っており、２０１２年にはその数が２００万戸近くになったと報告されている[65]。マドリッド周辺にある多数の巨大開発は、それぞれ数千戸を擁しており、そのほとんどが空き家だった。スペインのいわゆるゴースト空港は何年も空っぽのままだった。ムルシア空港は２０１２年に完成したが、航空便の運航が開始されたのは２０１９年だった[66]。世界のメディアで悪名を轟かせ、12億ドル以上をかけて建設されたといわれているシウダレアル国際空港も、２０１２年から２０１９年の間、閉鎖されて劣化していく状態のままで放置されていた。

好況期にはスペイン国土の広い範囲で都市化が進んだが、その後は空き地のまま、程度の違いはあるにせよ荒廃した状態で放置された。都市化された空き地の総面積を正確に把握することは難しいが、29万ヘクタールに達していると想定されている。これはニューヨーク市の五つの行政区の面積の３・５倍以上の面積である[67]。この都市化された空き地のストックには、２０４０年頃までの建設需要を満たすポテンシャルがあると報告されている[68]。これに加えて、部分的に建設された建物もスペインのランドスケープに点在している。これらの未完成の建物と空き地が合わさって、危機後のスペインにおけるゴースト・アーバニズムを構成している。

不動産ブームの期間に作り出された建造環境、そしてその結果として現れた未完成の建物や空き地は、スペインのゴースト・アーバニズムの典型を構成する形態的パターンを示している。その三つの主要な典型は、ポスト・メトロポリタン・アイランド、外国投資ゾーン、都市型エンサンチェ（都市の拡張地）である。

ポスト・メトロポリタン・アイランドとは、既存の都市構造から地理的に分離している巨大開発のことで、都市の中心部から一定の距離を保っている、独立した衛星のようなものである。[69] 十分な量の補完的プログラムを組み込むことなく圧倒的な量の住宅を蓄積する傾向こそが、ポスト・メトロポリタンと呼ばれる所以である。このようなプロジェクトはスペインの大都市や中規模都市の周辺で多く見られ、「投資列島」とでも言うべき開発群を形成している。最も悪名高い例は、マドリッドから約30キロのセセーニャにあるレジデンシャル・フランシス

アルコスール。スペイン、アラゴン州サラゴサに建つ未完成の都市型エンサンチェ（2014年時点）。

コ・エルナンド（ディベロッパーの名前にちなんだ命名）である。この開発のデザインでは、反復性と効率性を極限まで高めた一連の中層住宅棟に1万3500戸の住戸が収められている。この開発のあらゆる側面において、建設費を最小限に抑えた上で戸数を最大化するよう図られており、その結果、非人間的ともいえる投機空間が作り出された。ブーム期にこのプロジェクトに投資した人物の典型的な体験談が2007年にスペインの新聞『エル・ムンド』に掲載されている。

私の家族は、高い利益を得るつもりで、レジデンシャル・フランシスコ・エルナンドのさまざまな住戸を非常に手頃な価格で購入した。そして狙い通りになった。不動産サイクルの終わりになってそれらの住戸を処分することにした。私が16万1000ドルで買った3戸の住戸は24万2000ドルで処分できた。[70]

市場が崩壊する前に、5000戸強の住戸が完成した。2009年時点では2000戸が売れ残って空き家になっているとスペインのメディアが報じている。[71] 市場が崩壊してから何年もの間、この開発地は不毛の地と呼ばれ、部分的に完成していながらも完全に孤立した地域に何千人もの住民が住んでいた。完成した建物が建つのはフェンスで囲まれた不毛の建設現場であり、スペインの住宅バブル崩壊から12年が過ぎても残っている危機的な空間だ。

不相応な数の外国人購入者を惹きつける新築住宅の建設は、主にスペインの地中海沿岸の外国投資ゾーンとでもいうべき場所で見られる。このような顧客層に向けた開発は、地中海に沿って延びる事実上の直線都市の誕生に大きな影響を与えた。これらの開発は、穏やかな気候と投機という魅惑的な組み合わせのもと、ゴルフコースやビーチを中心に構成されることが多い。ポスト・メトロポリタン・アイランドの孤立した状況に共鳴するかのように、「これらの新たな開発地では、既存の都市構造からの分離と、EUの豊かな国の国民に偏った住人の均質化が進んでいる」[72]と、スペインのアーバンプランナーであり活動家のラモン・フェルナンデス・デュランは述べている。

外国投資ゾーンが急増した当時、都市の拡張地であるエンサンチェも同様に増加した。スペインのほぼすべての大都市および中規模都市の周辺部では非常に活発な拡張が見られ、それはスペインの伝統的なエンサンチェ【訳注：19世紀のバルセロナ拡張計画などのような】の21世紀版ともいえるものだった。ほとんどの場合、急速に発展したこれらの広大な地域は、少なくとも5年間、程度の違いはあるも

市街化された空き地。スペイン、マドリッド、マハダオンダ（2014時点）。

の部分的に開発されたり空き地の状態で放置されていた。イザベル・コンチェイロは、マドリッドの「南東のランドスケープは現在、整地作業や道路・インフラの新設が目立つ『待機』のランドスケープであり[73]」、市場の崩壊によって中断した開発が再開されるのを待っている状態にあると指摘した。

小型の都市においても、大規模な開発が同じように実施された。スペイン北東部に位置する人口70万人の都市サラゴサにはアルコスールと呼ばれる都市型エンサンチェがあり、7万人の新たな居住者を収容することが計画されていた。2014年時点で完成した住戸はわずか2100戸で、その結果、広大ではあるがほとんどが空き地のタブラ・ラサ的な（白紙状態の）都市化地域に少数の住民が住むという非現実的な社会状況が生じた。2020年になってもこの状況にまったく変化はなく、スペインの危機的状況が収束していないことをまざまざと見せつけている。

金融危機から10年以上経った今でもスペインのゴースト・アーバニズムは続いており、都市化された空き地が依然としてかなりの量で存在し、未完成のプロジェクトは全国各地で見られる。このような荒廃したランドスケープが長らく存続しているという事実は、今や世界的に広がった新自由主義的な投資活動を背景とした、建設業界におけるかつてないレベルの好不況の激しさを物語っている。

中国のゴースト・アーバニズム

ゴースト・アーバニズムは、アイルランドとスペインに限られた現象ではなく、アンゴラからブラジルに至るまで世界中の国々で見られるが、中国のゴースト・アーバニズムの規模は規格外のようである。2018年、建築設計事務所OMAのパートナーであるオランダ人建築家レイニエ・デ・グラーフとハーバード大学の学生が世界のゴースト・アーバニズムを研究した。彼らは、それぞれの面積が1平方キロメートル以上で、50パーセントを超える空き家率が1年以上継続していると報告されている50の開発地を22カ国で特定して調査した。[74] 直近数十年にわたる中国の成長には不動産価格の大幅な上昇が伴い、35の主要都市において平均実質住宅価格が10年間で約380パーセント上昇したと報告されている。[75] 中国の不動産ブームはおそらく史上最大のものであり、未だかつてない都市化の中にはとてつもない大きさのゴースト・アーバニズムが含まれている。

最も悪名高い例は、中国のいわゆるゴースト・シティ（中小都市の外周部に位置する過小利用または未完成のニュータウン）である。ペンシルバニア大学のクリストファー・マーシンコスキーは、昆明近郊の呈貢区、内モンゴル自治区のバヤンヌールとエレンホトの拡張地区、湖南省長沙市の外周部、河南省信陽北東の無名の衛星都市など、その例は「枚挙にいとまがない[76]」と述べている。内モンゴル自治区オルドス市の端にあるカンバシ地区は西側メディアで頻繁に取り上げられており、2010年に「ゴースト・シティ」という用語が初めて使用されるきっかけとなった場所である。[77] 2006年に設立されたこの地区には、建設工事の完了後に最終的には100万人が住む予定だったが、2014年時点での公式の人口は3万人で、完成した建物の70パーセントは空き家だった。[78] 信頼できる統計を入手するのは困難だが、2020年当時の写真から、大部分が空き家の都市環境であることがはっきりと分かる。地元政府は、未完成の住宅が多数ある地域を除外するためにカンバシ地区の境界線を引き直し、２０１６年には人口が15万３０００人に達したと報告したが、当初の人口目標は１００万人であり、依然として大幅な住宅の過少使用が存在することが示唆されている。[79]

１９８０年には20パーセント未満であった中国の都市部に住む人口は、２０２０年までに60パーセント以上となっていた。[80]驚異的な数の新しい建物が建てられたため、大きな需給ギャップが生まれたのも当然であり、ある特定の時点において空き家率が高くなった。しかし、金融資本主義的活動がこのように必然的な状況を悪化させ、その規模を増幅させたようだ。中国の新興富裕層と急成長する中産階級は、新たに得た富を投資に回そうとしているが、選択肢はかなり限られている。中国国民が外国の株式や債券を所有することは規制により難しいし、中国の銀行を利用しても、西側の銀行ほどの投資収益率が望めないからだ。また、中国には固定資産税がなかったことから、不動産は非常に人気の投資先になっていた。マーシンコスキーによれば、「住宅への投資は……利用可能なものの中で最も安定した投資であると理解されている……。中国の中産階級の家庭が投資手段として２戸から３戸のマンションを所有することは珍しいことではない」[81]。中国家計金融調査・研究センターによると、２０１８年第１四半期の住宅購入全体の41パーセントはセカンドハウスであり、驚くべきことに31パーセントは２戸目のセカンドハウスだった。[82]国営紙『チャイナデイリー』は、北京在住で２戸以上のマンションを所有する家庭と、北京在住ではない１戸以上のマンションの所有者が、北京でさらに不動産を購入することを北京市政府が禁止したと2011年に報じた。[83] その後、他の行政区でも同様の規制が導入された。中国の国営通信社である新華社通信は、杭州市では独身の成人がセカンドハウスを購入することが禁止されたと2017年に報じている。[84] この種の政策が大きな効果をもたらすかどうかは不明である。2017年の中国家計金融調査によれば、中国の都市部では住宅の約21パーセントが空き家である。[85] この問題を強調するかのように、中国の習近平国家主席は2017年の第19回党大会での演説で、「住宅は住むためのもので、投機の対象ではない」[86]と述べた。

成長と衰退の同時性

ゾンビ地区とゴースト・シティは、建築に未だかつてないダイナミックな地勢

内モンゴル自治区オルドス市、カンバシ地区(2021年時点)。

を提示する。常に変化する投資の流れによって形成された地形であり、そこでは急激な成長を遂げた状態が、同時に衰退と荒廃の状態へと堕ちていく。

21世紀の建築に関する議論の多くは、アーバニズムに関する二つの支配的なパラダイムのどちらかを中心に展開されてきた。それは、中国の珠江デルタなどに代表される急速に成長する都市地域、あるいは逆に、デトロイトのような都市に代表される縮小する都市である。存在論的には、これら二つのパラダイムは、時間的にも空間的にも分離した存在であることを前提としている。つまり、成長は特定の時間と場所で起こり、衰退は別の時間と場所で起こる。ただ、これは歴史の大部分においてはそうであったかもしれないが、金融資本主義の特殊性により、成長と縮小の特徴が、空間的にも時間的にも近接して見られるようになっている。これは、二つのパラダイムの新たなあり方である。

なぜ成長と衰退が重なり合うようになってしまったのだろうか。主な理由には、巨大な資金プールと、建築を介したその資金の流れがある。現在、建築に投入されている莫大な資本により、拡大と縮小のサイクルにはより極端な山と谷が生じている。資本が増加すると、拡大の期間により多くの建築が生産されるため、市場が変化したときにより多くの供給過剰となる傾向がある。このように拡大生産された建物にはより大きな破損や荒廃のリスクがあるため、やがて市場が上向きになった時点でもこうしたリスクを回避するのが難しい。したがって、空きビルや、場合によっては廃墟となった建物は、低迷と回復の期間まで残り、そして一部は次の拡大の期間も残り続け、成長と衰退の層として積み重なる。

成長と衰退の同時性は、不動産市場における拡大期と縮小期の頻度が高まっていることにも起因していると考えられる。米国の住宅価格を追跡するケース・シラー住宅価格指数は広く参照されているが、その開発者でノーベル賞受賞者のロバート・シラーはインタビューで次のように述べている。「世界中で投機の文化が台頭している。私は、不動産のボラティリティ（価格変動の度合い・振れ幅）は長期にわたって大きくなる可能性があると考えている。住宅価格が（長期的には）上昇するとは思わないが、バブルに対してより脆弱になる可能性がある」[87]。不動産サイクルの新たな輪郭が好況と不況の間のより大きな振幅によって定義されるとすると、そのサイクルが短くなった時に結果として生じる急速な生産と価格の高騰、およびそれに続く過剰供給と空き家という社会的かつ空間的課題が、金融化された建築とアーバニズムの特徴を決定づける可能性がある。

不動産についての伝統的な考え方では、成長と衰退の決定要因として「市場のファンダメンタルズ」（雇用、人口、賃金等）の影響が大きいと想定されている。つまり、需要と供給の基本的な関係は、雇用、人口、賃金によって左右されるということだ。一般通念では、これら三つの要因に増加もしくは減少が生じると、住宅需要も増加もしくは減少することになっている。しかし、不動産における資本の規模と流動性により、市場の拡大と縮小はこれらのファンダメンタルズからますます切り離されている。物価の上昇が地元の雇用市場に関係していることはもはや当たり前のことではなく、需要の増加が人口の増加に関係しているとも限らない。

2007年から2008年にかけての危機は、金融資本主義の力学が生み出す一瞬の破滅について、数多くの例をまざまざと見せつけた。部分的にだけ完成している空き家群の中で孤立した

完成したものの人がほとんど住んでいないキランバ新都市。アンゴラ、ルアンダ（2012年当時）。

生活を送る家族たち。放棄された建設現場を見下ろすルーフトップバーの常客たち。元々は仮設だったがそのままになっている、建設現場の仮囲いやセキュリティフェンスによって区画された不気味なランドスケープの中を通過するドライバーたち。アイルランドではこのような空き家や未完成の建物および区域がさまざまな形で出現しており、人々が住んでいる建物と隣り合わせになった光景は荒涼としたものだった。10代の若者たちは、半分だけ建てられた住宅の朽ちゆく残骸の中で育つことが普通のことだと思うようになっていった。このような未完成の近隣環境は、資産目的のアーバニズムの決定的な特徴である。驚くことに、多くの放棄された建築現場の跡地で、草木が育ち農作業が行われるまでになっている。多数のプロジェクトは公共インフラだけが設置された状態で中止された結果、野原の風景が現れた。電気、水道、下水といったインフラはすべて地下に設置されているので、当初に意図された開発を知る手がかりは、植物の間に見えるパイプとマンホールだけである。このような電気設備のある野原は、非公式ではあるが農業やレクリエーション目的に利用されており、馬が放し飼いにされ、子どもたちがボール遊びをしている。未完成の建造物が完全に未使用の状態で放置されている一方で、建物の残骸を占拠する数件のテナント、未完成のコンクリート造の高層ビルの足場の下で通常営業している銀行、上層のマンションは躯体が剝き出しのまま下層で営業しているスーパーマーケットといった事例も存在している。このような残骸の占有から見てとれるのは、金融資本主義の危機的な空間に住む人々の、状況に応じた機敏性と回復力だ。

生、死、金融資本主義

２００７年から２００８年にかけての危機の後の数年間は、フィクション、テレビ、映画でゾンビの登場が目立った。ポップカルチャーにおけるこの現象と政治経済の全般的な属性を結びつけようとする者もおり、クリス・ハーマンの『ゾンビ資本主義：世界危機とマルクスの関連性』(Zombie Capitalism: Global Crisis and the Relevance of Marx) が２００９年に、デヴィッド・マクナリーの『市場の怪物：ゾンビ、吸血鬼、世界資本主義』(Monsters of the Market: Zombies, Vampires and Global Capitalism) が２０１１年にそれぞれ出版された。ロマンス語系文学教授のダヴィード・カスティーヨと文芸評論家のウィリアム・エギントンは、２０１４年に「ニューヨーク・タイムズ」紙で次のように述べている。「今日のゾンビの大群は、資本主義の必然的に思える副産物、つまり心も魂も失い、際限のない生産を支え続ける大量の消費者と、毒性を帯びた廃棄物による惨状の中で生き延びることを余儀なくされた大量の『人間の残骸』、といったものに対する私たちの不安を最もよく表現しているかもしれない[88]」。ファン・カルロス・フレスナディージョの映画『28週後…』は、２００７年の世界的な不動産ブームの最盛期に公開され、世界の一部地域で間もなく起きるであろう劇的な空き家状態を予見していた。映画の冒頭のあたりで、ゾンビを生み出すウイルスによって人口が激減し、歩行者や車が消えてしまったロンドンの街並みをカメラが映し出す。同じく２００７年に公開されたフランシス・ローレンスの『アイ・アム・レジェンド』では、日沈後に出てくるゾンビ以外には誰もいないマンハッタンで、ウィル・スミス演じる主人公が孤独に暮らす様子が描かれている。マーク・フォースターが監督し、史上最高の興行収

上：未完成の建物との、長期にわたる奇妙な隣り合わせ。アイルランド（2013年時点）。

左：放棄された大規模な開発現場で地上に顔を出した埋設インフラ。アイルランド、コーク県、マロウ（2013年時点）。

右：中止された住宅プロジェクトの地上階で営業しているアイルランド銀行の支店、ダブリン（2013年時点）。

入をあげたゾンビ映画『ワールド・ウォーZ』（２０１３）。致死性のウイルスにわざと一時的に感染して、ウイルスの蔓延に役に立たない存在となることで、効果的に自らをカムフラージュできることを人間が発見し、生者と死者の間の世界規模の戦いに勝利する道を見出す。言い換えれば、ゾンビにならないようにするためには、死という過程を個々の人間が積極的に開始し、そのことをゾンビに認識させる必要があるのだ。

この解決策は、ゾンビ・アーバニズムとゴースト・アーバニズム、そしてそれに伴う成長と衰退の同時性のパラドックスと共鳴する。建築や街の一部に不活性な（ゾンビやゴーストの）状態が存在しているのは、その都市全体にはしっかりとした活気があって将来もそうであろうという考え方にもとづいている。ゾンビ・アーバニズムは現在の金融資本主義的傾向から必然的に生じた結果だが、それはその受け入れ先である都市の生存能力を前提としているのだ。ロンドンは、不動産が長期的に安全で安定した投資先であると考えられているからこそ、その不動産に対する国際的な投資資本を引き寄せている。そして、投資家はそれが永遠に存続すると思っている。ハゲタカ資本家たちはアイルランドのゴースト・エステートをかっさらっていくが、それはゴースト・エステートがやがて活気を取り戻し、成長と衰退が同時に進行するようになると考えているからである。さらに皮肉なことに、アンデッド状態の都市の中には、メルボルンやバンクーバーのように世界の住みやすさ指数ランキングで上位を占めているところもある。金融資本主義の論理の中では、非常に住みやすいということは、伝統的な意味での都市生活というものを衰退させる空間金融条件を完全に受け入れるということでもあるのだ。

第3章

金融のかたち

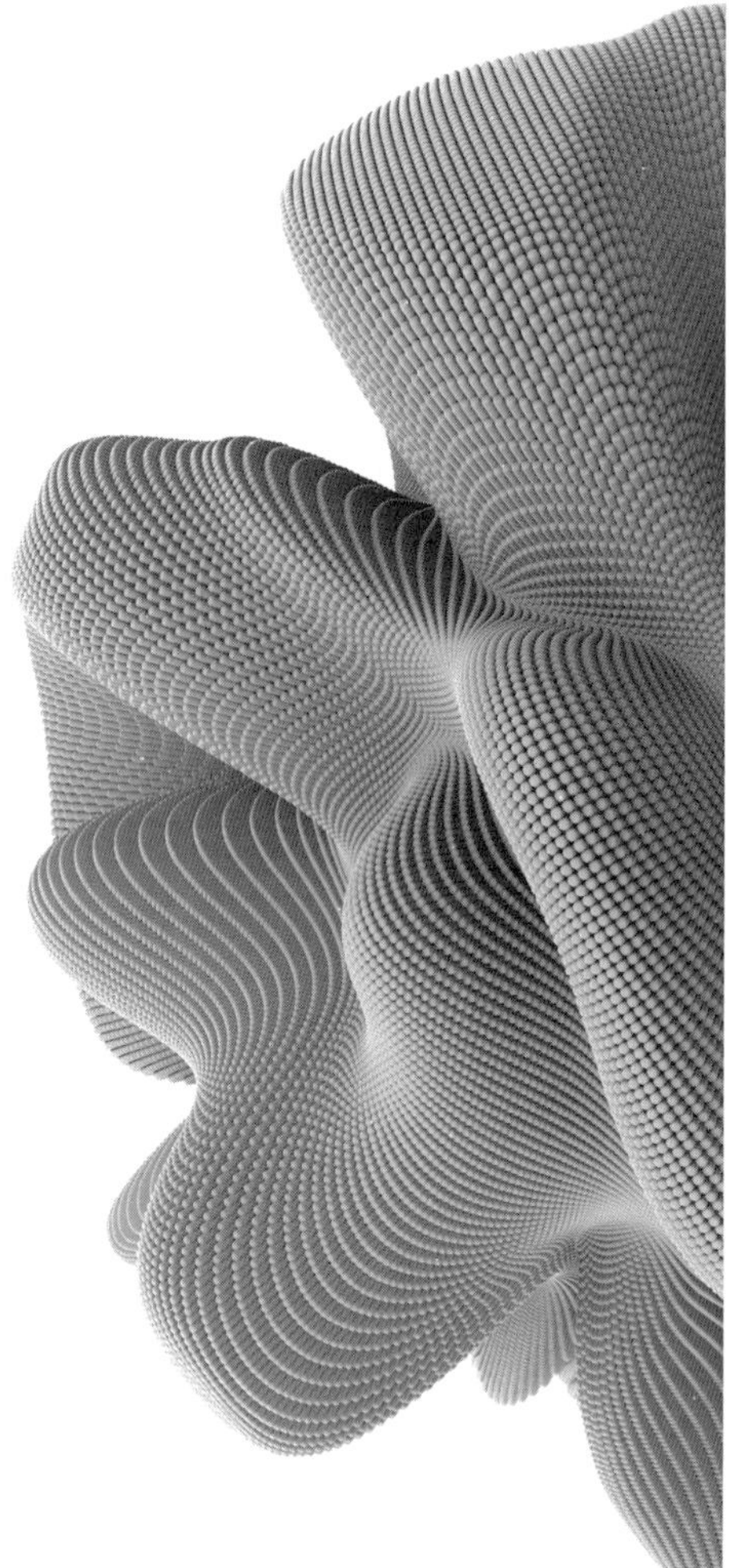

建築の金融化は、立地、ボリューム構成、プロポーション、寸法といった建物の形に関する条件を介して進められる。このような形式主義は、余剰資本の吸収に役立つと同時に、投機的投資の機会とそのような投資に必要な流動性を増加させる。状況の激化によって普遍的な特徴が鮮明に浮き彫りになることは多くあり、そういった事例を通して、建築の金融化を追跡することが可能である。本章では、氷山型住宅、準郊外の投資マット、スーパー・ポディウム、極細ペンシルビル、金融アイコンという5種類の空間金融の類型を特定する。これらの類型は、金融エコロジーの中で集合的に機能している。主に投資流動性を提供するものもあれば、富を吸収して保管するための場としてのみ機能するものもあるが、全体としては、建造環境における資本のさまざまな動きや場面に合わせて連携して機能する。

氷山型住宅

ロンドンとニューヨークは、他に類を見ない額の不動産投資を世界中から引き寄せる。[1] たとえば、2011年に海外投資家がロンドンの住宅に費やした額は85億ドルである。これは、英国政府による英国全土に対するアフォーダブル住宅プログラム（住宅機会均等のための低価格住宅の政策）

への投資を上回る。[2] ロンドンへ巨大な資金プールが流れ込むことで、地元の人々が氷山型住宅と呼ぶ独特の空間金融の類型がもたらされた。

ロンドンの富裕層にとって最も望ましいエリア（チェルシー、メイフェア、ナイツブリッジ、ウェストミンスターなど）の多くは、主にビクトリア様式の邸宅やタウンハウス（低層の連棟式の住宅）で構成されており、これらは現代の富裕層の基準では比較的控えめな大きさのものと言える。こうした地区では、地盤面より上部での増築はゾーニングによって厳密に制限・管理されている。２００５年頃から、超富裕層は地下での建設行為に関する法律がないことにつけ込んだ新しい富の保管方法を開発し始めた。ひときわ豪勢な氷山型住宅の設計に複数回携わったことのある建築家のアデミール・ヴォリックは、「私たちはプランニング関連の法規を分析し、それらが地上部分に関してはすべてを網羅しているのに対し、地下については言及されていないことに気づいた。私たちが南極まで掘り下げたとしても、それを妨げるものは何もなかっ

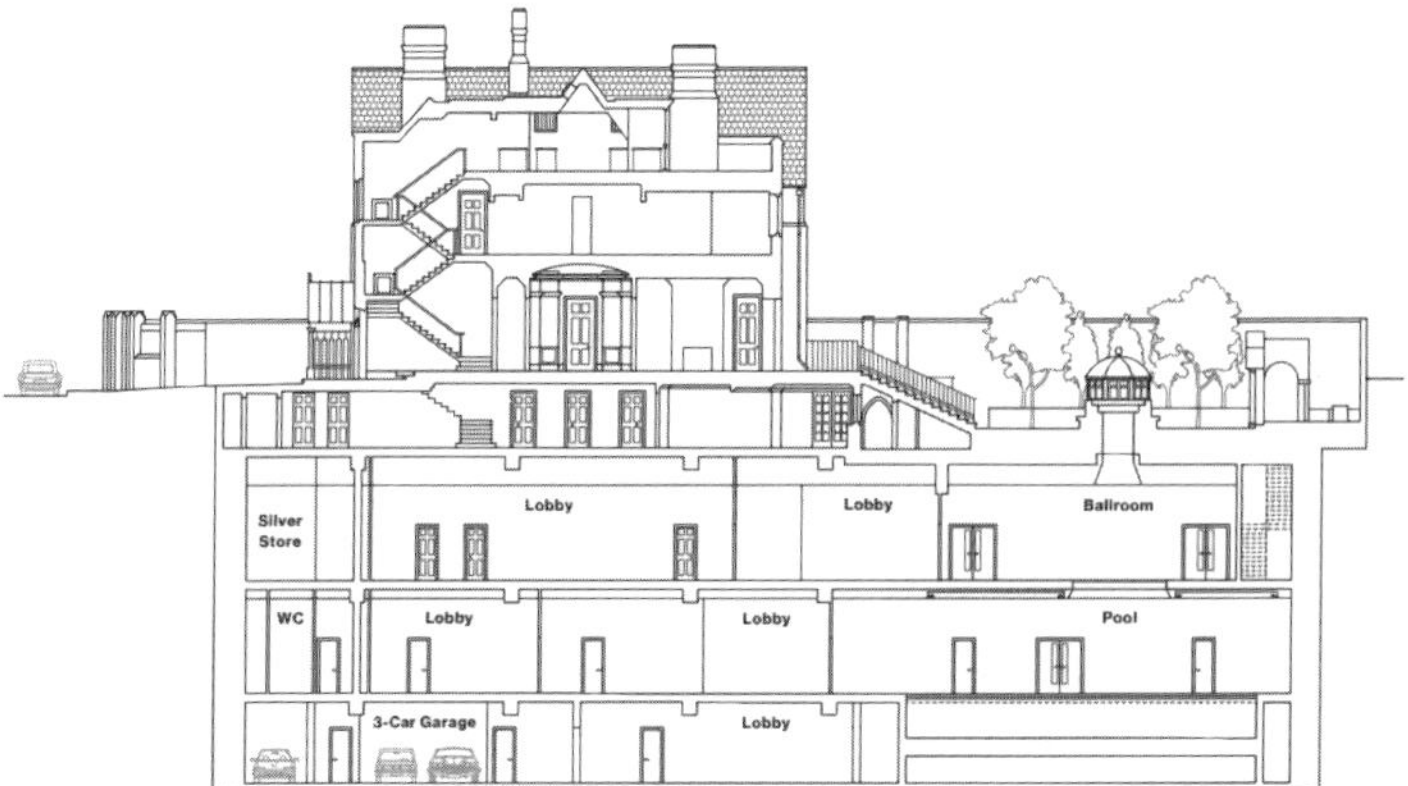

ロンドンのケンジントン・アンド・チェルシー王室特別区で2012年に提案された地下空間の増床。

た」[3]と述べたそうだ。これらの地域では、既存の邸宅に対し、地上の建物の元々の建築面積を超えて2層または3層の地下空間を増築することが一般的になった。

ケンジントン・アンド・チェルシー王室特別区だけでも、2010年には180件だった地下増築計画の申請が、2014年には393件になった。[4]ニューカッスル大学で行われた調査結果によると、2008年から2017年の間にロンドンの七つの区全体で承認された既存住宅の地下増築計画が検証され、785の「大型地下」（2層の深さのもの、もしくは1層で既存の住宅の建築面積を大幅に超えて拡張されるもの）、および110の「超大型地下」（3層以上の深さのもの、もしくは2層で既存の住宅の建築面積を大幅に超えて拡張されるもの）が承認された。[5]

ロンドンの氷山型邸宅を追跡してきたロジャー・バローズは、この現象を「高級穴居生活」と名付けた。[6]「氷山」が地下のさまざまな深さに達し、地中で拡張するのに伴い、照明の役割が非常に重要になる。地下の部屋に光を送るために、庭の芝生エリアにトップライトが並んで配置されている氷山型住宅もある。しかし、自然光はどこにでも届くわけではないため、人工照明の重要性が高まる。地下空間の写真からは、大量の間接照明とアクセント照明が設置されていることが分かる。プログラムの面からは、これらの地下空間は非常に特殊である。地上の既存の建物は、調理、食事、睡眠、団欒といった主要な日常活動の場であり続ける。地下空間は、レジャー、エンターテイメント、高級品の保管と展示などの拡張領域として機能することが多い。ニューカッスル大学が分析した大型地下および超大型地下には、およそ1000のジム、375のプール、450のホームシアター、380のワインセラーが含まれていた。現実を超越し、感覚を包み込むようなプールとホームシアターは、現実逃避の装置として機能している。これらのレジャーエリア内の美観は、現代的なミニマリズムからカラフルな伝統的トルコタイルに至るまで多岐にわたる。照明、テーマに沿ったインテリア、プール、ホームシアターにより、地上の状況とはまったく異なるパラレルワールドが作り出される。

ＢＢＣのドキュメンタリー『ミリオネア・ベースメント・ウォーズ』では、彫像が飾られて水が流れる地下プールの傍らで、この氷山型邸宅の所有者が「この空間はフォーシーズンズホテルより素晴らしい」と訪問者からたまに言われると話す場面がある。[7] また、英国の不動産会社フォックストンズの創業者で億万長者のジョン・ハントは、深さ約24メートルで延床面積４６００平方メートルを超える地下の増築を提案し、ちょっとした騒ぎを巻き起こした。[8] 彼の提案には、標準的なテニスコートとスイミングプールに加えて、自動車の「博物館」と、自動車を持ち上げて観覧車のように回転させるゴンドラが併設されていた。[9] このような、ラグジュアリー・ホテルに言及するコメントや観覧車の提案は偶然の産物ではない。地下世界での資本吸収の実態は、まさにプライベートホテルや自分たちだけのディズニーランドとして機能するものなのだ。

ロンドンの氷山型住宅は物議を醸しており、ウェストミンスター区議会議員のロバート・デービスは、議会が氷山型住宅の開発を抑制することを目的とした新しい規則を２０１６年に成立させた際、「私たちは地元住民のために闘っている。住民の多くは、近年の地下開発の爆発的増加を最悪だと感じている」と述べた。[10] 盛んに行われた掘削により、土地と近隣の建物が徐々に沈下するケースも発生している。ロンドンのメディアで報じられたところでは、ゴールドマン・サックスの取締役のために行われていた掘削工事により、隣の住人が（沈下によってドア枠がずれたことが原因で）家に閉じ込められたというセンセーショナルな事故もあった。[11] ウェストミンスター区とケンジントン・アンド・チェルシー王室特別区では、地下の増築面積を敷地の外部エリアの面積の50パーセントに制限し、歴史的登録建築物の地下の開発を禁止する政策が２０１５年に採用された。[12] またウェストミンスター区では、議会職員で構成された「地下部隊」が発足したが、これは地下開発税の導入による地下増築の監視を目的としている。[13] この規制により、地下の建設工事の件数は減少したようである。不動産市場分析会社グレニガンが示したデータによると、２０１６年の地下増築の申請はケンジントン・アンド・チェルシー王室特別区で27パーセント、ウェストミンスター区で22パーセント減少した。[14]

氷山型住宅の出現で明らかになったのは、資本吸収空間とするための新たな領域を見つけるという点における資本の機敏性である。風雨や他者から隔離されたこの富の洞窟は、一種の幻想的な現実を表している。そこでは、フィットネスによって理想の体を作り上げたり、プールや飲酒という官能的快楽によって体の状態を変化させたり、視聴覚設備によってあらゆるものを見たり聞いたりできる。これらの富裕層の私設テーマパークは、肉体的な快楽のための機械である。しかし、逆さまに伸びる小さなタワーのように地下に隠れることで、都会的生活の感覚は資本吸収のための孤独な隠遁へと形を変えてしまった。

準郊外の投資マット

準郊外の投資マットとは、既存の都市の周縁部に中所得層または低所得層の住民を居住させる金融タイポロジーである。その主な使命は、個別の空間投資資産の量を住宅という形で最大化することであり、株式の大量売出しに似ている。準郊外の投資マットは、安価な資産を大量に提供するために、土地代、建設費、所有区画の三つを削減することで、開発者と所有者兼投資家の両方の経費を最小限に抑える。このような戦略により、住宅物件が比較的早く市場に出回り、かなり低価格で販売できるようになる。安い土地が見つかるのは準郊外の周縁部であるため、準郊外の投資マットは都市のスプロール化を促進する。標準化した住戸を反復して大量に建設することで達成されるスケールメリットにより、建設コストが削減される。所有単位ごとに負担する土地代が少なくなるよう開発の密度を高めて、住宅の実際のサイズを最小化することにより、所有区画は最小化される。

準郊外の商品住宅の建築形態は文化によって異なる。スペインでは、大都市の周辺部で中庭付きの中層住宅の数が大幅に増加している。マドリッド郊外のレジデンシャル・フランシスコ・エルナンドのようにポスト・メトロポリタンな陸の孤島では、こうしたプロジェクトがひとまとまりになって投資のための新たな衛星都市となることがある。垂直型の準郊外型商品住宅も存在するが、この種の商品としては一戸建てのように見える住宅の方が主流だ。準郊外の投資マットは、大きく水平方向に展開しており、反復して配置された簡素な住戸群として理解できるだろう。準郊外の投資マットの典型例では、家と家の間の空間が圧縮されており、連続した一枚のマットとして機能し始める。

準郊外の投資マットの投機的ロジックは、不動産ブームの際に特に顕著になった。たとえば、2008年までに、スペイン、アイルランド、米国の一部では、このようなマットが大規模に展開された。アイルランドでは基本的に標準化されている住宅街の雛型が国内各地で複製され、中小規模の町が劇的に拡大した。開発の前後を示す衛星写真で確認できるように、何世紀もの歴史を持つ集落の多くが、ブームの比較的短い期間で面積にして2倍以上に拡大した。これは非常に劇的な変化であり、「タウンダブリング」(街の倍増)とでもいうべき独自の拡張モデルと考えてもよいだろう。米国では、フェニックスの郊外域、ラスベガス、南カリフォルニアのインランド・エンパイア、フロリダの広い地域などで、マット状に広がる戸建住宅地が大幅に増加していることが示されている。これは金融資本主義的な政策が現実の空間にもたらしたものであり、ジョージ・W・ブッシュが2004年に「私たちはこの国に所有者社会を……構築しているのです。これまで以上に多くのアメリカ人が自分の家のドアを開けて、『ようこそ、私の家へ、私の所有地へ』と言えるようになるでしょう」と宣言して推進したものである。[15]

究極に凄まじい準郊外の投資マットをメキシコで見ることができる。スペインの1998年の土地法と同様の法改正により、メキシコの都市外周部に位置する、大部分が農地である伝統的な共有地「エヒード」を民営化することが1991年に許可された。[16] 約10年後にビセンテ・フォックス大統領の下で、メキシコは数百万の貧しい人々に適正価格の住宅を提供することを目的とした官民連携の事業に乗り出した。ラテンアメリカ史上最大のこの住宅建設ブームには2012年までに1000億ドルが費やされ、1500万戸以上の住戸が建設された。[17] 全国各地で数千の住宅街が建設され、その多くは遠く離れたかつての農地や脆弱な土地に建設された。メキシコの人口の約6分の1が、これらの新しい開発地に移住した。

こうした住宅マットはメキシコにおける主要な金融化の手段だった。政府の融資機関であるメキシコ労働者住宅基金庁（INFONAVIT）は、収入や貯蓄が少ない人々に数百万件の住宅ローンを提供した。1970年代、INFONAVITは年間約2万5000戸の公営住宅を建設し、2012年までに年間50万件以上の住宅ローンを提供した。[18] 世界銀行と米州開発銀行は、このメキシコ政府の取り組みに多額の融資を行い、住宅ローン担保証券の導入を奨励した。[19] メキシコ人の多くが初めて住宅所有者となり、インフレ指数に連動した住宅ローンや、給与からの支払いの天引きという経済軌道に引きずり込まれること

地を這う溶岩のように広がる準郊外の投資マット。スペイン、アリカンテの地中海沿岸（2014年時点）。

が多かった。この公営住宅は民間企業によって建設され、その購入資金は証券化された住宅ローンで賄われた。メキシコの住宅ローン担保証券の価値は2006年までに60億ドルに達し、これによりメキシコはこの種の市場としてはラテンアメリカ最大になった。[20] 巨額の資本利潤を期待する世界の投資家の支援を受けて、民間のディベロッパーがこれらの住宅を建設した。シカゴに拠点を置くファンドのエクイティ・インターナショナルは、シナロア州のホーメックスという小さな建設会社に2002年に3200万ドルを投資した。10年後、同社は評価額1億ドルでニューヨーク証券取引所に上場し、ウォール街の投資銀行や米国の年金基金を含む世界の投資家から資本提供を受け、その評価額は30億ドルにまで急騰した。[21]

メキシコシティの端に位置するイスタパル

ラスベガス近郊の砂漠に出現した準郊外の投資マットの独立した区画(2015年時点)。

準郊外の投資マット。メキシコ、バハカリフォルニア州、エンセナーダ市のはずれ（2010年時点）。

準郊外の投資マットのバックヤード。メキシコ、ドゥランゴ州、ドゥランゴ市（2010年時点）。

カのサン・ブエナベントゥーラは、2万戸の同一の建築で構成された準郊外の投資マットである。[22]これらの住戸は、界壁で区切られた2階建てのデュプレックス（2戸1組）タイプのもので、90メートルの長さの連続建て住宅タイプの区画を形成している。これらの区画は、広大な空間で反復して配置されており、公園、学校、店舗といった他のプログラムやアメニティはない。各住戸には小さな前庭と通りに面した玄関ドアがある。デュプレックスごとに独立したファサードが前方に張り出しており、戸建住宅であるかのような印象を与えている。すべての住戸、デュプレックス、区画はまったく同じように作られているが、最低限の変化をつけるために、建物には所々で異なる配色が採用されている。

イスタパルカの安価な土地全体において非人間的な規模の反復によって水平方向に広がることで、住宅ローンの対象となる住戸の数を最大化してい

2006年に撮影された、際限なく反復するサン・ブエナベントゥーラの住宅街の航空写真。メキシコシティ近郊、イスタパルカ。

る。投資マットの金融ロジックは、戸建住宅への欲求に訴えることによって実現し、また隠蔽される。広大で容赦のないこれらの区画は、庭付きの戸建住宅の記号論的印象を生み出す形式的特徴を備えて構想されている。こうしたデザインの系譜は、第二次世界大戦後の米国におけるレビットタウンの住宅街にまで遡ることができる。しかし、レビットタウンのモデルにおける個々の住宅間のオープンスペースは、サン・ブエナベントゥーラでは圧縮されて単なる視覚的効果となっており、その類似性を主張することは難しい。メキシコの建築家タチアナ・ビルバオは、サン・ブエナベントゥーラとメキシコ全土での同様の開発について、「ここでの生活は悪夢のようなものになる。建物を明るく生き生きとした色で塗っても、そのような表層のすぐ背後にあるのは、暗く恐ろしい状況だ[23]」と述べている。

スーパー・ポディウム

高層ビルが出現して以来、ポディウム（基壇部）の上に建つさまざまなタイプが存在してきた。しかし、金融資本主義の時代になって、ポディウム付きの高層ビルは新たな存在感を示すようになった。金融資本主義のスーパー・ポディウムの重要な起源は、ニューヨーク風の連続建て住宅のポディウムの上に2棟のタワーがそびえる分譲マンション、ケンブリッジ・ガーデンズがバンクーバーに完成した1990年まで遡る。建築家のジェームス・チェンは、彼のプロジェクトについて「当時のバンクーバーには高層ビルか住宅しかなく、この両者を組み合わせたものはなかった。……（ケンブリッジ・ガーデンズは）2時間で完売した。それはバンクーバーでは前代未聞の建物だった」[24]と述べている。ポディウム付き高層ビルの方式は、新しいバンクーバーにおいて基本的な構成要素になった。そして現在、ポディウム付き高層ビルは、世界中の多くの都市、特にドバイ、マイアミ、トロントのような、新たな急成長と国際的な不動産投資の高まりが組み合わさった都市で見ることができる。マスタープランによって実現された世界最大の都市コミュニティであるとも言われるドバイマリーナでは、ポディウム付きタワーマンションが都市の基本的な類型として展開されている。

ポディウム付き高層ビルは、低層部のポディウムから1棟あるいは複数のタワーがそびえる建物として定義され、それには多くのパターンがあるが、ポディウムには低層住宅や、店舗、共用アメニティ、駐車場などの補助的プログラムが含まれる場合が多い。ポディウムの人気の背景として、さまざまな都市作りの考え方に役立つということが挙げられるが、中でも「住みやすさ」は主要なテーマである。この種のイデオロギー的な観点において、ポディウムは高密度住宅の短所を解消してくれるように思われがちだ。バンクーバーの例のように、ポディウムにタウンハウスが含まれる場合、ジェイン・ジェイコブズ風の街並みの視点を取り入れているものとして支持される。ポディウムには、託児所やアートギャラリーなどのコミュニティ施設が含まれる場合もある。その他、公共空間の予測不可能な煩わしさから分離されたプライベートな区画であることを前面に押し出して売り込む場合もある。多くの点で、ポディウム付き高層ビルは完全な新自由主義のアバター（化身）であり、前近代的な小規模タウンハウスと、大規模タワーマンションの間に位置するポスト・ポリティカルな中間地である。

金融資本主義の程度によっては、ポディウムが極端な形状をとり、スーパー・ポディウムになる場合がある。スーパー・ポディウムは初期のポディウムと比較すると、過剰な広さ、華美な造形、過度なプログラムといったものを組み合わせた性質を示す傾向がある。バンクーバーの分譲マンションプロジェクトであるアクエリアスは、そのようなスーパー・ポディウムの初期の例である。プライベートなアクセスが確保されたポディウムの屋根には、この地域に生息するサギやワシが捕食するための魚が放流された大きな池など、人工的に造られたさまざまな動植物の生態系が高所に組み込まれている。サステナビリティを備えているように見えるこのロマンチックなエリアは、その上にそびえ立つ住宅棟の体験的および視覚的アメニティとして機能している。

この基本となるモデルが、より壮大な規模と野心で展開されたものもある。アルキテクトニカが設計したダウンタウン・マイアミのアイコン・ブリッケルでは、ポディウムから3棟のタワーが建っており、地盤面からはるかに高いところに巨大なプールやレジャー施設のようなランドスケープが備わっている（ポディウムの屋上にある三つのプールのうちの一つは長さが64メートルある）。イスタンブールのゾルル・センターには、起伏があるグリーンルーフの下に大きなショッピングモールが配置されており、500戸以上の住戸が収まった4棟の一般的なタワーマンションがその上にそびえ立っている。これらすべての例において、巨大化し、形式的にもプログラム的にも野心的な役割を吸収したポディウムは、特殊なものとしてあえて隔離された世界を提供することで、投資家主導の平凡な大規模集合住宅にユニークな外観を与えている。

スーパー・ポディウムは、タワーマンションを地盤面から持ち上げて、隔離された新しい「地盤面」に置くことで、住宅の流動性を高める。アクエリアスの池、シダ、岩、魚というかたちで表現されたロマンチックな自然。アイコン・ブリッケルの日光浴デッキ、プール、プールサイドバーに象徴される永遠のバケーション。見せかけのサステナビリティと芸術を統合したゾルル・センターの起伏がある緑のランドスケープ。現代の欲望を表すプログラム的かつ形式的な言語が、この高い地盤面の前提となっている。レジャー、自然、ショッピング、彫刻の形式主義が一体となって、ほぼ無限に広がる敷地が投資家主導の住宅開発に提供される。ポディウムの屋上のランドスケープは、地面から切り離された交換可能な「敷地」を提供しており、商品住戸が世界的な投資資産プールへと浮かび上がることが可能になる。このように、ポディウムの特殊性とタワーマンションの標準住戸が分離することで、住戸の交換可能性が増加して、より容易に売買できるようなり、その流動性は高められる。

極細ペンシルビル

ロンドンでは厳しい条例により資本吸収が地下に拡大したが、ニューヨークでは投機的な富の保管場所は空に向かって伸びた。建築評論家のポール・ゴールドバーガーは2014年に、次のように述べている。

（マンハッタンの新たな高層住宅群は）以前のものよりもはるかに高く、はるかに細く、そして桁外れに高額である。また、そのほとんどすべてが、一つ前に建てられたものよりも高く、細

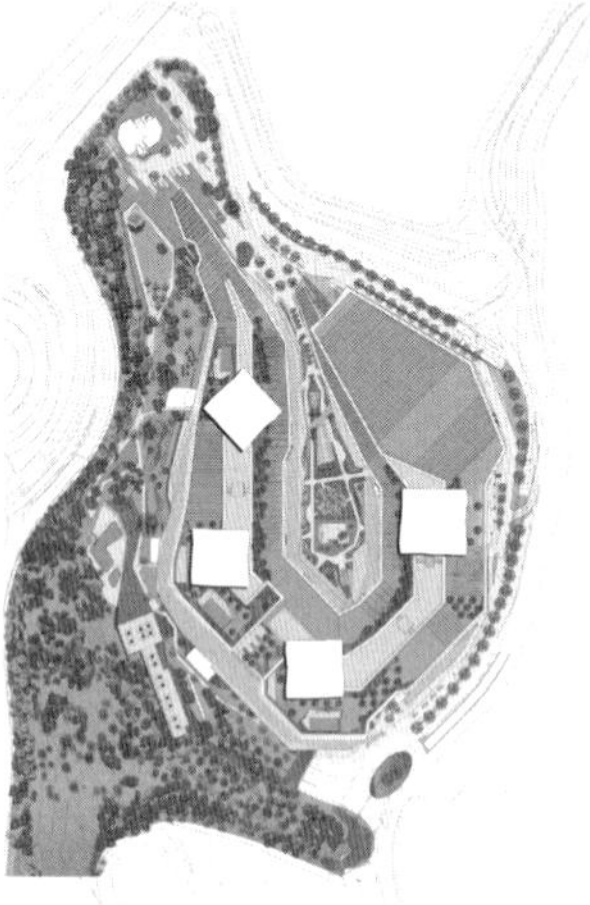

上：アルキテクトニカ、アイコン・ブリッケル・レジデンシズ＋Wホテル、マイアミ、2008年。プールとレジャー感のあるランドスケープを屋上に備えたアイコン・ブリッケルのスーパー・ポディウム。

右：エムレ・アロラット・アーキテクツ、ゾルル・センター、イスタンブール、2014年。スーパー・ポディウムの屋根伏図。

左：ゾルル・センター、スーパー・ポディウムのグリーンルーフの上に浮かぶタワーマンション。

く、高額になるように作られているようだ。直方体の高級マンションビルの時代の終わりを嘆く人はほとんどいない。これに取って代わるもの（富裕層のための最新の居住方法とでもいうべきもの）は、鉛筆のように細く、非常に高い、まったく新しいタイプの高層ビルである。[25]

これらの棒状の分譲マンションの住戸は、容易に取引可能で、ロンドンの氷山型住宅の富の保管場所としての機能と準郊外の投資マットの資産数の最大化の能力の両方を兼ね備えているだけでなく、スーパー・ポディウム以上の流動性を備えている。ポディウムは地上面に対するバッファーとして機能することで住戸を効果的に抽象化するが、ペンシルビルは超細型であることでこ

の機能を加速させる。

構造エンジニアは一般的に、建物の幅に対する高さの割合（塔状比）が10以上の建物を「スレンダー」（ペンシルビルと呼ばれることもある）として定義している。[26] これに比較して、かつての世界貿易センタービルの塔状比は7だった。ペンシルビルは、住宅に限定された現象であることに注意する必要がある。床面積が小さいペンシルビルは、ほとんどのオフィス用途には適していない。ペンシルビルの形状は、金融資本主義の時代における不動産価格の高騰と密接に関係している。1980年代の住宅価格の劇的な上昇に伴いペンシルビルが出現し始めた香港は、今でもスレンダーな建物の数が世界で最も多い場所である。2003年に完成した塔状比が20のハイクリフは、世界で最もスレンダーな住宅建築であった。しかし、21世紀のマンハッタンに出現した極細ビルは、極めてスレンダーかつ非常に高層（香港のビルより高い）であるという点において特殊である。今日のマンハッタンのペンシルビルの起源は、金融危機以前に遡る。たとえば、2006年に建設が開始されたワン・マディソンの塔状比は12だが、高さは189メートルと比較的控えめである。2020年の時点で、マンハッタンには超高層275メートル以上の極細タワーマンションが新たに10棟建設されており、少なくともさらに2棟が建てられる予定になっている。設計を担当したのは、デビッド・チャイルズ、ロバート・スターン、ジャン・ヌーヴェルといった建築家たちである。

これらの高層マンションは資本を引き寄せる磁石のようなもので、2020年の時点で、米国史上最も高い価格で購入された住宅は、塔状比18の建物に入った分譲マンション住戸である。シカゴを拠点とする巨大ヘッジファンドおよび金融サービスの企業であるシタデルの創業者ケン・グリフィンは、２２０セントラルパーク・サウスのペントハウスに２０１９年に2億３８００万ドルを支払った。多くの場合、マンハッタンのペンシルビルの所有権は秘密に包まれており、匿名の企業や仲介業者からなる複雑なネットワークによって隠されている。これらの住戸はほとんど空き家状態の場合が多く、こうした住戸が実際は世界的なエリートが保有する資産ポートフォリオの中の投機的な富の保管場所として機能していることを示唆している。

建物のスレンダーなプロポーションは金融機能の偶然の産物ではなく、個々の投資単位の高度な抽象化と単純化を可能にするためのものである。極細のプロポーションにより各フロアの住戸数が少ない（多くの場合は1戸だけ）ため、本質的に住戸のみを上空に配置することになり、社会や近隣住民との煩雑な関係から解放することができる。このプロポーションこそが、遠く離れた場所からでも所有し、比較的簡単に取引できる、軋轢《あつれき》のない空間商品を提供するのに役立っているのだ。

これら極細ペンシルビルの中心地は、セントラルパークの素晴らしい景観を望むマンハッタンのミッドタウンである。この新たに生まれた極細ペンシルビルの密集地帯における最初のペンシルビルは、クリスチャン・ド・ポルザンパルクが設計し、２０１４年に完成したワン57だった。塔状比８、高さ３０５メートル強で、２１０室のホテルの上に92戸の分譲マンション住戸を擁するこの建物は、完成時には西半球で最も高い住宅建築だった。２戸あるペントハウスのうち１戸は、あるヘッジファンドのマネージャーに９０００万ドル以上で売却された。「ウォール・ストリート・ジャーナル」誌によると、このマネージャーはそこに住まずに投資として保有する予定とのことだった。[27] ２０１５年、ラファエル・ヴィニオリの４３２パーク・アベニューが、ワン57の高さを超えて世界で最も高い住宅建築となり、屋根の高さではニューヨーク市で最も高い建物になった。住戸が１０４戸しかないこの建物の高さは４２６メートルで、塔状比は15である。最上階の住戸は９５００万ドルで売られた。その後に建設された極細ペンシルビルは、さまざまな点において４３２パーク・アベニューを超えるものであった。２０２１年に完成した、エイドリアン・スミス＋ゴードン・ギル・アーキテクチャーの設計によるセントラルパーク・タワーは、塔状比は12で、高さは４７２メートルに達している。ショップ・アーキテクツによる111 West 57th Streetは、屋根の高さは４３５メートルで、セントラルパーク・タワーを追い越すことはないが、その塔状比23は香港のハイクリフを上回り、世界で最もスレンダーなタワーマンションとなった。111 West 57th Streetは、世界で2番目の高さの住宅建築であるが、分譲マンションの戸数は58戸にすぎない。一つのフロアを占有する小さい住戸のほか、複数のフロアにまたがって配置される大きい住戸もある。111 West 57th Streetは、４面すべてにおいて隣接していない独立住戸を垂直に積み重ねることで、戸建住宅の空間的特徴を部分的に実現しつつ、地上の喧騒からは切り離されている。

マンハッタンはこのような資産にもとづく建築レースの中心地ではあるが、極細ペンシルビルが建設されている唯一の場所ではない。メルボルンのコリンズ・ハウスの塔状比は16で、屋根の高さは２０４メートルである。２０１５年にトロントに完成したアイスコンドの塔状比は10強で、

ショップ・アーキテクツ。ニューヨーク市で建設中の111 West 57th Streetのパース。

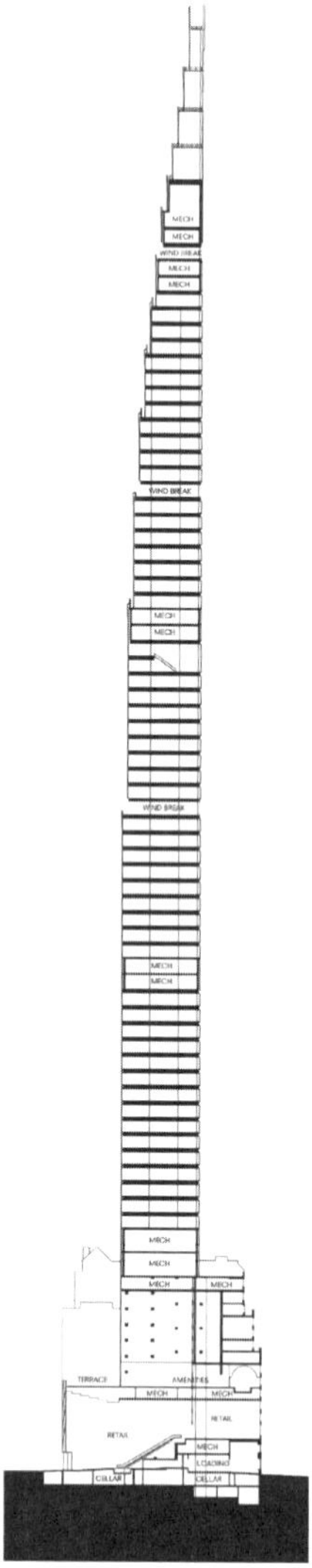

ショップ・アーキテクツ。111 West 57th Streetの断面図。

２０１８年にドバイに完成したマリーナ１０１の塔状比は11、そして２０１０年にパナマシティに完成したザ・ポイントの塔状比は９である。

金融アイコン

高度に差別化された独特のフォルム、マテリアリティ、スケールの文化施設や各種の施設は、金融資本主義の時代において、より重要な金融機能を担ってきた。この種の建築はこれまで以上に投資の誘致に適しているようである。この機能は「ビルバオ効果」としてよく知られている。スペインのビルバオで、フランク・ゲーリー設計による起伏のあるチタン張りのグッゲンハイム美術館が世界的なメディアの注目を集めたことで、街に新たな投資が生まれ、何百万人もの観光客が街を訪れるようになった。その結果、街の雇用、賃金、不動産価値が増加した。１９９７年のグッゲンハイム美術館の開館後、多くの都市や地域が独自のビルバオ効果を作り出したいと考えるようになっていた。建築史家で理論家のアリンダム・ダッタは、１９９０年代半ばから２００８年にかけて金融投機が爆発的に流行した時期の壮観な建築について次のように述べている。

このアイコン主義は、二つの主要な資金調達原則に依存していた。一つは、各国民国家の中の特定の「主要」都市を世界的な投資の特権的な誘導先として優遇するための国家または連邦の資金の使用である。そして、「二番手の」都市では、インフラ支援のための公的資金の削減が指示され、主要都市に作られたアイコンの「文化的」重要性を利用して、不動産の価値（および収入）を高めることになった。[28]

ダッタが「金融アイコン」と名付けたこれらの建築は、特定の地域に投資意欲を植え付け、近隣地域の住戸への投資を促進するためにますます利用されている。

金融アイコンには、連邦政府から資金提供を受ける大規模な施設から民間資金による博物館に至るまで、さまざまな例がある。フランソワ・ミッテランによるパリのグラン・プロジェでは、外国資本をフランスに誘致することを目的に、公的資金によって建造物が建設された。ダッタが述べているように、

事実上、グラン・プロジェはミッテラン派の社会主義者たちのイデオロギー的敗北の象徴で、その背後には大規模な（政治的な混乱やリスク回避のための）資本逃避があった。新たに建てられたモニュメントは、外国の投資や資本を歓迎しているという印象を与えるために、誰の目にも明らかなように外国の建築家に依頼された。[29]

グラン・プロジェは国内に資本を呼び込むことを目的としていたが、金融アイコンの多くは、より直接的な規模の不動産投資において機能している。『ラウトレッジ版不動産開発必携』（The Routledge Companion to Real Estate Development）は、主要プロジェクトと都市の変革について次のように述べている。

外部にプラスの効果を及ぼす不動産プロジェクトは……周囲の土地の小売目的または住宅目的での利用見通しが向上し、需要が増加するため、それらの土地の価格の上昇へとつながるが、外部にマイナスの効果をもたらすプロジェクトは下落を招く。社会的付加価値を生み出すプロジェクトの近くにたまたまあった土地の所有者は、投資することなしで思いがけない利益を享受できる。したがって、土地の所有者は、地域の勢力分布に関する研究で特定された「成長機構」グループの背後にあり、その原動力の一つである。[30]

21世紀初頭のスペイン建築に多くの高揚と革新をもたらしたコンペの多くは、同国の投機的不動産ブームと連動して開催された。都市、小都市、開発区域のすべてが、不動産投資を誘致するために互いに競い合った。たとえば、日本人建築家の伊東豊雄は、広大な準郊外の投資マット的な住宅地に隣接するリラクゼーション・パーク・イン・トレビエハに、象徴的なパビリオンを設計した。このプロジェクトは、他にこれといった特徴がなかった地域に、スターキテクト（世界的建築家）による建築物という魅力を提供した。しかし、ブームの崩壊によりプロジェクトは中断され、10年以上が経った今でも未完成の躯体のままである。

スイスの建築家ヘルツォーク＆ド・ムーロンによって設計され、２０１３年に開館したマイアミ・ペレス美術館（ＰＡＭＭ）は、ダウンタウン・マイアミの新しい高層マンション地区に立地している。この建物の資金は、マイアミ・デイド郡の有権者が支援する一般財源保証債1億ドルと

Icebergs, Zombies, and the Ultra-Thin

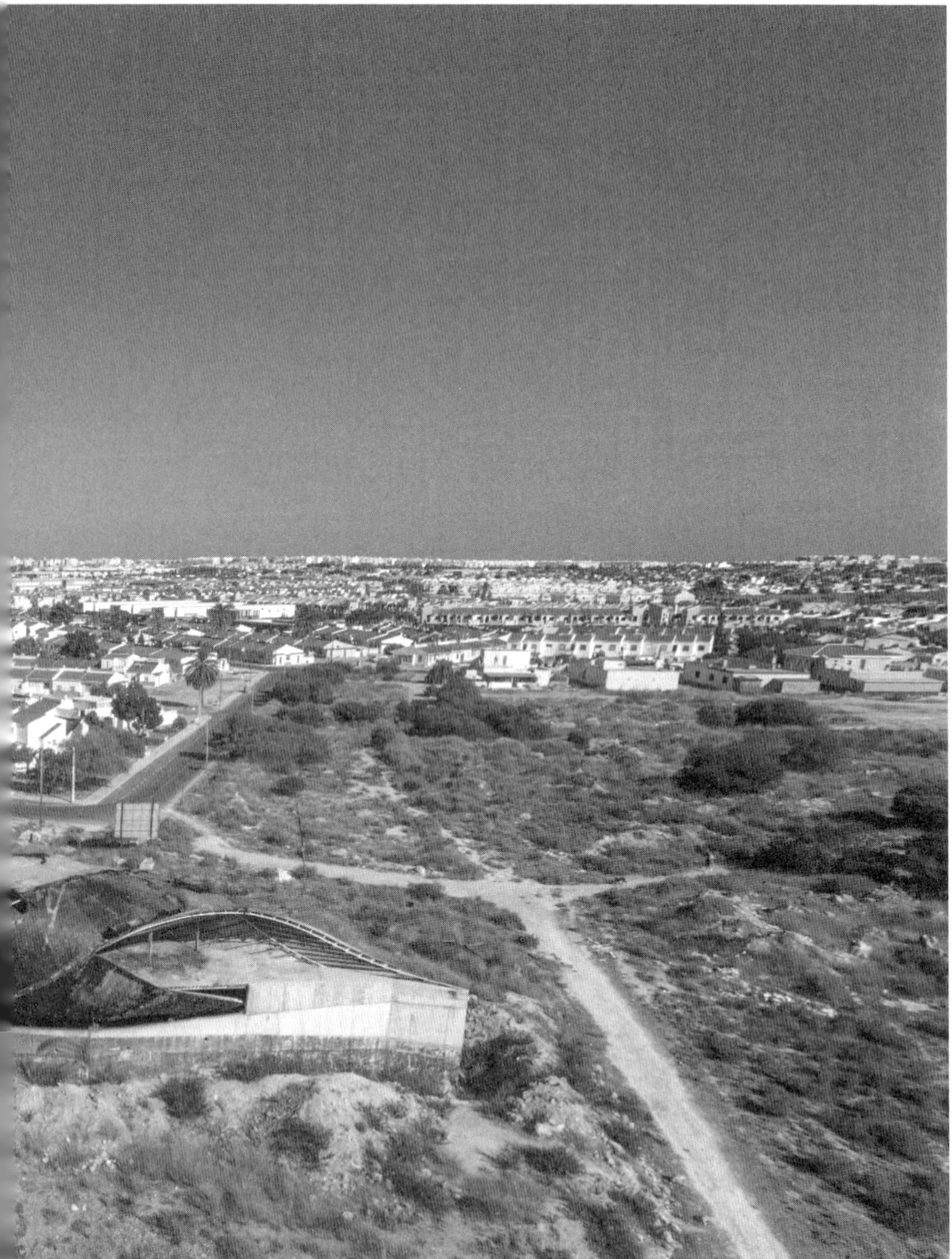

伊東豊雄建築設計事務所によるリラクゼーション・パーク・イン・トレビエハ、アリカンテ、スペイン、2006年。この未完成のまま劣化していく金融アイコンは、準郊外の投資マットに隣接している(2014年時点)。

民間からの寄付による1・2億ドルで賄われた。民間の寄贈者の一人であったホルヘ・Ｍ・ペレスは、最高額を提示して命名権を獲得した。ペレスは、不動産開発会社リレイティッド・グループの共同創設者で、２０１８年時点において「フォーブス」誌の世界長者番付では３１６位にランクされており、その純資産は26億ドルと言われている。ＰＡＭＭにおける彼の役割は、西側諸国の美術館で不動産王が果たす役割として典型的なものである。彼の余剰資本は、南フロリダ全域での住宅の開発、販売、賃貸に大きく依存している。この余剰資本は、ＰＡＭＭのケースに見られるように、税額控除の対象となる慈善寄付として吸収され、さらに将来の利潤を生み出す種を地域に蒔くことにつながる。ＰＡＭＭの向かいにあるザハ・ハディド設計のタワーマンションは、博物館が持つ、将来性を生み出す力を示唆している。高さ２１３メートル強を誇りマイアミで5番目に高い建物となったこのプロジェクトは、ワン・サウザンド・ミュージアムとして販売された。その84戸の分譲マンション住戸の広告では、その名のとおり、ＰＡＭＭに近接していることがはっきりと示されている。

どの金融アイコンにおいても、建物の具体的なフォルムはそれほど重要ではない。重要なのは、その周りの建物との顕著な違いである。ほとんどの商品住宅のような均質化や標準化されたフォルムと異なり、金融アイコンは格段に複雑なフォルムを持つことが期待される。特権的な地位を占めているのは、形態形成的で、生態学にインスピレーションを受けたパラメトリックな造形である。ダグラス・スペンサーが『新自由主義の建築』で説得力を持って論じているように、この種の造形が現代資本主義の政治論理と明らかに一致しているのは偶然ではない。周りの建物と比較して非階層的かつ柔軟であると主張されるこの「スムーズな」フローの複雑空間は、金融資本主義のポスト・ポリティカルなテーマにおいて必見のものである。

加速と変異

投資の機会を増やし、富を保管する場所を増やし、すべての人々に住宅ローンを提供し、流動性を高めるため、形式主義的な金融建築は極端な特徴を持つ場合が多い。同じような戸建住宅が水平方向に広がる光景は、レビットタウンや無数の同様の開発で見られる。アイコニックな建物には長い歴史があり、金持ちたちは高価なモニュメントを常に建ててきた。しかし、金融資本主義では、巨大な資金プールとの関係のもと、これらの活動が加速する。そうして、建物は地中深くまで拡張し、同一の住宅が水平方向に広がる開発はより広大になり、タワーマンションはより高くて細いものとなり、アイコン建築はますます目立つようになる。世界の多くの都市において、最も高い建物がオフィスビルではなくなっているのは、決して小さな変化ではなく、それは金融資本主義の台頭の中で起きた変化である。この変化は、生産を通じた富の蓄積から金融投機を通じた富の蓄積へと重点が移行したことを如実に示している。極端なスケールとプロポーションそのものも重要な変化だが、その変化を可能にするために、建築、技術、さらにその他の分野においても変異が生じる。アイコン建築により、曲げたり、歪めたり、輝かせたりするための新たな方法が開発される。エレベーターのケーブルと構造技術の進化により、極細ペンシルビルを建てることが可能になる。掘削方法の進化とダイナミックなＬＥＤ照明により、富の保管場所を地中に作れるようになる。金融としての建物の機能は、建築に関するほぼすべての要素について、包括的な変革を必然的に生じさせるのだ。

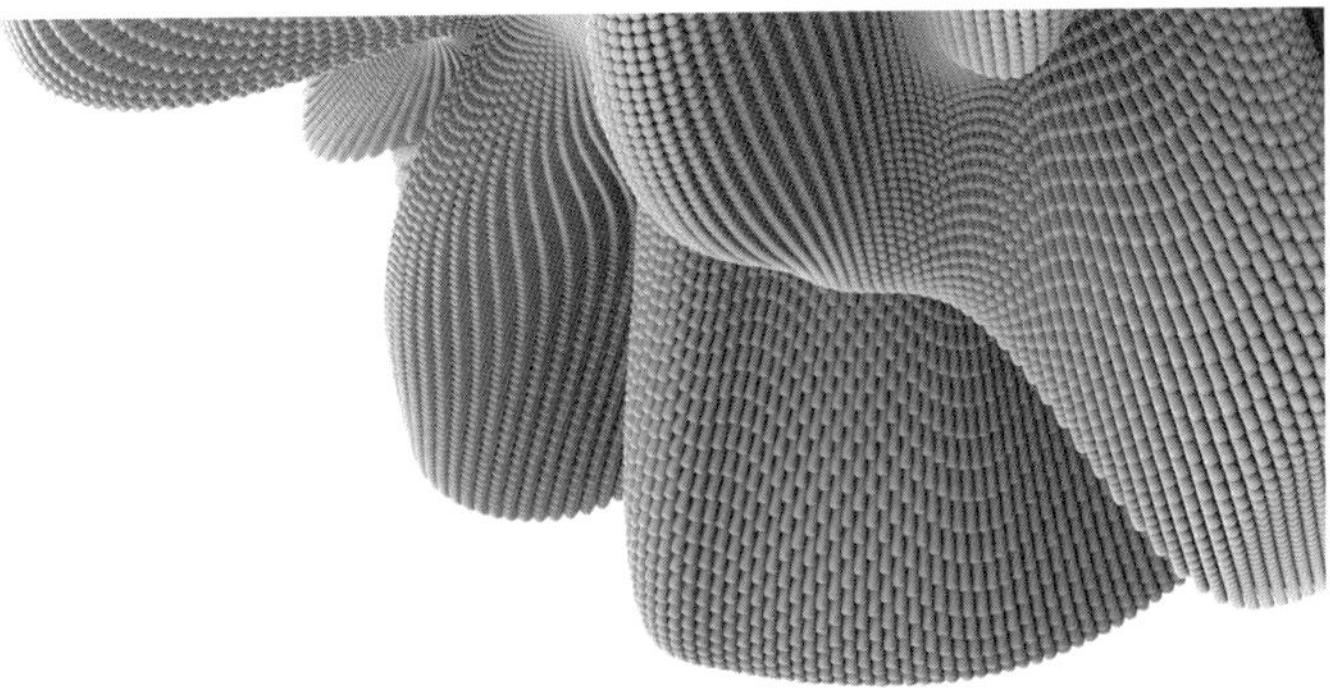

第4章

超富裕層とスーパープライム

市場には、超高級住宅の市場と、
政府の補助金付き住宅の市場の２種類しかない。
——ラファエル・ヴィニオリ、２０１３年

このニューヨーク市に移住してくれる億万長者を
世界中からたくさん見つけてくることができれば、
それはとても幸運だといえるでしょう。
なぜなら、そこから得た税収で他の人たちを
支援することができるからです。
——マイケル・ブルームバーグ、２０１３年

住宅、そして建築は、21世紀における拡大する格差の中心的存在である。建築は富を表現して誇示するための主要な手段であり続けたが、この極端な経済拡張の時代においては建造環境に注ぎ込まれる資金が増加し、その役割に対する需要がますます高まっている。社会の進歩を目的とした事業の大部分は、投資主導の不動産の論理に組み込まれてしまった。極めて裕福な人々の数とその富は増加しており、建築がマーケティングや不動産と同義になるにつれて、建築はこれらの最も強力な市場参加者とますます連携するようになっている。その結果、建築は、1960年代の経済的に平等でありえた時代とは大きく異なるものになってしまったようだ。

格差の拡大

経済協力開発機構（OECD）は、格差と金融資本主義の相関関係を検討する上で役立つ枠組みである。37のOECD加盟国には、世界で最も先進的な資本主義経済を有していると一般的に認められている国々が含まれており、そのほとんどが金融資本主義の顕著な特性を示している。[1] 金融格差の拡大に関する状況は、格差の尺度として広く受け入れられているジニ係数【訳注：所得などの分布の不均等さを表す統計値で、0から1の間の値をとる】で見ることができ、1985年から2018年の間にその値は平均で0・29から0・32に増加した。[2] 格差は、過去25年間において、トルコ、チリ、メキシコを除くすべてのOECD加盟国で拡大した。[3]

フランスの経済学者トマ・ピケティは、かなりの期間にわたって資本利益率【訳注：企業が投下した資本をどのくらい効率的に利益に結びつけているかを評価する指標。利益を資本で割り算出する】が経済成長率を上回ると、富の格差が拡大すると主張している。[4] ピケティによれば、富の集中は資本主義そのものの基本的な特性であり、1930年から1975年における富の格差の縮小は特殊な条件のもとで可能になったのだ。いずれにしても、今日の金融資本主義の台頭と富の格差の拡大はほぼ同じ時期に始まっており、そこには注目すべき相関関係がある。

資本主義は構造的に労働賃金よりも投資利益率を優先する傾向があるというのが、ピケティの中心的な考え方である。1980年代から台頭してきた金融資本主義では、資本主義活動の好ましい形態として投資が重視されており、それによって資本利益率が急増し、格差の拡大を生み出している。少人数の人々への富の集中は、今日の金融資本主義に関連する多くのダイナミクスを活性化させる。資本利益率が労働利益率よりも確実に高いという考え方そのものが、生産よりも投資が重要だと宣言しているようなものである。

超富裕層の台頭

格差が拡大するのに伴い、富裕層の人口も増加した。金融業界では、非常に裕福な人々のことをHNWI（富裕層：high net worth individual）と呼ぶ。主たる住まいの価値を除いて100万ドルを超える金融資産を持つ個人で、実質的には100万ドル以上を投資できる個人というのが、最も一般的な富裕層の定義である。富裕層は銀行や投資マネージャーにとって利益につながる顧客基盤であるため、富裕層の分析には多大な労力が費やされる。現在キャップジェミニとして知られるフランスに本社を持つ多国籍企業がさまざまな金融機関と協力して、富裕層の投資ニーズを示す『ワールド・ウェルス・リポート』を1996年から毎年作成してきた。2001年の報告書によると、1998年には世界中で600万人の富裕層が存在し、合計22兆ドルの金融資産を保有していた。[5] 2007年までに富裕層の人口は950万人になり、資産総額は40兆ドルに達した。そして、2017年までに富裕層の人口は1810万人へと急増し、保有資産の合計は70兆ドルを超えた。[6] 20年ほどの間に富裕層の人口とその資産総額は3倍になったのだ。富裕層の人口が爆発的に増加するのと同時に、その地理的分布も変化した。1998年には、アジア太平洋地域の富裕層は世界の富裕層の22パーセントにすぎなかった。[7] 2011年までにその値は31パーセントに上昇して北米と同程度になり、ヨーロッパをわずかに上回った。[8] 2017年には、富裕層の人口はヨーロッパでは480万人、北米では570万人、そしてアジア太平洋地域では620万人になっていた。[9]

かつてない巨額の富の規模と地理的拡大によって、金融用語における新たなサブカテゴリーが生み出された。「VHNWI（極富裕層：very high net worth individual）」は、500万ドルから3000万ドルの資産を保有する人々を指すのに使用され、さらに3000万ドルを超える資産を保有する人々は「UHNWI（超富裕層）」と呼ばれる。2017年には、富裕層全体の88・3パーセントを標準的な富裕層が占め、10・6パーセントが極富裕層で、1・1パーセントが超富裕層だった。[10] 2017年の時点で超富裕層が保有する資産は富裕層全体の34パーセント、額にして31兆ドル超であり、[11] わずか5年で倍増している。[12] 事実、2016年から2017年のわずか1年で超富裕層の人口は12・9パーセント増加し、その資産は16・3パーセント増加した。[13] 25万5000人の超富裕層は、上位1パーセントの最も裕福な層であり、非常に不均衡な量の資本を保有している。現在の予測では、富裕層全体と超富裕層の両方がハイペースで増え続けることが示されており、富裕層に関するデータと分析を専門とする調査会社のウェルス・エックスは、超富裕層の人口とその資産が2017年から2022年の間に41パーセント増加すると予測している。[14]

建築の歴史は富の集中と密接に関係している。富裕層が建造環境に顕著な影響を与えているという事実は、まったく新しいことではない。しかし、多くの要因が組み合わさることで空間金融エコシステムが再構築されている。これらの要因のほとんどは単純なものだが、組み合わされるとまるでドップラー効果のような変化を引き起こす。第1の要因は、富裕層と超富裕層の両方の人口規模が未曽有の水準にあるという単純な事実である。このため、資産マネージャーたちは富裕層を「隣の億万長者」と呼んでいる。第2の要因は、これらの人々が地理的にかなり広範囲に分布していることである。第3の要因は、世界的な金融活動の相互接続性とそれを可能にする通信および輸送システムである。忘れられがちではあるが、比較的多数の富裕層が遠く離れた世界中の不動産を一斉に購入するようになったのは、ごく最近になって突然急増したことである。これら三つの基本条件は、「都市の乗数効果」とでも呼ぶべき現象を引き起こす。特定の都市において不動産を連続して購入することにより、超富裕層が占める都市面積および建築面積が大幅に増加するのだ。

これは、平均的な投資家と比較して、富裕層が資産のより多くの割合を不動産に充てるために起きる現象でもある。平均的な投資家は歴史的に、投資の大部分を株式や債券に振り向ける傾向がある。一方で、超富裕層の投資ポートフォリオでは平均で24パーセントが不動産に割り振られており、その大部分は住宅用不動産を直接所有する形をとっているとされる。[15] これらの投資は、個人で使用するために所有している住宅以外を対象とするものである。世界の超富裕層は、個人で使うことを目的とした住宅を平均で2・4戸所有している。アジアとロシアの超富裕層は、それぞれ平均3戸の個人用住宅を所有している。[16] こうした投資行動に関して、ロンドンを拠点とする世界的な不動産仲介会社のサヴィルズは、次のように述べている。

世界の不動産はほとんどが住宅用で、占有者によって保有されている。しかし、投資可能な不動産が取引される世界では、機関や法人の所有者よりも個人の所有者の重要性が高まってきている……世界人口のわずか0・003パーセントを占める超富裕層の不動産保有額は……総額で5兆ドルを超え、これは全世界の不動産価値の約3パーセントに相当する。不動産の世界では、個人の富裕層がますます重要な勢力になってきている。[17]

超富裕層の投資ツール

富裕層および超富裕層による不動産への投資はグローバルな不動産仲介会社によって促進されており、標準化されたプラットフォームで世界中に投資する手段が提供されている。不動産仲介会社は1970年代半ばにグローバル化を始め、同時期に、高級住宅不動産に焦点を当てた新たな世界的仲介会社も登場した。最も有名な2社は、オークションハウスのサザビーズとクリスティーズからそれぞれ派生しており、前者は現在72カ国以上に990のオフィスを持ち、2万2500人のセールスアソシエイトを擁し、後者は45カ国に1200のオフィスを持ち、3万2000人のエージェントを擁している。[18] これらの単一の資源を持つブランドらによって、多国籍に展開する小売ブランドの運営と似たような方法で、法的および経済的に大きく異なる国々にまたがる購買の継続性と流動性を実現している。サザビーズのマーケティング資料では、同社は「一貫した配慮と個別対応を通じて、世界中の売り手と買い手を結びつけるために、ありとあらゆる不動産を販売するためのツール」[19] を備えていると謳っている。

この地球規模で都市を相互に関連させて位置付ける手法は、超富裕層の投資活動に役立っているようである。2000年代には、さまざまな方法で各都市のイメージを形成するランキングが多数登場した。都市の重要性や力を地球規模で比較することは近代における長年の特徴だが、社会学者サスキア・サッセンの1991年の著書『グローバル・シティ：ニューヨーク・ロンドン・東京から世界を読む』（伊豫谷登士翁監訳、大井由紀、高橋華生子訳、筑摩書房、2018年）で表現されているように、「グローバル・シティ」という概念が1990年代に顕著になった。その後、世界レベルでの都市間の競争を形づくるのに使われるいくつものランキングが登場した。199

ロジャース・スターク・ハーバー・アンド・パートナーズ、ワン・ハイド・パーク、ロンドン、2011年

8年に設立されたGaWC（グローバリゼーションと世界都市研究ネットワーク）は、300以上の都市を経済的なつながりの度合いにもとづいてアルファ、ベータ、ガンマの階級に分類し、年2回発表してきた。2000年代以降、ランキングは多様化し、都市の持つ力や影響力の直接的な測定以外の領域にも拡大した。住みやすさに焦点を当てた新たなランキングは、世界の不動産投資に最も大きな影響を与えているようである。2002年に始まったザ・エコノミスト・インテリジェンス・ユニットの「世界の住みやすさ指数」にも、現在ではライバルとなる他の指数が多くある。これらの指標は多国籍企業が遠方で勤務する従業員の手当の額を決定するためのものとして開発されたが、世界的に都市化が進む中で、基本的な属性としての住みやすさを宣伝する役割を果たしてきた。これらの指標は世界的な投資指数としても利用でき、ロンドンやニューヨークなどの世界的なアルファ都市と、メルボルンやバンクーバーなどの最も住みやすい都市の両方が、途方もない額の不動産投資を世界中から確実に引き付けるのに役立ってきた。クリスティーズ・インターナショナル・リアル・エステートによると、2012年、現地住民以外による高級住宅の購入は、ロンドンで60パーセント、マイアミで45パーセント、サンフランシスコで40パーセント、パリで38パーセント、ニューヨークとロサンゼルスで30パーセントを占めた。[20]

スーパープライムの出現

「超富裕層」が金融や銀行の用語集に登場した頃、不動産業界では「スーパープライム」物件という表現がよく使われるようになっていた。人口統計学上の超富裕層に属する人々は、自分たちに見合った不動産を必要としていた。スーパープライムの指定は完全に価格にもとづいており、主にプロモーションとマーケティングに関連して決定される。スーパープライムのビルには高価な住戸が常に含まれており、100万ドルの住戸がその対象となる場合もあれば、1000万ドルの住戸が対象となる場合もある。現在の不動産業界にはスーパープライムに特化したサブ業界も存在しており、こうした建物は明確にスーパープライムとして販売されるようになった。いまや、このスーパープライムという用語自体が建物のステータスを示すようになっている。有名建築家がこれらの建物を設計することも多く、リチャード・ロジャースによるロンドンのワン・ハイド・パーク、ラファエル・ヴィニオリによるマンハッタンの432パーク・アベニュー、ヘルツォーク&ド・ムーロンによるレバノンのベイルート・テラスは、どれもスーパープライムである。

価格の高さがスーパープライムの地位を決定づけるのだが、その必須条件は稀少性のイメージであり、その最もベーシックなものが場所の稀少性である。第1に、都市は他の都市との関係（住みやすさ指数の高い、グローバルなアルファ都市かどうかという観点）で考慮される。第2に、近隣地域や隣地、そして最後は、建物内での位置である。ロンドンのハイドパークを望むペントハウスは、そのロケーションだけでスーパープライムである。このような一等地にあれば建築は何でもいいように思えるかもしれないが、もちろんそうではなく、少なくともいくつかの点において、特定の建築でなくてはならない。

特定の住宅用地を何が占有するかということに関しては、それが敷地全体であれ、上空の三次元のボリュームであれ、概念上および形式上に支配的となるのは差別化の論理である。つまり、デザインが他の建物とは異なっていて、稀少性のイメージを高めることが目的となる。ロンドンとハイドパークはこの世に一つしか存在しないが、この敷地の稀少性をさらに高めるにはどうすればよいのか。スーパープライムの文脈におけるデザインの本質的な役割は、誇張を加えることである。つまり、より特別かつ上質なものにし、卓越性を加え、高級感を増幅させることである。不動産の要求に住宅が完全に屈服していることを象徴するかのように、超高級住宅の空間的な性質は、ほぼ完全に数的な問題になっている。レイニエ・デ・グラーフが述べているように、『不動産』という用語が一般的に普及することによって、建築家の定義は経済学者の定義に置き換えられている」[21]。住戸に固有のスーパープライム的な特徴にもとづいて価格が決められるのと同時に、価格によってそのようなスーパープライムなイメージが作り出されている。この自己完結的なループにおいては、コスト自体が主要な数値なのだ。そして、コストと密接に関係しているのが規模（面積、および寝室やバスルームの数）である。これに、築年数（新築か、あるいは稀少性のあるヴィンテージ物件か）が加わると、重要性を示す一連の数値、つまりスーパープライムの決定要因が出揃う。

明白な数的指標の次に重要なデザイン属性はおそらく、眺望である。超富裕層の住宅の多くには、ほとんど人が住んでいないのだから、これらの建物の想定される目的に対して存在論的な問題はあるものの、眺望は数的指標と立地の関係において戦略的な役割を果たしている。なぜなら、眺望は基本的に敷地内での実体験を前提としているからである。これらの建物には人が定住しているわけではないが、投資資産や富の保管場所としての有効性は、そこに快適な居住の可能性があることを前提としている。眺望とは、（まるで鏡のように）所有者がいるときにだけその存在が明らかとなるものであり、快適な居住の可能性を確実なものにしてくれる強力な要素である。

数的指標や眺望以外の建築デザインの属性は重要であると同時に重要ではない。物理的なデザイン属性については、素材の仕上げとディテール、そして造形あるいは美観の差別化という2点において卓越性を達成することが主要な目的となっている。高級感の象徴としての建築は、特定の属性を強調する傾向がある。建物の外観に極端に焦点を当てた場合、造形的にも美観的にも、目立って独創的に見せることだけを目的にした奇抜なものとなる。何よりも新しさを優先することが並外れた美しさと驚きにつながれ

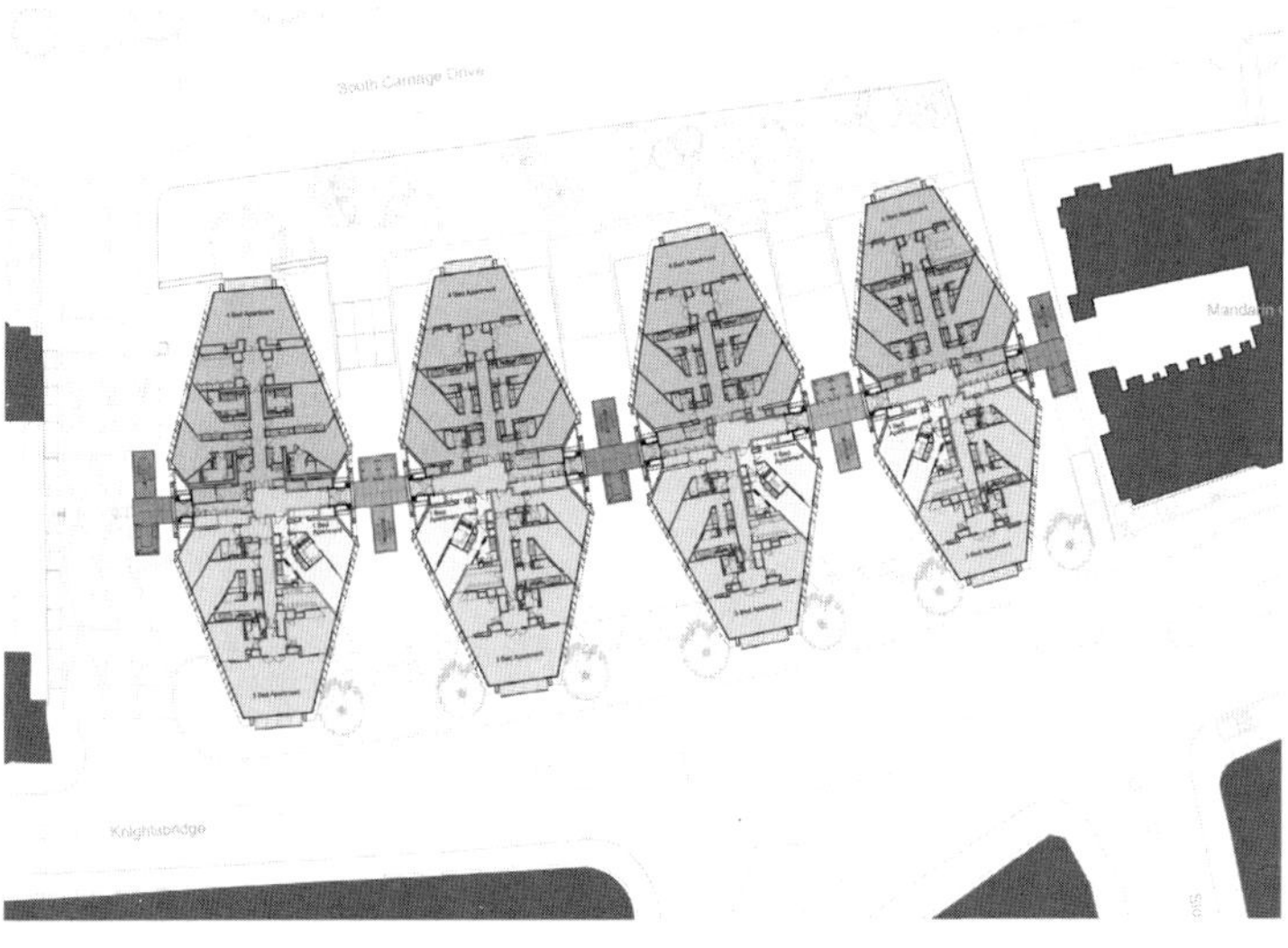

ロジャース・スターク・ハーバー・アンド・パートナーズ、ワン・ハイド・パーク、ロンドンの5階（基準階）平面図。

ば最高であるが、差別化や独創性を追い求めることにより空虚で凡庸なデザインが生み出された例も枚挙にいとまがなく、それは、変わり者たちが「私に投資して！」と叫ぶグローバルな動物園のようなものである。そして、このエキゾチシズムを可能にするのは、頭でっかちな形状や増殖するカンチレバーだけではなく、ミニマムなシンプルさということもある。徹底した沈黙の美学は、唯一無二のユニークな建物を市場にもたらす場合が多い。資産の差別化要因としての建築は、色、形、スタイルなどの建築的属性に関してはまったくもって無頓着であり、極めて見境がない。

スーパープライムの例：ワン・ハイド・パーク

ロンドンのナイツブリッジ地区に立地し、ロンドンを拠点とするロジャース・スターク・ハーバー・アンド・パートナーズによって設計されたワン・ハイド・パーク（2011年竣工）は、これ以上ないスーパープライムの例である。スーパープライムはマーケティングと文化に関連する概念であるため、建物のスーパープライム的地位を示す優れた指標は大衆メディアだ。ワン・ハイド・パークに関する誇張表現は多く見られ、新聞では頻繁に、このプロジェクトがロンドン、ヨーロッパさらには世界で最も「エリート仕様」で「高級な」建物と表現されている。この建物のペントハウスは、2018年に2億1300万ドルで借り換えられ、英国でそれまでに販売された住宅の中で最も高価な住宅になったと報じられている。[22]

ロンドンの王立公園の中で最大のハイドパークに面し、ロンドンで最も高級な地区の一つに位置するワン・ハイド・パークは、最も稀少性の高い場所に立地しているのと同時に、スーパープライムに必要な数的属性をすべて備えており、ペントハウス4戸を含む86戸は、途方もない額で販売された。建物の中でも大きめの約883平方メートルの住戸には、ベッドルームが5室、バスルームが8室、キッチンが2室、そして1室ずつの朝食ルーム、ダイニングルーム、ホームシアター、書斎、大きな主応接室、第2応接室がある。この建物は隣接するマンダリンオリエンタル・ホテルからサービスの提供を受けているため、住戸には、住人用とスタッフ用の別々の出入り口がある。立地、価格、広さ、標準化された部屋のタイプという点において、このプロジェクトには、スーパープライムのすべての要素が詰まっているのだ。

ワン・ハイド・パークのデザインの造形的ロジックは、稀少性のイメージを増幅させ、スーパープライムに必要な特徴を実現するように機能している。この建物は、建築家がパビリオンと呼ぶ同一仕様の四つの棟で構成されている。ただし、これらのパビリオンの高さは異なり、1棟は13階建て、2棟は11階建て、一番低い棟は9階建てである。パビリオンはガラス張りの動線用のコアで連結されており、全体的にはほぼ同一のミニタワーが4棟あるように見える。6万5000平方メートルのワン・ハイド・パークは、どのような住宅建築と比較しても大きめの建物だが、スーパープライム建築としては特に大きなものである。たとえば、ショップ・アーキテクツによるニューヨーク市の111 West 57th Street の面積は2万9250平方メートルである。したがって、世界で最も高級な住所として頻繁に宣伝される場所にあるこの住宅建築は、世界最大級の住宅建築でもあるのだ。これは、金融資本主義における超富裕層の状況について、一つの難題を提示している。その問題とは、高級物件が密集した環境の中で高級感と稀少性のイメージを維持しながら、増加する富裕層の要求を満たすにはどうするべきかということだ。ワン・ハイド・パークでは、巨大な1棟のブロックになっていたであろうひとかたまりの建物を、個別のパビリオンという一連の小さな構造に分けることでより軽快に見えるようにしていた。

ワン・ハイド・パークでは、造形的ロジックのほとんどは眺望の最適化に向けられている。単一の直方体の建物と比較すると、配列されたパビリオンの場合には建築面積に対する外皮面積の比率が増加し(窓として使える外壁面積が増える)、眺望へのアクセスが良くなる。パビリオンの平面形状は、二つの台形を下底部分で組み合わせたような形で、菱形に近い。各パビリオンの長辺の外壁面は通りに対して直角ではなく大きく角度が付けられており、外壁沿いのすべての場所から、北のハイドパークと南のケンジントンの景色を眺められるようになっている。菱形の平面の奥まった部分に位置する、パビリオンの中心部にある部屋の壁は、建物のファサードに対して角度が付いており、眺望のある方向に向いている。このような形状で素晴らしい眺望を得ているとともに、さらには外壁全体が床から天井までのガラス張りになっている。そして、公園とその向こうの街並みの眺めをさらに強調するために、パビリオンの長辺の外壁面は垂直のフィンで覆われ、隣接する住戸やパビリオンから住人を視覚的に保護している。それぞれの住戸のメインのリビングスペースは、建築家が「岬」と呼ぶ、台形の平面の尖った先端部分に配置されている。[23] この配置により、各住戸のメインのスペースは公園や都市の景観の中に突き出し、そこで展開されるパノラマにおいては、周囲に他の住戸が存在しないような錯覚が作り出される。この高級住宅建築では、眺望を丁寧に管理することによってその密度が隠蔽されている。

各パビリオンの長辺の壁面にはコンクリート造の構造フレームが露出しており、ほぼ正方形のグリッドから構成される。このグリッドは内側のガラス張りの住戸を支持し、そのフレームとなっている。スタイリッシュにアレンジされたこの純粋な構造には、シンプルさが内在している。建築家たちは、「各パビリオンの北端と南端にある細い岬の狙いは、この建築の先端を形成することだ。これにより、ハイドパーク側とナイツブリッジ側の両方ですらりとした外観が得られる」と述べている。[24] このすらりとしたプロポーションにより、稀少性は一目で理解できるものとなっている。建物の面積が約6万5000平方メートルで、高級物件が密集した状態にあるにもかかわらず、各住戸は隔離されていて少数であるかのように感じられる。建物の形状そのものがそのスーパープライム的地位を加速させる。ワン・ハイド・パークは、独自の方法で、金融

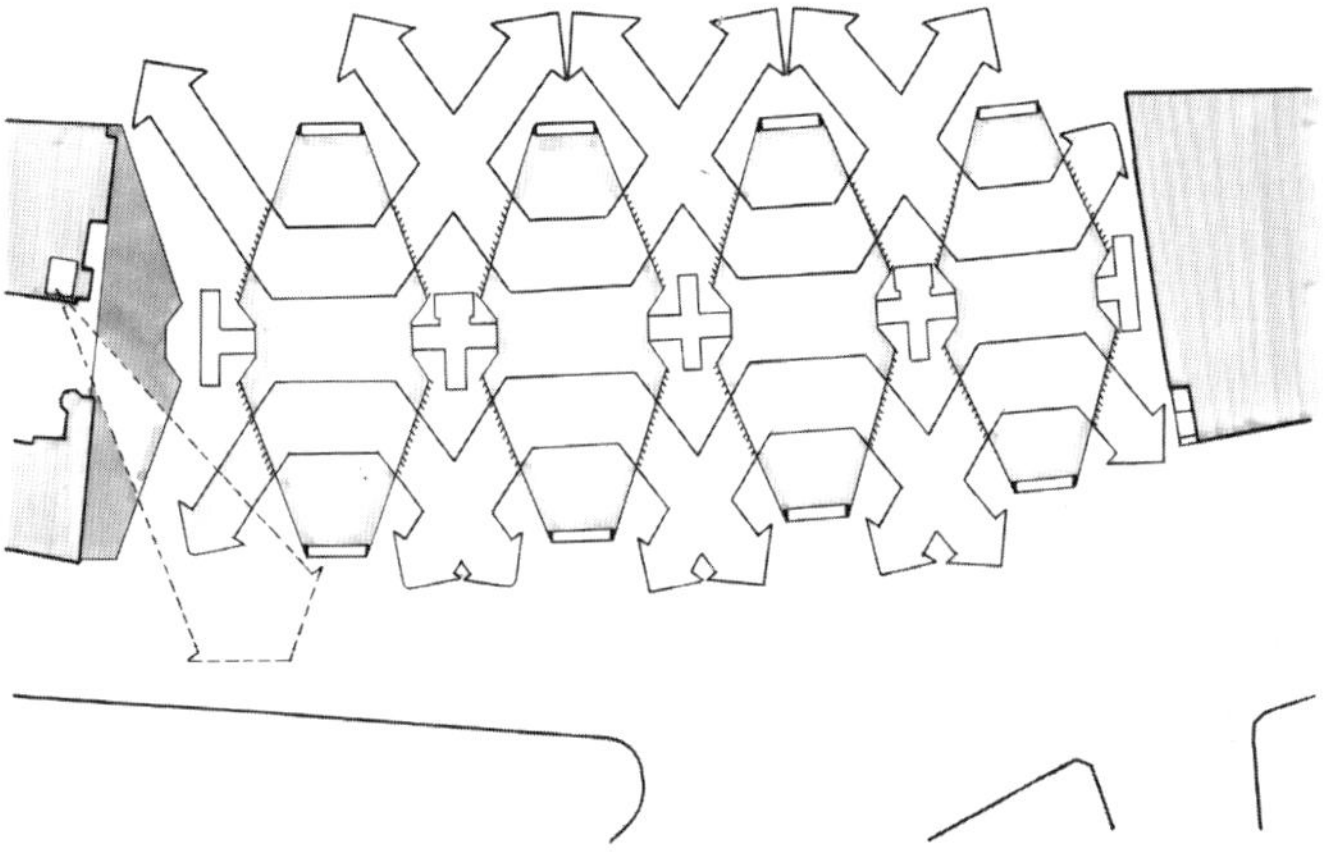

ロジャース・スターク・ハーバー・アンド・パートナーズ、ワン・ハイド・パーク。建築家による、建物の形状のベースとなる眺望と角度の重要性を伝えている平面図。

資本主義の極細への偏向を表している。

建築と資本主義に関する二つの相反する立場

パトリック・シューマッハとピエール・ヴィットーリオ・アウレーリの作品に関連した文脈でワン・ハイド・パークを検証することは有益である。シューマッハとアウレーリは、積極的なデザイン活動と、資本主義に明確に焦点を当てた執筆活動の両方を行っている最も注目すべき建築家である。したがって彼らの立ち位置を確認することは、特にスーパープライム建築のデザイン的性質、より一般的には金融資本主義建築のデザイン的性質の位置付けを行う上で有用だ。シューマッハはロンドンを拠点とするザハ・ハディド・アーキテクツ（ＺＨＡ）のプリンシパルで、アウレーリはロンドンのＡＡスクールで教鞭をとり、ブリュッセルを拠点とする建築事務所ＤＯＧＭＡのパートナーを務めている。シューマッハは、ＺＨＡでデザイン業務を指揮し、教鞭をとることもあるが、アウレーリはデザインの提案、教育、研究、展示、出版を通じて建築に携わっている。

パトリック・シューマッハとザハ・ハディド・アーキテクツ

シューマッハは「急進的な自由市場のアーバニズムを思い描こうとしている」[25]と２０１３年に語っている。「資本主義の擁護」（In Defense of Capitalism）と題した講演を行ってきたシューマッハは[26]、様式が「社会経済的段階」と連動するという考え方を強く支持している。彼の考えでは、ルネサンスは初期の資本主義と連動し、バロックは重商主義と連動している。この図式にならえば、モダニズムの一般的な概念的位置付けは、標準化された効率的大量生産という意味でのフォーディズム【訳注：製品の単純化、部品の標準化などを特徴とする、ヘンリー・フォードが自動車工場で実践した生産手法や経営思想】と国際的社会主義の両方とに、同時に連動していることが前提となる。

シューマッハは、21世紀にパラメトリックデザインを実践する人々によって出現した建築様式を識別するために、「パラメトリシズム」という用語を用いている。パラメトリックデザインでは、アルゴリズム的思考を活用して、デザインインプットの基準とデザインアウトプットの関係、およびデザイン要素同士の関係を決定するルール（パラメーター）が特定される。パラメトリックデザイン、そしてシューマッハ流のパラメトリックデザインに付随する複雑性は、ポスト・フォーディズム的な組織原則およびその一見すると進歩的な可能性に、言葉の上では関連付けられている。[27]シューマッハの主張によれば、「パラメトリシズムは、21世紀という時代を捉えたグローバルなスタイルになりうる現在唯一の候補である」。[28]シューマッハは、現代の資本主義を説明する際、「金融資本主義」という用語の代わりに「ポスト・フォーディズム」を好んで使っている。しかし、「金融資本主義」は現在の状況をより正確に言い表しており、ポスト・フォーディズム的な経営手法は、金融資本主義の傘下に収まった関連現象の一つである。シューマッハの考えによれば、パラメトリックな複雑性からなる形式主義は、現代資本主義の論理に空間的に対応するものである。建築史家で理論家のダグラス・スペンサーは次のように述べている。「このような建築を表す言葉、『自己組織化』、『創発』、『継続的変化』、『物質的組織化』は、新しいドクサ（根

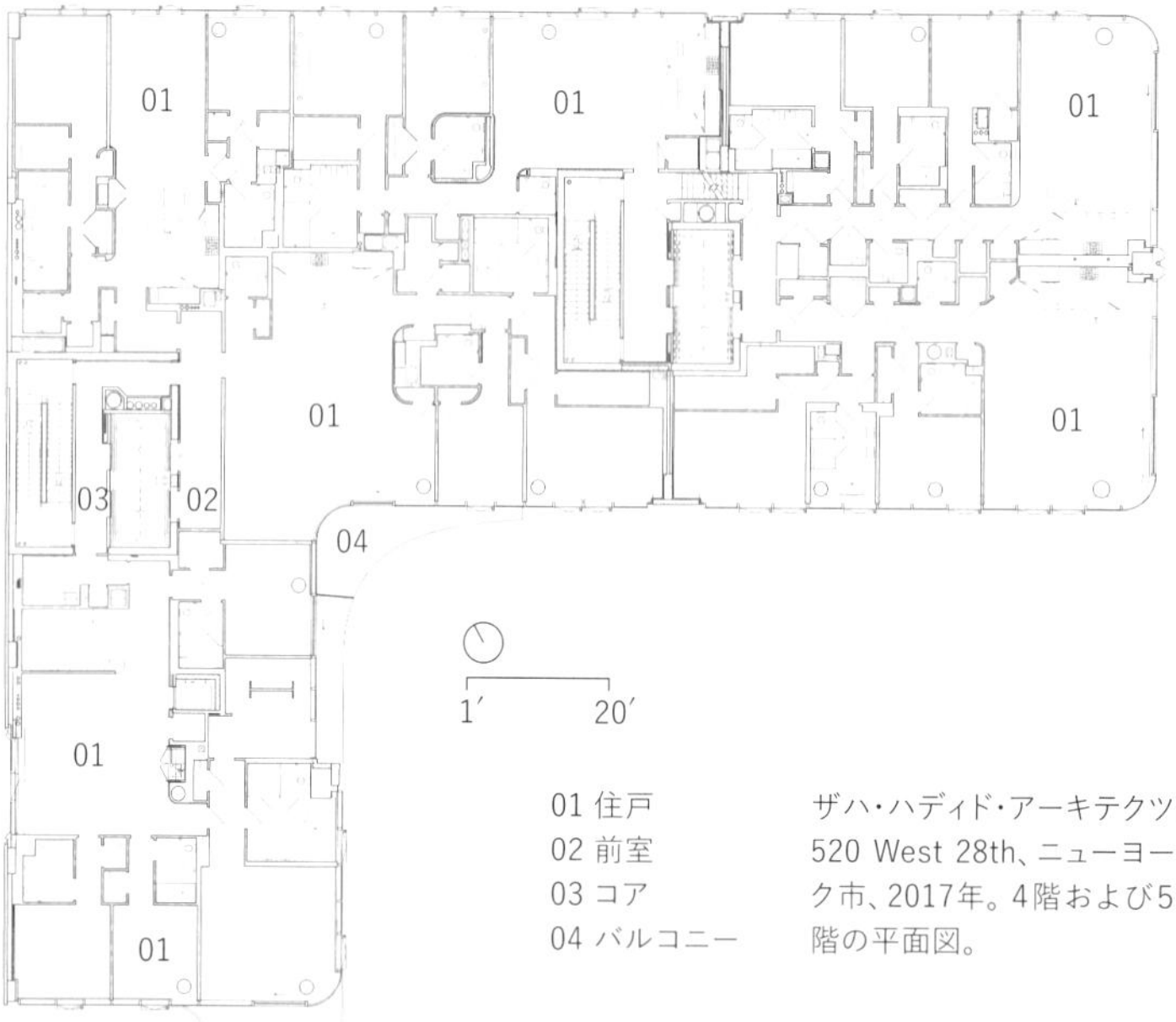

01 住戸
02 前室
03 コア
04 バルコニー

ザハ・ハディド・アーキテクツ、520 West 28th、ニューヨーク市、2017年。4階および5階の平面図。

ザハ・ハディド・アーキテクツ、520 West 28th、建物の外壁におけるジグザグ型のフォルム。

ザハ・ハディド・アーキテクツ、520 West 28th。アイランドキッチンでは彫刻的な造形により住戸内の差別化を図っている。

拠がない主観的な信念）へと代謝されるまで循環する」[29]。

シューマッハとＺＨＡは文化施設や公共施設の建築で最もよく知られている一方で、彼らの高級住宅プロジェクトへの関与も増えている。２０１９年に完成したマイアミのワン・サウザンド・ミュージアムと、２０１８年に完成したニューヨーク市の520 West 28thは、そのような新たな展開の例である。520 West 28thは、ハイライン（マンハッタンのチェルシー地区にある高架上の公園）に面しており、11層に積み重なったＬ字形の平面に39戸の分譲マンション住戸が組み込まれた建物だ。２室のベッドルームと３室のバスルームを備えた１４０平方メートルの住戸から、６室のベッドルームと６室のバスルームを備えた１０００平方メートルのペントハウスに至るまでさまざまなものがある。２０１７年と２０１８年のプレセールで各分譲マンションが１平方メートル３万２０００ドル以上で販売されたこの建物は、立地および広さと価格の指標においてスーパープライムである。

　眺望とスリムなプロポーションに重点を置いたデザインのワン・ハイド・パークとは異なり、520 West 28th はシューマッハが提唱する、21世紀の時代を捉えたスタイルを体現している。ＺＨＡの説明によれば、このプロジェクトは、「ニューヨークの通りとハイラインの間の力強い都市のダイナミズム」や、近隣の「多層的な市民空間」を強調し、それを「反映」し「伝達」することを目的として、「新しいアイデアとコンセプトを適用し、敷地の豊かな歴史にもとづいた最新の進化型を作り出す」[30]。これらの新しいアイデアとコンセプトには、シューマッハが信奉するパラメトリシズムがおそらく含まれる。ただ、Ｌ字型の建物のボリュームや各住戸の内部レイアウトは完全に標準的である。この建物を同じ規模の他の住宅プロジェクトと区別する唯一の内部の構成は、廊下がないことである。一般的な単一のエレベーターコア（そこから延びる廊下によって各住戸にアクセスする）の代わりに、二つの独立したエレベーターコアを戦略的に配置することによって各住戸に専用のエレベーターロビーがあるかのような印象を与えている。一見パラメトリックな曲線の造形は、エントランスロビーやスイミングプールなどの建物の共有スペースでは見られるが、それ以外では建物の外皮に限定されている。この種のプロジェクトの住戸の内部において、アイランドキッチンは彫刻的造形による差別化の機会を提供する数少ない場所の一つである。520 West 28th もこの点において例外ではなく、そのキッチンアイランドにはパラメトリシズム的スタイルを見ることができる。

敷地に対する建築家の印象にもとづいた建物の階層構造は、パラメトリックな「創発」の機会を提供している。「L」の一方の辺の階層は、もう一方の辺の階層から半階分オフセットされている。このスキップフロア構造がきっかけとなり、建物外皮のレベル差をV字形状によって解決する、というこの建物の主要な建築的操作が採用された。ザハ・ハディドは「ジグザグの形状は、このスキップフロアのアイデアにもとづいています。ただ、私たちはこのジグザグ形状（シェブロン）を折れ線のままにはせず、滑らかな線になるようにしています[31]」と述べている。その結果、オフセットされた側がジッパーのような結合部で他方に融合する、滑らかな造形の外皮が生まれた。この外皮に特化したパラメトリシズムの唯一の目的は、建物を周りの環境から差別化し、外観という点において稀少性を提供することだ。ワン・ハイド・パークが主に眺望を体験する場所として機能しているのとは対照的に、520 West 28th は内部を放棄し、外から見られるための彫刻のような欲望のオブジェとして機能している。

ピエール・ヴィットーリオ・アウレーリとDOGMA

パトリック・シューマッハが、現代建築と資本主義の関係における一つの極を示しているのに対し、ピエール・ヴィットーリオ・アウレーリはそれとは好対照の立場を取っている。アウレーリは現代の政治経済が具現化したものとしてのパラメトリック・スタイルを称賛することはせず、建築空間全般、特に住宅の「使用」を前面に打ち出している。アウレーリの使用の概念はフランシスコ会の托鉢修道会の影響を受けており、彼の言葉によると「托鉢修道会の基本的な教義は、潜在的な経済的価値、ひいては他者を搾取する可能性を拒否する方法として、物の所有を拒否することであった[32]」。「所有に対抗する」建築の例として、アウレーリはスイスの建築家でバウハウスの学長を務めたハンネス・マイヤーのコープ・ツィンマー（１９２４年）を挙げている。コープ・ツィンマーでは、住宅空間が「必要なものだけ」を備えた一つの部屋に集約されている。

コープ・ツィンマーでは、「所有の建築」に対抗する「使用の建築」と見なせるものが示されている。前者は常に所有者の意図を反映したものでなければならない。対するマイヤーの部屋は凡庸で特徴のないものであり、まさにこの理由から、所有の負担から解放された生活の可能性を住人に約束しているのである[33]。

このように使用に焦点を当てることで、資本の基礎である所有権に対抗して建築の可能性を位置付けることができる。

これは、アウレーリにとって、建物の主な使用場所としての内部に重点を置いた建築である。したがって、彼のプロジェクトの中心は住宅の居住空間であり、それは「タイポロジーの柔軟性がほとんどなく、最も硬直した社会領域の一つとして映る居住空間の現在の状況に対抗することを目的としたアプローチ」である[34]。建築をいくぶん破壊的なものにし、それによって住宅のタブラ・ラサを作り出すことが、アウレーリの居住空間の硬直性に挑む手法である。建築は最も基本的なものとなり、使用を伴う生活の展開をその境界内において促進する。アウレーリは建築とは次のようなものであるべきだと述べている。

（建築は）幻想を取り除くことによって、象徴的な意味で破壊的になるべきであり、たとえば、壁は壁でなければならず、他の何かのアナロジーであってはならない。この破壊行為を実行する中で、住宅建築は、器としての機能と、新たな予期せぬ生活形態を生み出す可能性の両方を明確に示すことができる。[35]

アウレーリの建築は極端に削ぎ落されている。都市規模におけるその基本的単位は、さまざまな直方体の棒である。それは、低層の場合もあれば高層の場合もあり、直線の場合もあれば、折り曲げられてL字型になっている場合もある。これらの棒は通常、構成と美観の両方の役割を備えた、視覚化されたグリッドで構成されている。シンプルな建築を構成する個々の要素（平らな床スラブ、垂直の柱、壁）が、反復という使命を果たし、崇高な厳格さを実現している。圧倒的に本質的なスキームにおいては、壁は単なる壁にすぎない。

ベルギーのウェステルローにある44戸の公営住宅の招待コンペに、DOGMAはFrame(s)という案を提出した。これは、1組の2階建ての直線状の建物を既存の草地の端に押し込むように配置して、共有の庭のスペースを作るという案だった。DOGMAが単一のトンネル空間と呼ぶ44戸の住戸はすべて同じ容積で、「サービスウォール」で仕切られている。サービスウォールは、

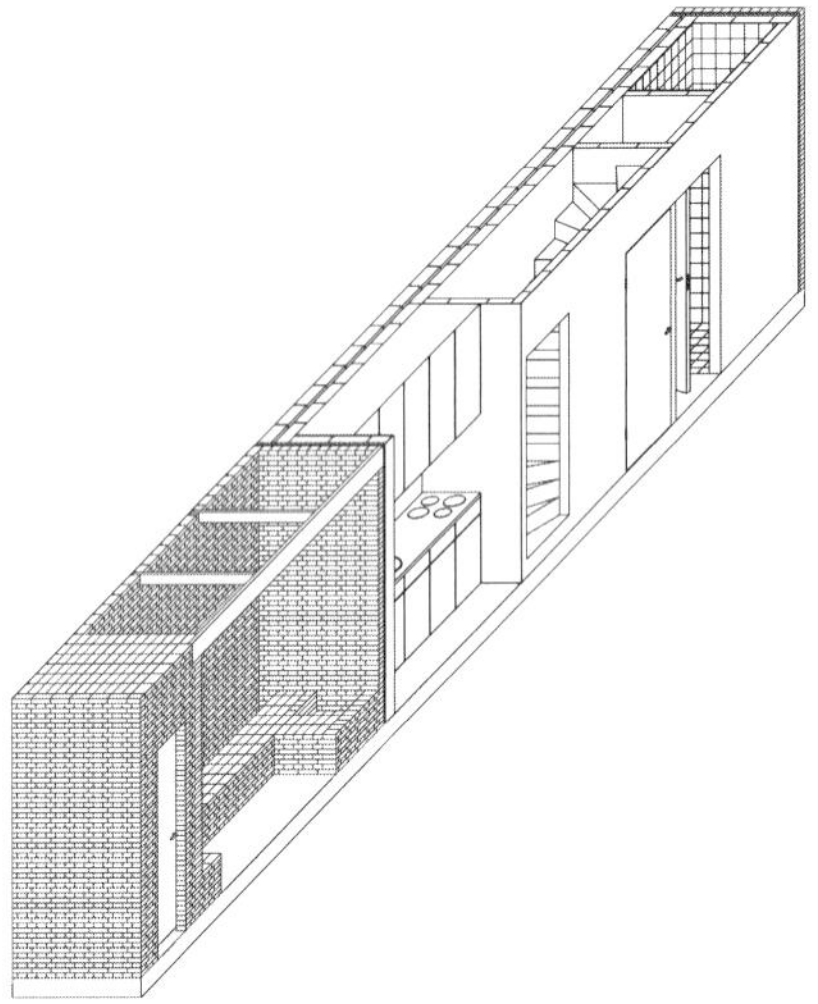

DOGMA、Frame(s)、各住戸内の標準的「サービスウォール」を示すアクソメ図。

調理エリア、階段、バスルーム、クローゼットを組み込んだ厚みのある帯状の要素で、これにより、住戸の残りの部分はすっきりとした開放的な空間となり、生活を自由に展開するための背景となる。各住戸は狭くて奥行きのある直方体の形状をしており、正面の壁はガラス張りとなっていることから、建築面積に対する外皮面積の比率（と建設コスト）が低減され、居住空間は外部に向かって拡張される。立面は、居住用のトンネル空間とサービスウォールによるシンプルなリズムの平面計画を反映している。ここでの建築の主要な機能は生活のための器を提供することであり、各住戸は基本的にオープンな空間になっている。

ワン・ハイド・パークと空っぽの内部

シューマッハとアウレーリは、一方は所有

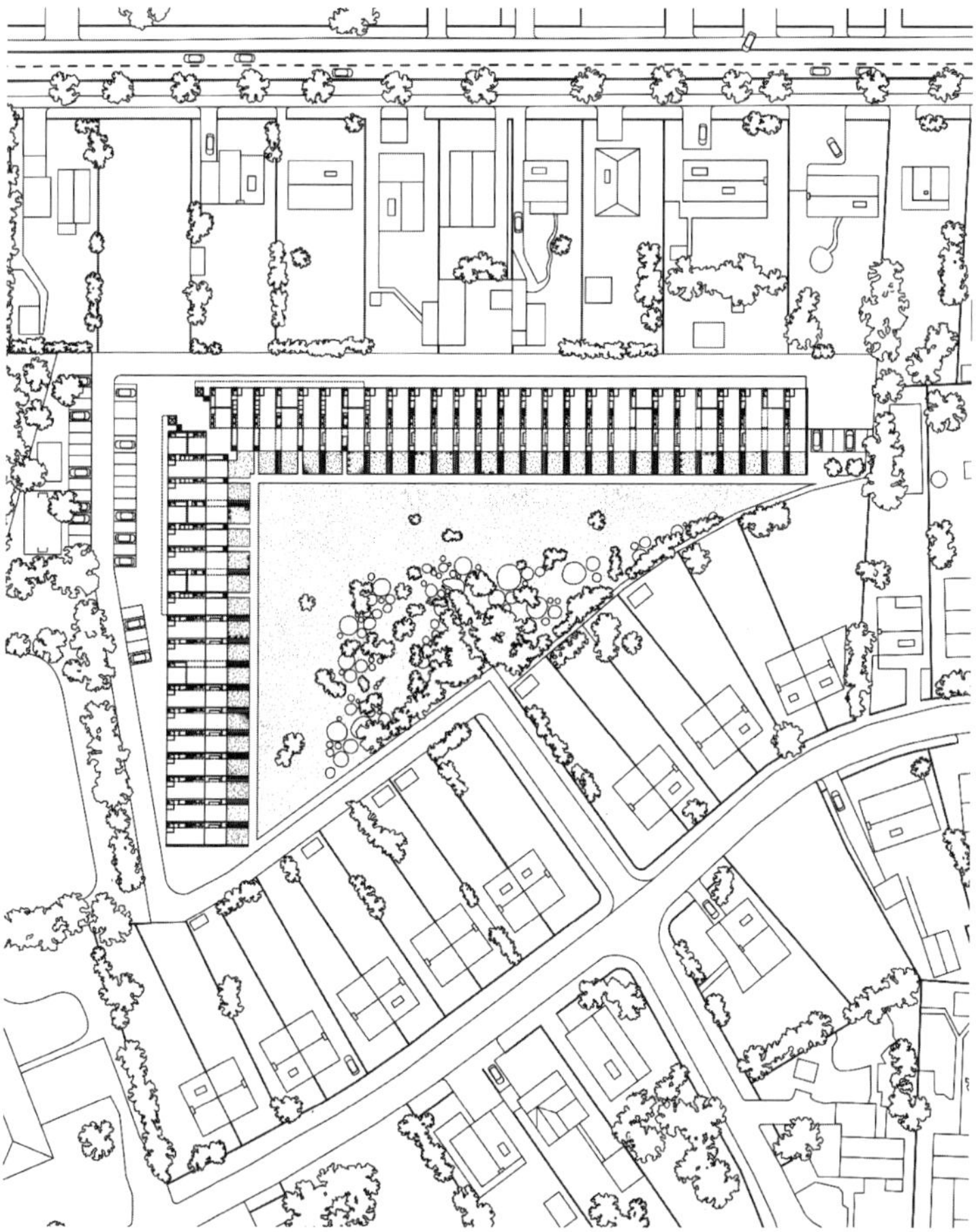

DOGMA、Frame(s)、ベルギー、ウェステルロー、2011年。配置図。

権と投機に連動した複雑なパラメトリック形状、他方は使用に沿った基本的な形状という対極的立場を取っている。ZHAの520 West 28th の主な建築上の目的は、外部から彫刻的オブジェとして見られることであるのに対し、DOGMAのFrame(s) プロジェクトは内部に人が住むためのシンプルな建築を優先している。つまりそれは、躍動的なスーパープライムの外皮と、公営住宅のための削ぎ落されたフレームとの対立である。

これら二つのタイプの建築との関係において、ワン・ハイド・パークはどこに位置付けられるのだろうか。そのスーパープライム的立ち位置は、520 West 28th により近いものだが、建築的により重要なのは、ワン・ハイド・パークと520 West 28th の両方が、アウレーリ的意味での「使用」には反するということである。ワン・ハイド・パークと520 West 28th の建築的手法は、どちらも自己の外側、つまり実際の住居としての実用性とは異なるものに依存している。ワン・ハイド・パークの建築は、主に見ることを目的としており、520 West 28th は主に見られることに重点を置いている。どちらも視覚が中心となっており、それはかなり非物質的なものである。

しかし、ロジャース・スターク・ハーバーの建物は、美観的にはハディドとシューマッハのプロジェクトよりもアウレーリのものに近い。たとえば、両者とも目に見えるフレームで囲われている。どちらの立面も、一定程度ではあるが、使用と眺望という特定の優先事項の副産物である。またどちらも、その機能的ロジックに素材の温かみが伴っている。一方では、タブラ・ラサの器に合わせてレンガと木材が、もう一方では、視覚的な位置関係に合わせて酸化被膜を施した銅製のプライバシースクリーンが配置されている。Frame(s) はワン・ハイド・パークよりも簡素だが、520 West 28th の複雑な外皮よりはワン・ハイド・パークの外観に近く、金融資本主義の時代に様式と美観がどのように機能するかが分かる。アウレーリは次のように述べている。

過去数十年の間に政治経済がどのように機能してきたかを観察すると、表象の問題としての住宅の重要性に突き当たる。……この現象が家庭の金融化に大きく影響してきた。別の言い方をすれば、私たちの借金経済も住宅のイメージによって動かされている。ここ数十年の建築における様式の極端な豊かさも、このような状況の副産物である。皮肉なことに、建築業界における標準化が進むほど、建築は「パーソナライズされた」イメージを提供する役割を担うようになる。[36]

したがって、スーパープライムは、内部空間を

DOGMAのFrame(s)、標準的な住戸の内部からの眺め。

放棄する2種類のパターンによって特徴付けることができる。一つは、様式的になんでもありの立面による差別化で、もう一つは眺望マシーンとして機能する建物である。身体による使用を優先することは、それがどのようなものであれ、投資家向けのスーパープライム建築とは相反することになる。

プレファイナンスの資産：カンチャンジャンガとウォルドーフ・アストリア

スーパープライム建築のデザイン機能のすべては眺望と外観の斬新さであり、その他の領域には建築的意図がほとんどない。スーパープライム建築では、意味のあるイノベーションが住まいにもたらす影響に関して、真剣な検証が行われていないようである。21世紀初頭の視点で見れば、富裕層向けの住宅開発において、住まいや生活に関する調査には関心が払われていないことは明白に思える。結局のところ、莫大な富を有している人々は、当然のことながら、現状を打破しようとする傾向が低いものである。しかし、過去の例においては、そうではない場合が多い。20世紀初頭、産業資本主義の中心地として頭角を現したマンハッタンでは、富裕層の生活空間において注目すべき実験が行われた。たとえば、ウォルドーフ・アストリアでは、富裕層が集合的に居住するための新たな密度と規模が検証された。キッチンは各住戸から取り除かれ、住人は配達または共同の食堂で食事をとっていた。もう一つの例は、インドの建築家チャールズ・コレアがムンバイに建てたカンチャンジャンガ・アパートメンツで、この建物は極度の格差を背景に１９８

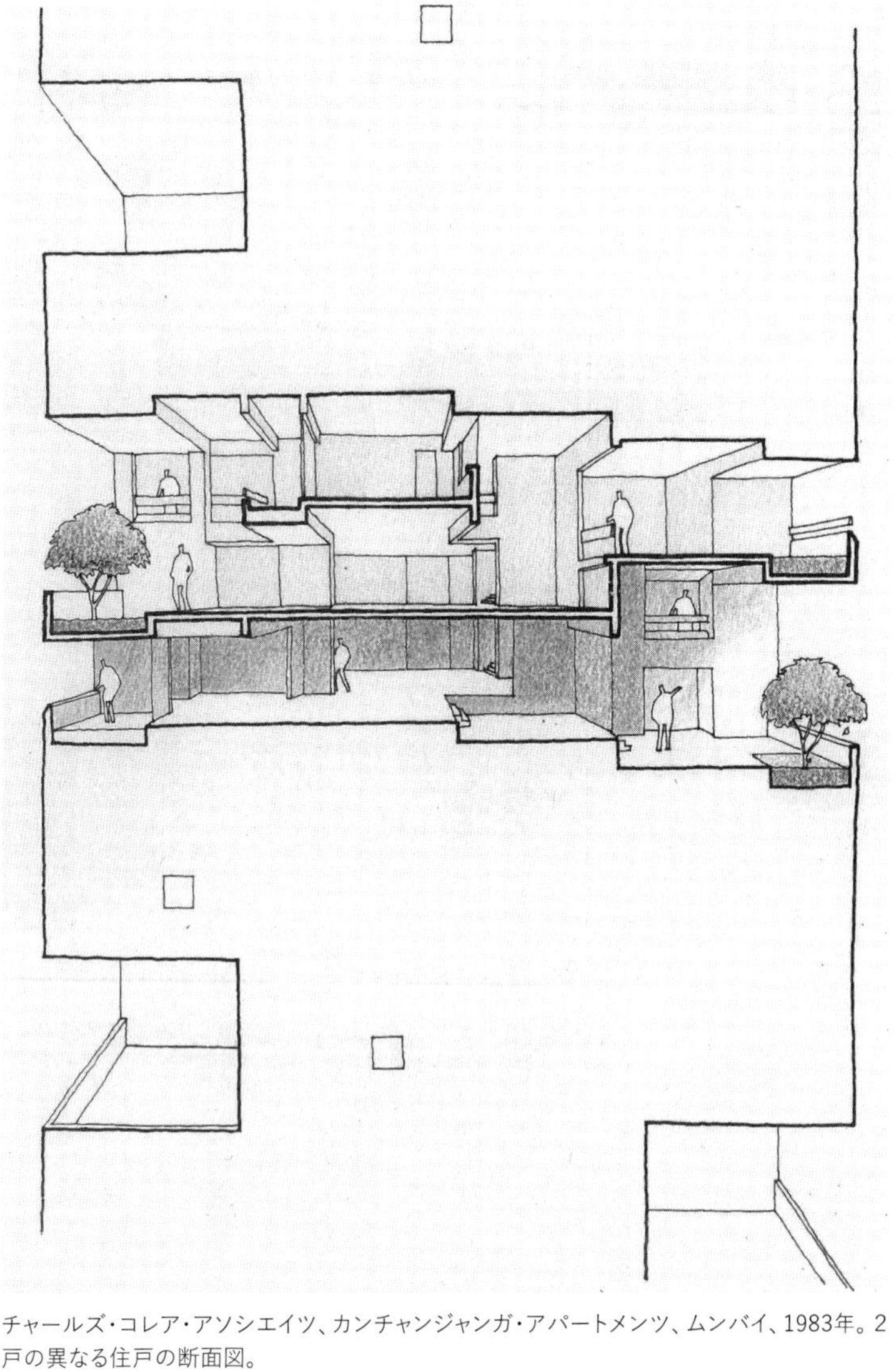

チャールズ・コレア・アソシエイツ、カンチャンジャンガ・アパートメンツ、ムンバイ、1983年。2戸の異なる住戸の断面図。

3年に完成した。32戸の高級マンションがあるカンチャンジャンガ・アパートメンツは、都市のエリート層に向けたものであり、床を立体的に配置することで住戸内に豊かな居住空間のランドスケープを作り出すという建築的イノベーションに富んでいた。これらは現代の住まいの可能性を探るための急進的な実験であり、富裕層の空間は探究にうってつけだった。

住戸の内部や構成、住まいに関わる問題という観点から、高密度住宅の新たな可能性を大規模かつ大胆に探求した近年の市場ベースの住宅プロジェクトとなると、世界的にも日本と西ヨーロッパの少数のプロジェクトしか見当たらない。この種の事業は、時折実施される公営住宅プロジェクトに委ねられるのが常である。このことから分かるように、金融資本主義の力により、建築が住居の内部を完全に放棄するようになっているのだ。レイニエ・デ・グラーフは、「これは建築とマーケティングが区別できなくなる瞬間でもある」[37]と述べている。住居の内部はもはや、眺望を切り取るための空間、および贅沢と特権を象徴する家電や器具の入れ物以外の何ものでもないようだ。大理石のカウンターや高価な水栓金物は富を体現している。仕上げとキッチンの器具だけで室内のほぼ全体の設備が表現できるという事実は、現代資本の驚くべき効率の良さを伝えている。室内の建築的物質性の中に実際の物理的な富がわずかしか存在しないということは、宇宙まで届くかというほどの気が遠くなるような価格と併せて見ると、非物質性を重視した金融化が洗練されていることを物語っている。

なんでもありのスタイルと租税回避

トマ・ピケティは、ジニ係数によって示される格差に関して論じたが、使用にもとづいた手頃な価格の住宅と、投資用のスーパープライム住宅の対立によってその格差は加速する。アウレーリが特定した使用と所有権の二項関係は、超富裕層の投資範囲全体に適用される。金融資本主義の巨額の投資資金は、さまざまな種類の物質的な資産に注ぎ込まれている。すべてのものが金融化される中で、絵画、ワイン、骨董品などと並んで、建築は空間金融的オブジェとして機能している。貴重品の販売を専門とする会社が高級住宅市場でも重要な役割を果たしているのは偶然ではない。世界の多くの地域で住宅価格が劇的に高騰しているのと同様に、多くの高級投資商品の価値も高騰している。

超富裕層による不動産投資に極めて類似しているのが、いわゆる保税倉庫（通常かかる税や関税が適用されない倉庫）である。芸術作品が保税倉庫内に留まっている限り、所有者はそれらの芸術作品に対する付加価値税や関税の支払いを無期限に延期することができる。スイス、シンガポール、モナコ、ルクセンブルク、米国デラウェア州には、芸術に特化した主要な保税倉庫が存在する。スイスでは、ジュネーブの保税倉庫だけでも100万点以上の美術品があり、その価値は1000億ドル以上にのぼる。さらに、その中には世界で最も高価な絵画でありレオナルド・ダ・ヴィンチの作とも噂される『サルバトール・ムンディ』も含まれるそうだ。[38] これに対して、ニューヨーク近代美術館に収蔵されている作品は約20万点である。ただし、ジュネーブの保税倉庫の芸術作品を見ることはできない。

スーパープライム建築でも租税回避の仕組みが機能している場合が多い。たとえばマンハッタンの高級分譲マンションの所有者は、ニューヨークにおける固定資産税の優遇措置により、より手頃な価格の分譲マンションやコープの居住者と比べ、支払う税金がはるかに少ない。たとえば、当時、ニューヨークにおいて史上最も高額な住宅として販売されたワン57の90階のペントハウスの購入者は、米国の平均的な固定資産税率の１００分の１の税金しか払っていない。[39] スーパープライム建築は保税倉庫のようなもので、スーパープライムの住戸は税金を回避できるようになっており、その住戸の多くは使用されていない。

不動産の論理が無制限にまかり通る現在のポスト・イデオロギー的状況において、おそらく真のイデオロギーは誇張、すなわち誇大広告のイデオロギーである。スーパープライムは独自のカテゴリーではあるが、エリート建築との密接な関係や、都市に住む超富裕層による乗数効果のため、その影響は大きい。今日の建築のイデオロギーが示しているものは、富と権力の構造の維持と、その構造に必要な内在的稀少性を普及させることにすぎないのかもしれない。

第5章

単純化とポスト・ソーシャル空間

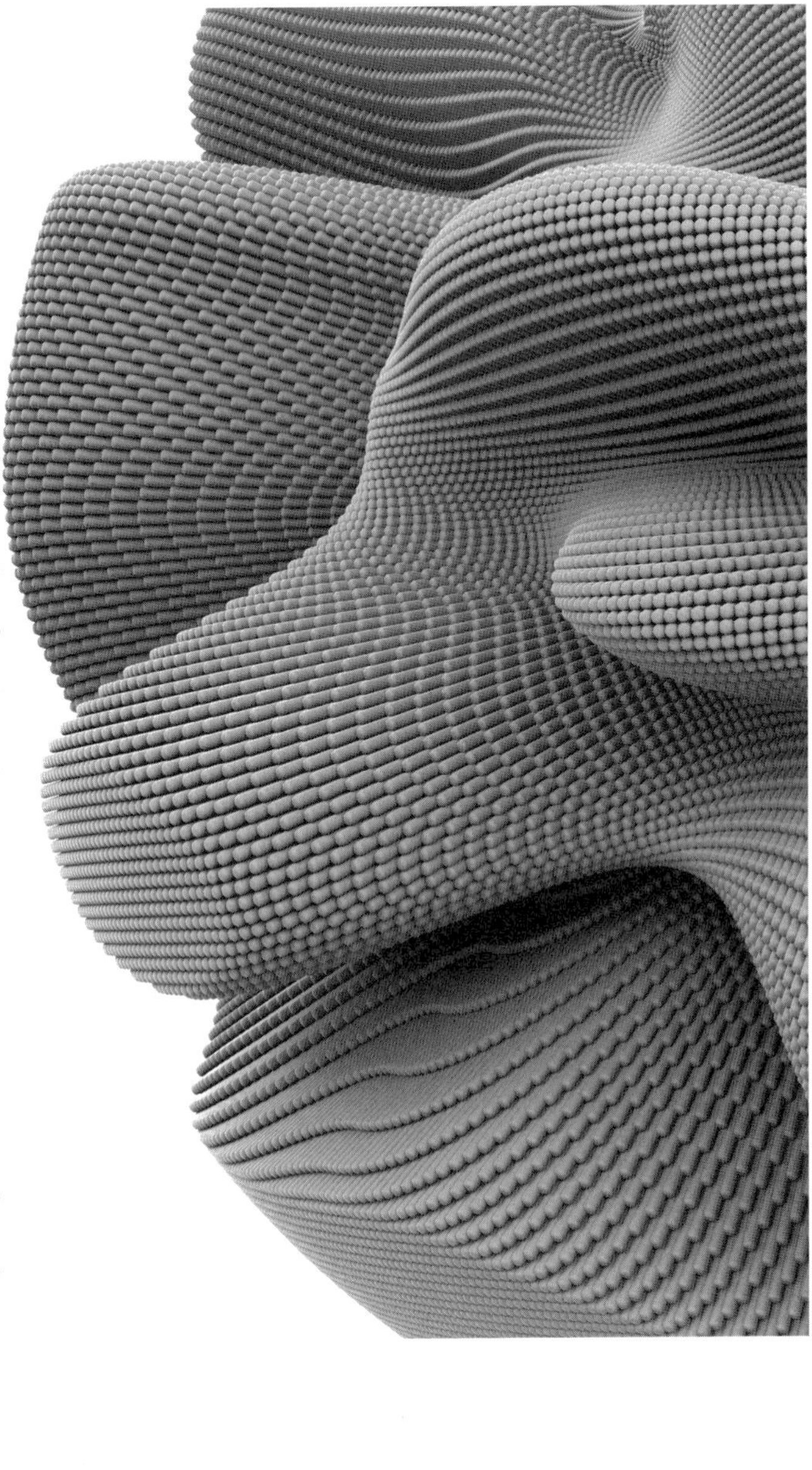

建築の金融化は単純化を伴うが、それは資産としての所有と取引を容易にするためである。このプロセスにおいて建築は標準化、均質化し、物理的に自由になる一方で、逆説的にではあるが、建築をユニークでローカルなものにしようという試みも行われる。このようにして地域性と複雑性を捏造することによって、不動産（real estate）への出資金は「現実」（real）のものとして維持され、不動産がただの資産カテゴリーに完全に成り下がったりはしないのだ。こうして作り出された現実は金融化されていないものよりも特異的かつ単純であり、より高度な管理、予測可能性、安定性を促す。

単純性と複雑性という観点から見た資産

投資ポートフォリオには、表面上は多様な資産が含まれているのが一般的であり、さまざまな国債とともに多数の上場企業の株式が含まれる場合がある。また、将来の特定の日に株式を購入するオプションや、穀物や大豆などの商品を購入するオプションといったデリバティブ（金融派生商品）が含まれる場合もある。このような多様性にもとづく複雑性は、クレジット・デフォルト・スワップ（信用リスクを統一化して流通可能な取引形態にしたもの）や住宅ローン担保証券といった資産自体の相対的な複雑性と共存しており、その設計は非常に難解で一般的な人にとっては理解しがたい。

ニューヨーク市立大学の英語の助教授であるリー・クレア・ラ・ベルジュは、「複雑化した」または「複雑な」ものとして説明されるようになった金融が、1980年代にどのように広まっていったかを記録している。彼女は次のように述べている。

金融は、その新たな意味、つまり豊かな精神的内部の範囲を定めるという点でプライベートなものであり、一方でその外部表現を理解できる人がほとんどいないという点で複雑化したもの、あるいは複雑なものであると考えられていた。実際、この時代の議論の中で、金融取引はあまりにも複雑化され、あるいは複雑になったため、素人だけでなく、金融取引の起源である金融界にとっても、より説明しにくいものになってしまった。[1]

しかし、どのポートフォリオを見ても、保有資産全体は最初は複雑に見えるが、個々の資産は実際には比較的単純である場合が多い。製品、プロセス、労働力の点で複雑な経済構造を構成している企業とその企業の株を比較すると、株はシンプルで、容易に購入、所有、売却できる。個人が、自身よりもはるかに大きくて複雑な組織の一部を遠くにいながらして所有することが可能になる、非物質的で低コストの方法である。このような証券は会社の所有権を劇的に単純化しており、所有権の単純化ツールと表現することもできる。これは部分的には、カール・マルクスらが指摘した経営と所有権の分離によるものである。もちろん、有価証券のおかげで企業の一部を容易に所有することができるが、それでも、収益と債務履歴、企業の経営陣の構成、そしてそれらが存在するより大きな市場の状況など、投資家は多くの情報を十分に検討する必要がある。

現物商品に直接投資することは可能である。最も一般的な投資商品は非常にシンプルで、本質的に標準化され、均質で、物理的に独立している。たとえば、石油は当然それのみで存在し、変化することはない。1バレルの石油は、他のどの1バレルの石油と比較しても本質的に同じものである。付随する複雑性がないため、資産は比較的純粋に、市場における需要と供給で機能し、売買が容易になる。言い換えれば、その単純性により流動性がもたらされるのだ。

これを、都市空間や建築空間と比較してみよう。「すべての不動産はローカルなものである」という古典的信条が示しているように、建造環境には地域特有の多種多様な複雑性が付随するため、地域の深い知識なしに直接投資しようとする試みは愚かであるという考えが広く受け入れられている。また不動産は実に多様で、気候、隣人、学校、交通、騒音、公害、法律、規制、建物の設計、工事の品質、価値の低下などの個別の問題も、不動産購入において検討すべき事項のほんの一部にすぎない。不動産と有価証券にはそれぞれ独自の複雑性が存在するが、検討事項の範囲に関しては、不動産の方が広いといえる。そして重要なことに、不動産に関するそれらの情報を簡単に入手して整理するための標準化された方法はない。上場株式では標準化された情報を投資家に提供するための年次報告書が必須となっており、極めて対照的である。

不動産の相対的な複雑性と不透明性は、資産としての建築の能力を制約する。地域の専門知識が必要なため、売買が制限され、結果として流動性も制限される。したがって、空間金融化の重要な機能の一つは、建築資産を単純化および普遍化し、より標準化された資産にすることである。金融資本主義における不動産の役割の中には、不動産がその特徴である現実感、つまり物理性を放棄することなく、一方ではさまざまな意味で現実性を失わなければならないという根本的な矛盾が存在する。金融化を通じて建築は特定の物理的特徴を獲得するが、この特徴は普遍的な非物質性に類似するものだ。

仲介と法律による単純化：REITと分譲マンション

建築の単純化は、依法官僚制【訳注：近代的社会契約論の下において、役人は国民と国家に奉仕すると定められた法律に従って働くべきだとする官僚制の概念。近代官僚制とも言う】のような社会的な体制・構造から物質的な装飾に至るまで広い領域にわたって行われる。この領域の一端にあるのが、一見すると非物質的な、不動産投資信託（ＲＥＩＴ）と分譲マンションの法的発明である。多くの人々が関与する不動産投資は、時間がかかる面倒なプロセスである。本質的に、ＲＥＩＴが不動産に提供する単純化機能は、株式が事業体に対して提供するものと同じであり、所有権と経営を分離する。ＲＥＩＴは収益を生み出す不動産を所有し、通常はその運営も行う会社である。投資家はＲＥＩＴの株式を購入することにより、単純化された方法で仲介を通して不動産の一部を所有することができ、上場企業が合理的な範囲で保証する標準化された情報にアクセスすることができる。

分譲マンションは、仲介を通した所有権ではなく、新しい法的所有権の指定を通じて単純化を実現している。北米では1960年代まで、個人による住宅の直接的所有は、法的には土地の所有を前提としていた。このモデルにおいて個人が所有できるのは、垂直に押し出された区画境界によって定義される水平領域、ひいてはその領域を占有するあらゆる建物に対する法的所有権であった。したがって、垂直方向の単一所有権にもとづく住宅タイプ（戸建住宅、デュプレックス、タウンハウス、およびそれらの変形版）のみを直接所有することが可能だった。垂直に積み上げられた集合住宅の住戸を直接所有するための、簡単で広く受け入れられた方法はなかった。この種の住戸への入居は、ほとんどの場合、賃貸、コープ、または補助金付き公営住宅でのみ可能だった。コープでは、テナントが管理する法人が建物を所有しており、個人は相互合意にもとづいて特定の住戸を占有するが、その住戸に対する直接的な法的所有権は持っていない。

1960年のユタ州のコンドミニアム法を皮切りに、北米全土の行政区域で新しい形式の直接所有権、すなわち分譲マンションが可能になった。カナダの法律学者ダグラス・C・ハリスの言葉を借りれば、分譲マンションは「土地の私的所有権の密度を高める能力において比類のない法的イノベーション」である。その理由は、分譲マンションにより「土地における手数料単利（絶対的所有権）の垂直方向への積み上げが単純化されたから」だ。[2] 1960年代の法律によって分譲マンションが誕生したが、その後数十年の間に金融資本主義が台頭し始めるまでは、分譲マンションは普及しなかった。

分譲マンションは建築の金融化を促進し、住宅の流動性を高めることで建築の投資資産機能を高める。資産の流動性を高める手段の一つは、活発な売り手と買い手による市場の拡大であり、それにより取引を増加させる。もう一つの手段は、所有と取引に対する構造的障害を軽減することである。この両方により流動性の向上を実現したのが分譲マンションだ。分譲マンションによって住宅市場における取引可能な資産の数が増えるため、不動産取引が増加する。取引可能な資産の数を増やす方法の一つは、典型的な賃貸タイプとして建設されていた不動産を所有資産に変更することである。バンクーバーなどの一部の地方市場では、分譲マンションの出現により、賃貸専用住宅の建設のほとんどが中止された。現在、投資目的の所有者がバンクーバーの分譲マンションの約半分を賃貸に出しており、それが実質的な賃貸住宅ストックとなっている。同時に、分譲マンションは一戸建て住宅などの従来の不動産資産よりも低コストになる傾向がある。市場規模の拡大に低コスト資産の供給が組み合わされることで、売買が容易になり、流動性が促進される。

さらに重要なのは、分譲マンションが、運営とメンテナンスを集団的に行いながら、個人の金融利潤を戦略的に個別化および合理化することによって、所有権と取引の構造をいかに変えたかということである。建築評論家のポール・ゴールドバーガーは、ニューヨーク市のコープと新しい分譲マンションを比較して、「ニューヨーク市のコープはすべてにおいて……商品として扱うことが不可能な構造になっている。逆に、商品として扱えることこそが、新しい分譲マンションの正体であり、投機的傾向のある人にとっては取引可能な最高の商品なのである」[3]と述べている。コープでは、株式を購入することによってのみ住戸を占有することが可能になり、そのためにはコープの理事会との時間のかかる面接のプロセスが必要となる。分譲マンションでは、個人はコープの理事会のような組織の邪魔を受けることなく、住戸を自分の裁量で自由に購入・売却し、自由に融資を受けることができる。この個別化された直接的所有権は、戸建住宅の所有権モデルを集合住宅に適用したものである。同時に、分譲マンションでは、資産機能が大幅に向上するように運営とメンテナンスが一括して行われる。ほとんどの分譲マンションは垂直に積み重ねられているため、メンテナンスに関する懸念は最小限に抑えられている。残りのタスクは、マンションの管理組合によって雇われた第三者の責任になる。主要な運営とメンテナンスの責任を個々の所有者から取り除くことで、所有ひいては売買が容易になり、それによって流動性が高められる。これは単純なことだが、そこには深い意味があり、これにより、住むことなく、もっと言えば触れることすらなく住戸を所有することが可能になり、住宅は株式や債券などの無形の資産クラスに近づいていく。ダグラス・ハリスが述べているように、「『分譲マンション』はシンプルかつ自己完結型で、離れた場所から所有することもできれば、住むこともできるし、空いたままにしておくこともできる。また、代替性の高い商品の市場で譲渡することもできる」[4]。

分譲マンションは、ほとんどの住宅タイプに存在する。たとえば分譲マンションは集合住宅のイメージが強いが、戸建住宅の分譲地であっても、個々の家が個人所有されていて共用の外構とインフラが共同で所有および管理される分譲マンション（分譲戸建）もある。これらの戸建型分譲マンションは、１９８５年以来米国で普及した住宅所有者協会（ＨＯＡ）の分譲地と類似している。ただし、ＨＯＡは共有資産に関して分譲マンションとは異なり、分譲マンションではすべての所有者が共同資産を所有するが、ＨＯＡでは住宅所有者協会自体が共同資産を所有する。分譲マンションの建築形状においても、金融資本主義の論理が巧妙に表れている様子を見出すことができる。たとえば、戸建型分譲マンションでは、個々の家の間には狭いすき間だけが設けられている場合が多い。それはあたかも、集合住宅の建物を無理やり引き裂いて解体し、戸建住宅のように独立した外観をなんとか提供しているかのようである。

セキュリティの確保

流動性を高めるための仲介や法的手段と並行して、建築の単純化を伴う物理的変化も存在している。この変化は、セキュリティの強化、メンテナンスの軽減、そして究極的には予測不可能な社会的関係性を低減することによって達成される。一般的な空間単純化の三つの手法は、必要とされる物理的接触の最小化、社会性の縮小、地域性の抽象化である。セキュリティとメンテナンスは単純な要求事項であるが、不動産の資産機能において問題となりうる。建物は、セキュリティの度合い、つまりセキュリティが完全に確保されているものからまったく確保されていないものまで、という観点から理解することができる。セキュリティのレベルは建物によって異なる設計になっているが、石油のような資産と比較すると、建物のセキュリティは万全ではない。その理由の一つは、石油のセキュリティを物理的に確保するシステムは十分に確立されており、個人の投資家が気にする必要がないレベルで機能しているためである。資産としての石油は見ることも触れることもできず、投資家の思考の中では完全に抽象的であり、非物質的といってもよいくらいのものである。対照的に、不動産資産には、破壊行為、盗難、不法侵入のリスクを軽減するために、投資家にとっては積極的なセキュリティ対策が必要である。一定レベルのセキュリティは住居に住んでいることで必然的に得られるが、理想的には不動産資産を遠隔地から所有できるよう、住んでいないときにセキュリティ関連のリスクが高まりうることに備えて、補塡措置が必要になる。したがって、建物は、戦略的に配置された壁、ゲート、管理された出入り口などの要素によって、完全なセキュリティの実現に向けて計画される。しかし、複数の資産を特定の建築形状にまとめて全体を本質的に保護することで、受動的で非常に目立たないかたちでセキュリティを確保することも可能である。

メンテナンスも修理も不要

有価証券や一般商品の取引とは異なり、直接所有される不動産は物理的に劣化するため、定期的な物件検査と継続的な建物のメンテナンスが必要となる。こうした負担により不動産資産の複雑性が増し、所有権にとっての障害が増大する。建物はセキュリティの度合いという観点で理解できるのと同様に、メンテナンスと修理の度合いという観点から考えることもできる。材料や部品は、あるものは他のものよりも早く劣化するなど、不均一に劣化する。同様に、特定の物理的ボリュームや形状は、他のボリュームや形状よりも高い耐久性を備えている。投資目的で建築が単純化されるのに伴い、メンテナンスの負荷を最小限に抑える材料や形状、つまり個々の不動産資産が風化をもたらす外部と接触するのを最小限に抑える材料や形状が求められる。

集団からの解放

「すべての不動産はローカルなものである」と信じられている理由として、人間の行動の多様性と予測不可能性が地域性（ローカル）を生み出しているということが挙げられる。そこで単純化のプロセスでは、集団的な社会生活の幅を狭めることによって、この複雑性を最小限に抑えることが求められる。これは、不動産資産が、互いの関係およびその周囲の公共空間との関係でどのように配置されるかという観点で進められる。資産は、さまざまな配置や形状に関する手段によって公共空間から保護または隔離される。資産は、壁、フェンス、植栽、セットバックにより、騒音、汚染、不審者などによる迷惑行為や危険から隔離されるが、おそらくさらに重要なことは、資産を解放するこういった能力を、特定の建物のタイプや形状が本質的に持ち合わせているということである。一般人のアクセスを制限し、不動産資産を公共の場から分離する形状は、金融資本主義の時代に発展した。ロンドンを拠点とする建築家のサム・ジェイコブは、ロンドンの高層マンションのマーケティング用のビデオについて次のように述べている。

個人を集団から切り離すこと、自分が都市の上に立っているという事実、都市は打ち負かされる、あるいは打ち負かすために存在する一種の化け物であるという考え。これはすべて同じ話の一部である。もちろん、あなたが社会から、そして街を本当にエキサイティングなものにする何かから切り離されていることを意味する。[5]

資産指向の住戸が公衆から保護されているのと同様に、資産（住戸）同士の結び付きを最小限に抑えるための取り組みも並行して進められている。金融資本主義が繁栄するには、流動的な市場を可能にする比較的安価な資産が大量に必要となる。一つの土地に多数の住戸を（通常は分譲マンションの形態で）生産すると、戸建住宅を建設するよりも安価な住居が市場に大量に出回って、より多くの売り手と買い手が市場で活動してそこでの流動性が高まるが、これは金融資本主義の建築の中に矛盾を生み出す。流動性を確保するために比較的高密度で膨大な数の住戸が必要となった瞬間、それらの住戸は今度は、自らが作り出すかもしれない集団生活から保護されなければならなくなるのだ。

これは、建物内での社会的接触を減らす戦略へとつながっていく。したがって、住戸の配置と動線は金融資本主義の重要な関心事となる。建物の入り口から個々の住戸まで人が移動する領域は、他の人との直接的な接触をなくす上で不可欠である。同時に、住戸の配置と素材は、住戸間の感覚汚染（視覚、聴覚、嗅覚）を抑えるのに役立つ。このようにして、金融資本主義は、特定の配置とボリューム構成を発展させ、混乱をもたらす予測不可能な集団生活から個々の住戸を解放し、それによって不動産資産を単純化する。

究極の単純化建築としての極細ペンシルビル

集団からの解放、セキュリティやメンテナンスの最小化による建築の単純化はさまざまなタイプの建物に見られ、これらの特徴を明確に示す有益な例として、極細ペンシルビルが挙げられる。

極細ビルでは、修理やメンテナンスが最小限に抑えられる。庭付きで建物がすべての方向で外部と接している戸建住宅と比較して、集合住宅の建物では内部に対する外部の比率は小さく、一つの住戸に接する建物外皮の量も少ない。これは、屋根（戸建住宅において最も不具合が起こりやすく懸念される部分）で最も顕著である。戸建住宅と対照的に高層ビルでは、一つの小さな屋根面積の下に数百のユニットを詰め込むことができるため、住戸あたりの欠陥の責任が最小限に近いレベルまで軽減される。これを極端なレベルで可能にするのが極細ペンシルビルだ。たとえば、メルボルン初のペンシルビルであるコリンズ・ハウスには約420平方メートルの面積の屋根があり、その下に298戸の住戸が収容されている。つまり、住戸あたりの屋根の面積は約1・6平方メートルである。

垂直の外皮においても同様に劇的な優位性が得られる。極細ビルには、集団化によるマンションビル特有の欠陥が潜在しているが、こうした集団による懸念も、典型的な戸建住宅における修理とメンテナンスの個人負担のレベルに比べれば大したことはない。セキュリティの点でも、極細ビルに対抗するのは難しい。当然のことながら、出入り口が1か所だけの方が監視と管理が容易になる。住戸は地盤面から離れた位置に配置されており、多くの場合、地盤面からの距離は非常に長い。さらに、セキュリティに関わる責任の集団化により、個人の負担は軽減される。これと比較して、戸建住宅では、投資住戸が地上の危険に直接的に晒されており、侵入者は簡単に敷地の状況を見極め、複数の地点から侵入することができる。そして、どのようなセキュリティ対策でも、所有者がその責任を直接負う場合が多い。このようなメンテナンスの軽減とセキュリティ上の懸念の軽減という特徴により、極細ビルの住戸であれば、遠く離れた場所から所有することがいともたやすくなる。購入者は基本的に、通常の機能を持った分譲マンション棟の25階にある空き住戸について、訪問することなく、その安全性を合理的に確信できる。草が生い茂ったり、窓が割れていたり、屋根に雨漏りが生じたりすることはない。

極細ビルの最も基本的な機能は、予測不可能な公共空間の影響を受けやすい地上面から、住戸を切り離すことである。さらにはビルの細さにより、各階の戸数が少なくなる。これは単純だが極めて重要なことで、社会的な煩わしさからの解放が促進される。極細ビルでは住戸のサイズを一定以上に保つことで、フロアごとの戸数がより少なくなっている。極細ビルの究極型は各フロアに住戸が一戸だけあるもので、戸建住宅の非社交性を空中で実現しているのだ。エレベーターによって未知の出来事との遭遇の可能性を最小化しながら、投資家は自分のプライベートな不動産領域に直接にアクセスできる。

このような構成により、隣人が近接していることをさまざまに感じることも少なくなる。集合住宅では、音や臭気の伝達を垂直方向よりも水平方向で軽減することの方が難しいため、フロアの住戸数を最小限に抑えることで、この種の伝達を低減することができる。極細ビルは、隣人のテレビの騒音や臭いの強い食事を回避することを可能にする。そういった隣人を廊下で見かけてしまうなどもってのほかである。

社会性を弱める形状と配置が、眺望の最適化に向いているのは偶然ではない。望ましい眺望は、フロアあたりの面積が小さい高層ビルによって実現される。その理由としては、ビルが住戸内にもたらす可能性と、都市という文脈で何をもたらすかということが挙げられる。住戸内の可能性について見れば、フロアのコーナー部分は必然的に多方向に視界が最大化されており、床面積が小さい場合には対応するコーナー部分の比率が高くなるためだ。さらに都市のスケールで見れば、高層ビルの間隔を戦略的に設定することで、板状や中層タイプのビルといった他の類型の反復と比較して、小さなフロアの高層ビルの場合にはビルの間に十分な眺望ラインを確保しやすい。高さ自体が、これらの望ましいとされる属性の反復を最大化する。このような配置とプロポーションを駆使したシンプルな手法を統合すると、高密度に隔離された建築形状に至る。こうして社会的（ソーシャル）な汚染を回避することで、住宅空間をほぼ抽象化し、集団的なしがらみから解放し、最終的にはそのポスト・ソーシャルな役割、つまり取引可能な金融資産としての役割を促進する。したがって、金融資本主義の時代の住宅は、ポスト・ソーシャルな住宅として捉えることができる。

郊外住宅の継続的な単純化

極細タワーマンションは金融資本主義の単純化を体現しているが、同様の傾向は他の建物や不動産タイプにも見られ、タワーマンションの対極にある郊外の戸建賃貸住宅でさえも例外ではない。危機によって新しい形の資本蓄積がもたらされることの教科書的な例を挙げると、２０１０年の米国滞納物件差押危機のピーク時以来、ヘッジファンドやプライベート・エクイティ（ＰＥ）グループなどの機関投資家は、連邦政府の支援を受けて、差し押さえられた不動産に数十億ドルを投資している。戸建住宅の賃貸は歴史的に断片化されており、家族経営の小規模な大家が多いという特徴があったため、大手の投資会社がこの種のビジネスの主要なプレーヤーになったのはそれが初めてのことだった。これらの企業は、継続的な賃貸収入を得るだけでなく、危機による低価格を利用して、不動産への投機的投資で利潤を得ることを目指した。

２０１６年までに、彼らは６００億ドル以上を投資して、米国で20万戸以上の戸建賃貸住宅を所有するようになっていた。このような「ハゲタカ」と呼ばれる資本家たちは差し押さえ率の高い地域をターゲットにしており、アトランタのある地域では、現在、住宅の５軒に１軒が機関投資家によって所有されている。そして、この投資には人種と関連する特徴もあるようで、機関投資家が特に活発に活動している地域では黒人住民の割合が高い。[6]

予期された通り、大都市圏に分散した住宅の管理とメンテナンスは容易ではなかった。個人が投資した戸建住宅の流動性が低下するのと同様の理由で、投資会社は維持管理に関わる課題に直面した。彼らは継続的な運営コストを削減して利潤を増やすために、維持費を最小限に抑えたり、借主に転嫁しようとしたりしたため、ありとあらゆる苦情や訴訟が発生して大衆メディアでも取り上げられた。[7]投資会社は、自身のコストを抑えるためにメンテナンスの頻度を減らし、借主が自分で問題を解決することを不当に強制したとして非難された。また彼らは、共通の床材や家電、および遠隔地からのアクセスを可能にするスマートロックを導入するなどして、住居の標準化と業務の合理化を図った。

滞納物件差押の危機が沈静化して不動産価値が上昇し始めると、中古住宅を望ましい価格で購入することは企業にとってより困難になっていった。これに対応するために、彼らは独自の戸建賃貸住宅の開発を開始した。ＲＥＩＴのアメリカン・ホームズ・フォー・レントは、戸建賃貸住宅への投資を目的として２０１２年に設立された。現在では5万軒以上の住宅を所有しており、それらはアトランタとダラス・フォートワースに最も集中している。２０１９年第４四半期の決算会見で、最高執行責任者のブライアン・スミスは次のように述べた。

弊社は、データと解析処理の利用を拡大することで、居住者の要望に耳を傾けながらプラットフォームを最適化することができます。……居住者の好みにしっかり適合してメンテナンスの観点から効率的な住宅を、価値工学の手法を用いて設計できるのです。住宅の理想的な立地や部屋数といったハイレベルの意思決定、家電の種類や機能（生ごみ処理設備の最適な馬力など）のようなローレベルの意思決定、その両方をリードするのが弊社のデータ解析です。[8]

この種のＲＥＩＴの既存住宅と新築住宅のいずれの場合においても、メンテナンスと運営にかかるコストが最小限に抑えられるように材料、家電、寸法はすべて最適化されている。しかし、これには多大な社会的コストが伴い、それは金融資本主義がいかに人種間の格差を悪化させているかを浮き彫りにしている。[9]

標準化された不動産製品

投資業界では、シンプルで明確なカテゴリーに簡単にぴったりと当てはまる資産が好まれる傾向がある。たとえば、ＲＥＩＴは標準化された建築製品に大規模な投資を行っている。ジョージ・ワシントン大学の不動産・都市分析センター所長のクリストファー・Ｂ・ラインバーガーによると、不動産ディベロッパーたちが本格的に米国の金融業界に参入するためには「自分たちの建物を商品化する必要があり、これはつまり、製品タイプごとの各ユニットが互いに適切に類似していると保証しなければならなかった。このような状況により、オフィス、ホテル、小売、高級住宅といったカテゴリーがリストアップされた『19の標準不動産商品』とでも呼ぶべきものが早急に作り出された[10]」。

これらの「製品」は、単一プログラムで独立して立地している傾向が強い。ラインバーガーが述べているように、「投資の観点から見ると、商品化は極端な専門化をもたらした。今日、ほとんどのＲＥＩＴは何らかの商品タイプに特化している[11]」。ある特定のＲＥＩＴは、パワーセンター（大規模な小売店舗を中核としたショッピングセンターで、共用の屋外駐車場を備えていることが多い）にのみ投資する。別のＲＥＩＴは商業用オフィススペースのみに投資し、また別のＲＥＩＴは中所得層向けの賃貸住宅のみに投資する。たとえば、米国で５番目に大きいＲＥＩＴで、２０２０年の時価総額が４４０億ドルだったサイモン・プロパティ・グループは、ショッピングモールとアウトレットモールのみに投資しており、そのほとんどが郊外にある[12]。ラインバーガーの主張によれば、ＲＥＩＴは複合施設への投資に消極的だという慣習があり、それが米国の大部分を占める単一用途のランドスケープを増殖させている。米国のＲＥＩＴは近年、「複合用途」の開発を受け入れるようになっているが、それらは依然として驚くほど均質で実質的には単純化された開発である。プログラムの多様性に対するＲＥＩＴの偏見は、金融資本主義が単純な不動産資産を好むことを示している。都市部の住宅、ゴルフ用地、良い眺望の住戸といった明確に識別可能な資産は、社会的な複雑性をますます低減させ、「すべての不動産はローカルなものである」から「すべての不動産はグローバルなものである」への転換を促す。したがって、単純化のプロセスでは資産の明確さが追求されるのと同時に、建築資産のポスト・ソーシャル的条件が求められる。この社会的複雑性の低減と資産の明確さの向上の両方が行われることによって、建造空間は金融資本主義の要求に応じてより適した形で機能しうる。

「複雑性」による補塡

金融化された空間では、見せかけの特異性を提供する新たな抽象的地域性を作り出すことによって、その単純化および標準化されたポスト・ソーシャル的性格が補われる。複雑な地域状況は、より単純なバージョンの現実に置き換えられる。これは、均質性を覆い隠すという手法によって達成される場合もある。ジェイン・ジェイコブズの影響を受けたポディウムは、その上にそびえ立つ標準化された高層マンションを見えないようにし、多様な素材が使われたノスタルジックな外皮は空間的な均質性を隠蔽する。しかし、それよりもはるかに重要なのは、レクリエーション用のレジャー空間の設置、象徴的自然の強調、執拗なまでの眺望の提供である。他の地域的複雑性と比較すると、このような抽象的地域性は極めて予測可能で安定しており、したがって単純である。これが、ポスト・ソーシャル版の地域特性なのだ。

レクリエーション用のレジャー空間

住宅にレクリエーション目的のレジャー活動を関連付ける手法は、金融資本主義の台頭とともに発達し、長年にわたって行われてきた。これには多くの理由があり、その一つとしてレクリエーション本来の魅力が挙げられる。その他でより重要なものとしては、レクリエーションによって住宅にソフトで普遍的なアイデンティティを与える能力、つまり住宅の地域性を薄めて社会的な複雑性を軽減することで売買のための流動性を促進するという能力である。

多くのレクリエーション目的のプログラムにより、住宅プロジェクトに明確なアイデンティティが与えられ、人気のあるポスト・ソーシャル的属性が付加されるが、その中でも金融資本主義の時代に非常に大きな役割を果たしてきたプログラムがゴルフである。スペインの地中海沿岸や米国の南西部など、投機主導の開発が盛んに行われている場所では、大規模な住宅開発がゴルフをベースにして行われる傾向がある。そして、需要が高いにもかかわらずかなりの過小利用となっているこれらのゴルフ場の風景には、非機能的な論理がある。ゴルフコースを組み込んだ住宅不動産の価値が増加することはさまざまな研究で実証されており、それは、ゴルフが主に投資を促進する不動産手段であることを証明している。[13]

なぜ特にゴルフが住宅開発で利用されるのか。富裕層のアクティビティとしてのイメージによって、ゴルフには多くの上昇志向の人々に訴求する魅力がある。それは現代の不動産におけるゴルフの役割にとって極めて重要なことであるが、金融資本主義と投資の観点から少なくとも同等に重要なのは、その社会空間的な性質である。個々のゴルフコースにもそれぞれの特徴はあるものの、ゴルフコース同士を比較すれば相違点よりも類似点の方が多く、ゴルフコースは普遍的な商品と言える。ゴルフコースのランドスケープは、容易に住宅と統合することができるのだ。グリーン、バンカー、池という定型的な要素により、見事な模擬自然が作り出される。そして、ゴルフコースはこれらの開発における主要な公共空間として、社会生活をコース上で可能な範囲、つまり社会性をかなり限定された範囲へと制限するのにも役立つ。ゴルフにより、潜在的な混乱が取り除かれ、普遍化された商品としての特徴を備えた社会空間性が開発に付与される。このように、ゴルフ場をベースとした住宅開発は、市場用に整備され、簡単に識別できる安定した投資資産クラスとして機能する。

2008年の危機の影響を最も受けた地域において、ゴルフ志向の住宅プロジェクトがそれまで盛んに行われていたのは偶然ではない。スペイン、米国のフロリダおよび南西部では、投機的開発が資本融資の大幅な緩和と相まって、ブームの間にゴルフ場をベースした住宅開発が爆発的に増加したのだ。米国では、戸建住宅の開発がゴルフ場のグリーンを取り囲む場合がよくある(あるいは、ゴルフコースが住宅開発を取り囲む場合もある)。スペインのゴルフ場をベースにした開発では、集合住宅がより一般的である。

この種の抽象化された地域性においてゴルフは優勢だが、レクリエーション志向のプログラムによって特徴付けられる住宅プロジェクトは、ビーチ、ガーデン、プールを中心に展開される場合もある。ゴルフ場のグリーンがポスト・ソーシャル的な単純化された自然を提供しているとすれば、人工の湖はその流れを加速させたものだ。たとえば、1500戸を超える戸建住宅の用地を備えるフェニックス大都市圏のザ・レイクス・アット・ランチョ・エル・ドラドは、巨大な曲がりくねった湖を中心に構成されている。この開発の名前の由来となった湖（レイク）は、砂漠を掘って造られた幅30メートルの水が張られた堀で、全長は4キロに及ぶ。自動車の利用を前提としたこのプロジェクトでは、宅地数の最大化に水景という仕掛けを組み合わせ、自然を作り出すことで収益性を高めている。ザ・レイクスは、米国でトップ10に入る住宅建設会社であるメリタージュ・ホームズが開発したもので、同社は自社による住宅開発と融資の両方から利益を得ている。2006年に着

ザ・フェアウェイズ住宅開発。カリフォルニア州、ビューモント（2015年時点）。

工したザ・レイクスであるが、15年後の時点で完成しているのは約4分の1である。これは主に、2007年から2008年にかけての大幅な建設過剰とその後の金融危機によるものである。その未完成のランドスケープと人造湖の立ち入り禁止区域は、非常にポスト・ソーシャル的な単純化されたリアリティーを構成している。

自然の構築

地域の複雑性を構成するもののほとんどは、「自然」ではなく人間の行動に関連しており、人為的なものとして解釈される場合が多い。住民の年齢、階級、人種、性的指向、宗教などの人的要因に加え、学校の質、騒音、道路、公共交通、公害、安全性などのすべてが動的に共存して、地域の環境を作り出す。このような複雑な条件によって投資が制限されることを克服する中で、人為的なものとして認識されている要素から、見せかけの自然への移行が生じる。

自然のイメージにより、普遍的な抽象化の好ましい形が金融資本主義に提供され、それはレクリエーション目的のレジャープログラムに並置される。地域特性という概念のもとで一括りにされた人間の社会的複雑性が取り除かれると、それは自然であるかのような見た目の代替品に置き換えられる。都市環境の邪悪さと自然の健全さのコントラストは広く認識されており、西洋文化では、少なくともエデンの園の純真さに対する人為的で都会的なアンチテーゼとしてのソドムとゴモラの物語にまで遡る。金融資本主義は、この二項対立を強化し、悪化させる。今日、自然は都市のあらゆるものを和らげる役割を果たしているが、それは構築され、管理された自然であり、

上：住宅分譲地を囲むゴルフコース。カリフォルニア州、コロナ（2015年時点）。

中央：カラノバ・ゴルフの集合住宅。スペイン、アンダルシア州、マラガ、ミハス（2014年時点）。

右：ゴルフを中心とした開発。スペイン、アンダルシア州、マラガ、ミハス（2014年時点）。

単純かつ単一の価値を提供する。本物の自然はダイナミックで複雑な生態で構成されているが、現代の不動産の構築された自然は、活力がなく単一的である。ゴルフコース内の自然では、ほとんどの社会生活が完全に排除される。近隣の森林に細長く入り込んだフロリダの住宅街は、森林の生態系に大きなダメージを与えながら、ありのままの自然としての体裁を維持している。タワーマンションは周囲にある自然主義的ランドスケープによって往来の激しい通りから遮断され、純粋さのイメージで包み込まれる。ポディウムの屋根には低木や人造湖があり、その上のマンション棟にとって楽園のような逃避先となっている。森林、ビーチ、湖、山はすべて明確なアイデンティティを資産に与え、住宅製品をポスト・ソーシャル的な資産として安定させる。

金融資本主義の建築において自然が大きな役割を果たしているのは驚くべきことではない。環境に対する国民の関心を利用したマーケティング戦略は現代生活の日常的な特徴であり、ときには「グリーンウォッシュ」（実

フェニックス大都市圏のザ・レイクス・アット・ランチョ・エル・ドラドの航空写真（2015年時点）。

態が伴わないのに環境に優しいことをウリにした商品やブランド）として非難を集めることもある。屋上緑化からリサイクル建材に至るまで、建築のエコロジー的主張は、環境上の有意義な利点の有無に関係なく、不動産のマーケティング戦略となっている場合が多い。

資本主義的な目的で自然を建築に導入するというのは昔から行われてきたことであり、金融資本主義の台頭とともに加速した。たとえばマンフレッド・タフーリは、ニューヨーク市のロックフェラー・センターの屋上庭園が、より多くの収益を得ることに的を絞って計画されたことについて詳述している。[14] ラインホールド・マーティンが指摘したように、実際には権力を伝えるために存在する建築が21世紀に「幸せで心地よい」ものとして認識されるようになっていく過程で、自然は中心的な役割を果たしてきた。[15] マーティンは、１９７０年代に米国で現れた、アトランタを拠点とする

ザ・レイクス・アット・ランチョ・エル・ドラドの人工のウォーターフロント（2015年時点）。

建築家兼ディベロッパーのジョン・ポートマンによるネオ・ナチュラリスト的アトリウムは、資本との関係から、建築に新たに自然を導入する前触れであったと主張する。「この新たな体制、つまりアトランタやサンフランシスコといった都市で発達し、世界中に輸出された新しい自然は、『鉢植え植物の体制』と呼ぶことができる」[16]。ポートマンによるサンフランシスコのハイアットホテルには、洞窟のようなアトリウムがあり、そこでは何千もの鉢植え植物からつるが垂れ下がっている。グローバルな旅行やビジネスのための屋内空間によって、建物の複雑な外観や街の中心部の公共空間は、資本主義の新しい自然に置き換えられ始めた。これは金融資本主義の枠組み（1971年の金本位制の廃止など）と並行して発達してきたことだが、1980年代から今日に至るまでの間にさらに普及した。この緑の空間は、商業オフィスやホテルのアトリウムから建築環境全般へと飛躍的に拡大すると、2010年代には高密度住宅や大規模な複合施設も覆うようになっていった。

建築家ステファノ・ボエリによる、ミラノのポルタ・ヌオーヴァ地区の一対の高級タワーマンション、ボスコ・ヴェルティカーレ（垂直の森）は、自然と高密度住宅市場の融合をはっきりと示すマイルストーンである。これら2棟の高層マンションは、高さが約76メートルと113メートルで、一連の奥行きのあるバルコニーには、800本の高木、1万5000本の多年草と地被植物、および5000本の低木が植えられている。ボエリ自身が述べているように、このプロジェクトは「樹木のための家であり、そこに人間や鳥も住めるようになっている」[17]。このプロジェクト以降、植物を前面に押し出した新規住宅プロジェクトが世界中で増えた。アムステルダムを拠点とするＵＮスタジオがコンペに勝利し、完成すればオーストラリアで最も高いビルになる予定のメルボルンのサウスバンク・バイ・ベウラのデザインは、建築家とディベロッパーが「グリーン・スパイン」と呼ぶものを中心に構成されている。この空間は、テラス状のベランダを垂直に積み重ねてひねったような構成となっており、これらのベランダは住戸の正面に配置されて高木や低木が植えられている。ボスコ・ヴェルティカーレの垂直の森と、パトリック・シューマッハが奨励するパラメトリックなスタイルが融合して、グリーンのアイコン建築が誕生したかのようだ。

サウスバンク・バイ・ベウラは、地域的な複雑性という感覚を模倣する人工的自然の極端な例だが、近年は同様のプロジェクトが多くの都市で竣工済みもしくは進行中である。デンマークの建築家ビャルケ・インゲルスによる分譲マンションビルのキング・トロントは、レンダリングで見ると低木に覆われた丘の斜面のようだ。バンクーバーで建設中のヘンリケス・パートナーズによるオークリッジ・センターでは、各住戸がプランターで囲まれている。２０１９年に竣工した台湾の台中にあるタワーマンションのザ・スカイ・グリーンはシンガポールを拠点とするＷＯＨＡによって設計されており、１本の木が植えられたいくつものプランターが住戸から片持ち梁で飛びだしている。金融資本の時代において、主要なプログラム要素として植物を組み込む住宅プロジェクトが増加している。

自然は、それ自体が金融化の重要な分野の一つである。政治生態学者のアレックス・ロフタスとウク・マルクは、「現時点における自然についての政治経済の真の特徴は、新自由主義への見

上：バンクーバーのタワーマンション、ザ・パリセーズの下部にある岩と滝（2020年時点）。

中央：バンクーバーのタワーマンション、ザ・ポイントの下部にある石組み（2020年時点）。

左：バンクーバーのタワーマンション、ザ・レジデンシズ・オン・ウェスト・ジョージアの下部にある林床（2020年時点）。

かけ上の移行や、資本主義的な社会関係の新たな段階ではなく、むしろ、今日の自然の生産に対する金融の影響の増大に見られる」と主張している。[18] 天候デリバティブから炭素取引に至るまで、自然は金融の活動範囲内により深く入り込んできている。しかし、自然が金融化される一方で、自然の美学が建築の金融化においても重要な役割を果たしているのだ。人工的なグリーンの外構、低木が並ぶポディウムの屋上、植栽テラスの背景として機能する垂直の壁……。これらはすべて複雑な外観を生み出すこととなり、建築の高度な流動性によって要求される単純化を緩和する。ボスコ・ヴェルティカーレは何よりもまず樹木のための家であると言ったボエリは、新しいタイプの金融化された樹木に無意識のうちに言及していたのだろうか。こうした樹木は、金融化された人間が建築に投資する際の流動性を提供するのに一役買っている。

ボエリ・スタジオによるボスコ・ヴェルティカーレ、イタリア、ミラノ（2014年時点）

眺望マシーン

金融資本主義では、眺望を重視した建築の役割が高まる。眺望は、資産クラスを形成しつつ、地域特性の強力なイメージを作り出す非社会的な属性である。眺望は物理的空間に行ってみないと分からない感覚的な経験ではあるものの、非物質的な傾向が強い。実際の時間と空間の中での触覚、嗅覚、聴覚、身体的動きなどと連動する社会的な経験とは異なり、眺望は単一の感覚的な経験である。肉体的な経験とはほとんど別個であるくらいに単純化された抽象的な経験となっており、ほとんどの場合、孤独の中で体験される。周辺環境の特徴との関係で見れば、この物理性の欠如ほどに抽象的な方法はない。眺望は自分がいる場所ではなく、周辺にあるものを見ることを前提としているため根本的に相関的なものだが、単一の感覚に依存しており、この単一性がその力の源泉である。このような非物理性から、眺望はかなり表現しやすい建築属性なのだ。「このマンションの3X号室からは、この写真通りの眺望を楽しめる」と言うのは可能だが、マンションの匂い、光などの環境要素を捉えることはほぼ不可能である。また、地域社会への関与を表現することも同様に難しい。その空間に物理的に住んでいなくても、写真やCGで表現された眺望によって、空間を体験できているという感覚が得られる。こうして眺望は、非物質的建築と、資産としての建築空間の商品化へと向かう金融資本主義の傾向を加速させる。流通や閲覧が簡単な画像によって、情報の標準化が促進される。上場企業の年次報告書とまったく同レベルの詳細情報が提供されるわけではないが、これらの報告書と同様に直接的体験なしで情報を得ることができる。

前景では、個々の人間の存在や植物の特徴といった特定の属性が鮮明に表現され、中景では、集団の社会行動や、植物、人間、建物など異なるものの組み合わせの詳細を強調することができる。しかし、金融資本主義では、このような眺めが関心を集めることはほとんどなく、むしろその先にある壮大な遠景、つまり崇高な眺めが好まれる。もちろん、ほとんどの住宅では必然的に稀少であるこの種の眺望は、特権や権力と結びつく。しかし、金融資本主義はさまざまな方法で崇高な眺望を増殖させる。「高級」マンションがどこにでもあるように思えるように、「眺望（ビュー）」もどこにでもあるようだ。シティー・ビュー、レイク・ビュー、ダウンタウン・ビュー、オーシャン・ビュー、歴史的街並みのビュー、リバー・ビュー、シティーライト・ビュー、パーク・ビューなど、ビューは無数に存在する。メンテナンスを最小限に抑え、セキュリティを強化するための戦略が開発のパターンや形状に影響を与えるように、眺望も同様の傾向を持っている。眺望のための要件は、建物の立地からその形態に至るまで、物理的な形に大きな影響を与える。シカゴを拠点とする建築家のゴードン・ギルは、セントラルパーク・タワーの設計ロジックを「ニューヨーク・マガジン」誌で次のように説明している。

誰もがセントラルパークの景色を見たいと思っていたが、私たちの目の前には大きな建物（220 セントラルパーク・サウス）があった。これは、劇場にいるときをイメージすると分かりやすい。席に座っている全員が同じようにステージを見ようとしたら、結局、誰も何も見えなくなってしまう。これを解決するには、座席をずらして配置する必要がある。店舗スペー

UNスタジオによるサウスバンク・バイ・ベウラ、メルボルン、オーストラリア(2018年案)。「グリーン・スパイン」のテラスを見上げるパース。

スをより良い位置に配置するためにタワーを中心からずらすと、素晴らしい眺望を正面もしくは斜めから捉える機会が生まれることが分かった。そのため、この建物は、約470メートルの高さまで東西南北の全方向において、互い違いの階段状になっている。この建物を遠くから見れば力強い雰囲気と安定感がある一方で、そこには躍動感もある。その背景にあるのは大げさなことではなく、すべてのアクティビティを管理することだった。[19]

金融的に良い生活？

金融資本主義は、レクリエーション、自然、眺望など、長年にわたる良い生活の概念を利用し、建築資産への投資を容易にする。金融資本主義が生産よりも投資を必然的に重視することと併せて考えると、非現実的な展望が見えてくる。そこでは誰もが投資家であり、すべてが資産であり、ゴルフをしたり、泳いだり、景色を眺めたり、シームレスなモバイルアプリで投資ポートフォリオを定期的に管理したりして人生を過ごすのだ。この遊びの風景（プレイスケープ）には、1960年代の「ホモ・ルーデンス」の楽観主義に重なる部分がある。そこではオランダ人アーティストでシチュアショニスト【訳注：「状況派」という意味で、社会、文化、政治、芸術の統一的な実践を呼びかけ試みた理論、集団。】のメンバーの一人であったコンスタント・ニーウウェンハイスの反資本主義都市「ニュー・バビロン」などのプロジェクトで見られるような「ルーデンス（遊び）」が称賛される。[20]もちろん、当時の集団的な急進主義は今ではまったく存在せず、快楽の追求だけが疎外されて残っている。2001年に美術史家のキャサリン・デ・ゼガーは次のように疑問を投げかけている。「想像上

WOHAによるザ・スカイ・グリーン、台湾、台中(2019年時点)。1本の木が植えられたいくつものプランターが分譲マンションの住戸から片持ち梁で飛びだしている。

の『ホモ・ルーデンス』は労働を行わない共同体に属しており、発明と行動の日常生活ではなく、余暇と消費の日常生活をもたらしていることを示しているようだ。そのような現実の中で、『ニュー・バビロン』は何を意味するのだろうか」と。[21] それ以降、金融資本主義はより顕著になり、それはもはや余暇と消費だけの問題には留まらない。

1900年に社会学者のゲオルク・ジンメルは、「貨幣はすべての具体的な内容から切り離されており、量としてのみ存在する。この事実は、貨幣と、貨幣にしか興味がない人々を無性格なものにする」と述べた。[22] 投資の拡大により、この無性格さがさらに強調されている。この無性格さこそがポスト・ソーシャルの極みなのかもしれない。このような状況下において建築には集合性がなく、新しい複雑性は各人ごとに経験される。

第6章

住宅用アバターと生活用サロゲート

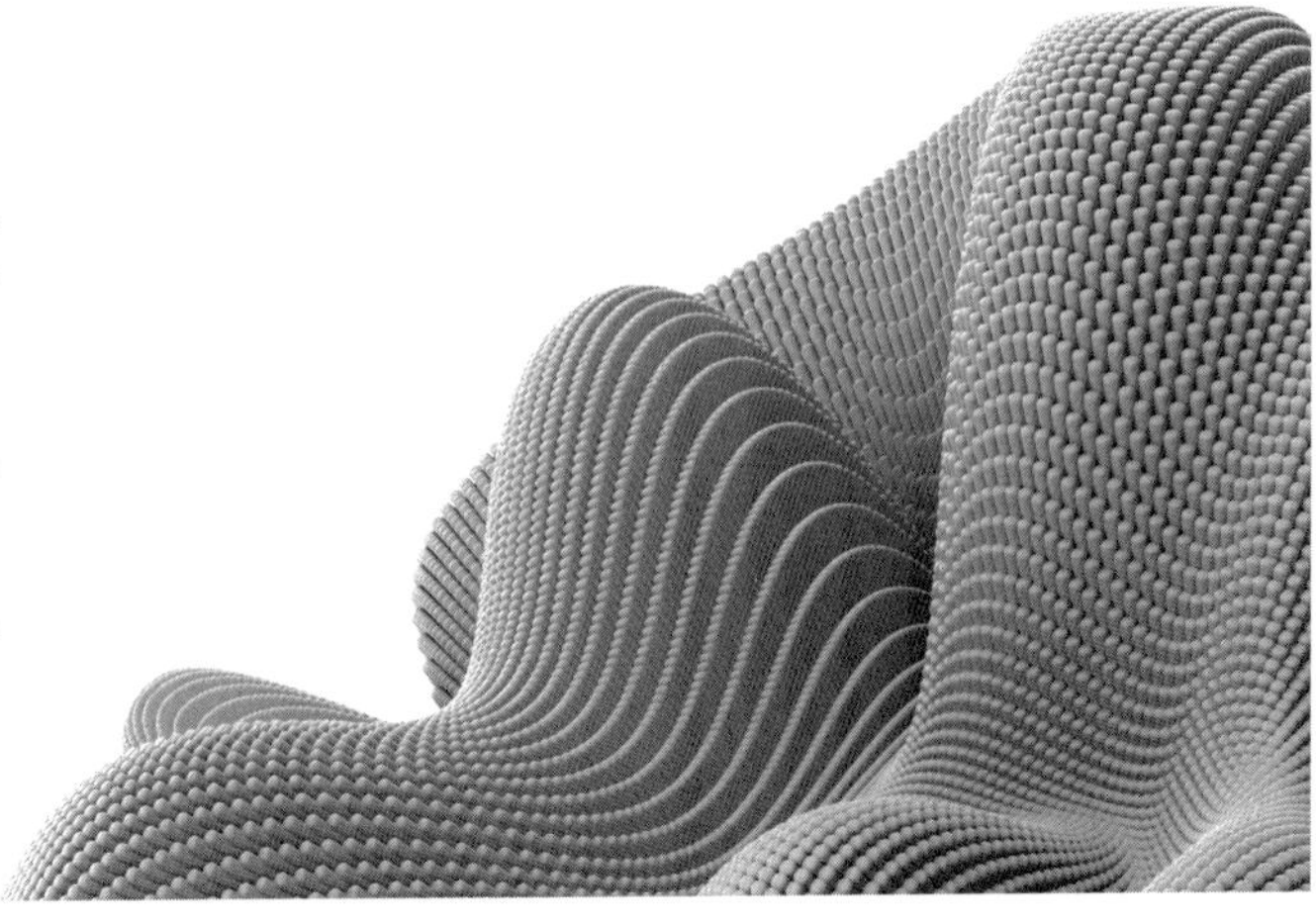

バンクーバー・ハウスは、ビャルケ・インゲルスが設計した高層マンションで、2019年に入居が開始された。このプロジェクトでは、住戸が販売されるごとに、貧困家庭へ寄贈するための家が一軒建てられる。発案者は「世界初の一対一の不動産寄贈モデル」と呼んでおり、この仕組みを通じて、プロジェクトの最初の入居募集時点で22万5000ドルの低層階のワンルームマンションから1500万ドルのペントハウスまで合計388戸の分譲マンション住戸が、カンボジアのスラムにおける簡素で小さな住宅群へと変換された。[1] バンクーバー・ハウスはマーケティング戦略として、オンデマンドで提供されるBMWの車両や、フェアモントホテルのコンシェルジュといった必須のラグジュアリーなサービスと同様に、この慈善活動計画にも力を入れていた。

国際的な不動産投資を引き寄せる世界の多くの都市と同様に、バンクーバーは21世紀初頭のかなりの時期において持続的かつ劇的な不動産価格の高騰を経験しており、その結果として、住宅の適正価格について大きな危機を招いた。2019年には、バンクーバーが世界で4番目に高価な住宅市場であることが報告された。[2] バンクーバーの住宅市場と地域経済との乖離が大きくなるのに伴い、高騰する住宅コストに一般市民の給料が追いつかず、バンクーバー中心部の分譲マンションの大部分は投資家によって購入されるようになった。投資家たちはそれらのマンションを賃貸に出して、一部の住戸は空き家のままで所有した。株式、債券、その他の歴史的に主要な資産を補完するものとして不動産に流れ込んでいるグローバルな資本にとって、バンクーバーは恰好の投資先になった。

バンクーバー・ハウスは新たなスーパープライムタワーの一つであり、世界の裕福な投資家を誘致することを明確に目的としたキャンペーンによって、こうした状況を悪化させている。多言語ウェブサイト、台北などの都市に設置された看板、アジアの主要都市に置かれた物理的な販売センターといったさまざまなツールやテクノロジーを通じて、グローバルに売り出されている。

住む彫刻を所有する

バンクーバー・ハウスのマーケティング・キャンペーンとプロモーション用のウェブサイトは、「住む彫刻を所有する20の理由」というリストに沿って構成されている。このリストで1番目の理由は建物のスーパープライム的ステータス、12番目の理由はBMW、16番目の理由は住宅寄贈プログラム、19番目の理由はオーシャン・ビューとマウンテン・ビューだった。「彫刻」という言葉は、インゲルスの強い自意識にもとづく形式主義的デザインを指しており、「住む」は、もちろん、この彫刻が実際には一連の住戸からなる建物であるという事実を示している。スーパープライムの原理が最優先されることは、この建物がステータス資産であると同時に投資手段でもあるという二重の論理を捉えている。しかし、スーパープライムの時代に金融資本主義の文脈で「住む彫刻」という表現を使用することは、危険な撞着語法（矛盾を含む表現の組み合わせ）なのではないだろうか。

「誰も悪者である必要はない」

スロベニアの哲学者スラヴォイ・ジジェクは、ポスト・ポリティカルな文化のさまざまな側面を説明する中で、歴史的に左派と結び付きの強い社会意識や活動が、どのように右派の資本主義的利害と融合するようになったかを論じている。以前は対立していたこのようなイデオロギーの突然変異により、「リベラル共産主義者」のような新種のキャラクターが作り出されており、彼らは「グローバル資本主義において事業家として成功しながら、それと同時に、反資本主義的な社会的責任や環境への配慮といった大義も支持する」という「二兎を得る」ことが可能であると主張する。[3]この左派と右派の統合において、リベラル共産主義者は熱心な慈善活動家であり、その慈善行為は圧倒的な搾取の文脈において隠れ蓑と倫理的な慰めを提供する。ジジェクは次のように述べている。

> リベラル共産主義者の倫理においては、無慈悲な利潤の追求は慈善活動によって中和される。慈善活動は策略の一部であり、その根底にある経済的搾取を隠すための、人道主義的な仮面である。先進国は発展途上国を（援助や融資などで）常に「支援」することで、第三世界の悲惨な状況に加担し、責任を負っているという深刻な問題を回避している。[4]

ビャルケ・インゲルス・グループ、バンクーバー・ハウス、バンクーバー、2020年。

ポスト・ポリティカルな時代において慈善活動は重要な役割を担っている。それは、一方の手で多くを獲得しながらもう一方の手で少しだけ返還するという方法である。包括的な自己利益のシステムを推進しながら、社会的責任を感じてより意義深いことを追求するという、誰もがうらやむようなウルトラ・ラグジュアリーを可能にする。ジジェクが言うように、この図式の中では「誰も悪者である必要はない」[5]のだ。

バンクーバー・ハウスでは、買主たちは、住宅価格の高騰により市外に追いやられている低・中所得層の住民に自身の投機活動が及ぼす影響について、過度な責任を感じることから解放される。そして、スーパープライム不動産の購入を可能にするそもそもの資産創出活動の後ろめたさが倫理的に分離されることで、彼らの感覚はさらに麻痺していく。結局のところ、買主たちは困っている人たちに家を寄贈しているのだ。バンクーバー・ハウスでは、一つの住戸が販売されるたびにリベラル共産主義者がポスト・ポリティカルな活動を実践しているのを目撃することができる。バンクーバー・ハウスの一対一の不動産寄贈モデルは必然的なものだった。このようなリベラル共産主義の倫理的アジェンダが、すべての取引や顧客層に適用されない理由はなぜなのか。現在そのようなアジェンダが高級不動産の領域内で機能しているのは驚くべきことではないが、それが入居と建築の役割に関する新たな概念を推進することになるという点については、あまり考えられていなかった。

慈善活動は資本主義において長い歴史があり、よく知られているように、最も有名な資本家たちの多くが多額の寄付を行っている。鉄鋼王のアンドリュー・カーネギーは巨万の富の大半を寄

バンクーバー・ハウスとの一対一の住宅寄贈プログラムの一環としてカンボジアに建てられた標準的な住宅のモデルを披露しているシド・ランドルト（左）とピーター・デュピュイ（右）、2015年撮影。

ワールド・ハウジングによって建てられた住宅プロジェクトのエリア内の様子、カンボジア、プノンペン、2017年。

ワールド・ハウジングによって建てられた住宅プロジェクト、カンボジア、プノンペン、2017年。

付して、カーネギー財団を設立した。ジョン・D・ロックフェラーは、今日のドルに換算して約100億ドルを寄付した。この種の大規模な慈善活動は今も続いており、ウォーレン・バフェットやビル&メリンダ・ゲイツ財団などが、さまざまな世界的課題に対して巨額の資金を注ぎ込んでいる。今日の世界有数の慈善家のリストは、世界で最も裕福な億万長者のリストとほぼ一致している。米国は慈善活動が最も盛んな国だが、政府による社会支援制度がより充実している国では、慈善活動の役割が小さくなる傾向がある。しかし、世界中で資本主義が過熱するのに伴って慈善活動の範囲と規模も拡大しており、さまざまな取引の際における「倫理的なチャンス」が増加しているようである。日常的な例としては、航空券を入手する際に購入できるカーボンオフセット・クレジットや、商品購入価格の0・5パーセントを慈善団体へ寄付するアマゾンスマイル（2023年に終了）などが挙げられる。米国に拠点を置くスーパーマーケットのホールフーズ（アマゾンの子会社）の一部の店舗では、マイバッグを持参した顧客には慈善活動の機会が与えられ、レジで「バッグを節約した分の金額を慈善団体に寄付しますか、もしくは払い戻しとして受け取りますか」と尋ねられる。この寄付金の一部は公営住宅に寄付される。

「ワン・フォー・ワン」と空間的慈善活動

南カリフォルニアに拠点を置き2006年に靴の販売を開始したトムスは、一足の靴が売れるごとに一足の靴を貧しい子どもたちに寄付することを約束した。2018年、トムスは「ワン・フォー・ワンにより、8600万足の新しい靴が貧しい子どもたちに贈られた」[6]とウェブサイトで公表した。この慈善活動は、同社のブランド・アイデンティティの大切な要素であり、同社の成功に欠かせないものである。トムスは「ワン・フォー・ワン」というフレーズの商標登録さえ行っている。世界最大級のプライベート・エクイティであるベインキャピタルが２０１４年にトムスの株式の50パーセントを取得し、多額の金融取引による「ワン・フォー・ワン」モデルへの支持を固めた。

バンクーバー・ハウスにおけるワン・フォー・ワンのモデルは、トムスを直接的に手本にしている。トムスの創業者であるブレイク・マイコスキーに偶然に出会ったピーター・デュピュイとシド・ランドルトは、その後、トムスのワン・フォー・ワンのモデルを高級不動産に適用することを決定した。バンクーバー・ハウスは、彼らの新会社ワールド・ハウジングの最初のプロジェクトとなった。ワールド・ハウジングが建設する寄贈用の住宅の価格は４０００ドルから６０００ドルで、バンクーバー・ハウスの分譲マンションの販売価格から見れば端数にすぎなかった。デュピュイによると、バンクーバー・ハウスでは「多額のマーケティング費用を節約」しながら投資家を誘致することが可能となり、ワン・フォー・ワン・プログラムは大成功に終わった[7]。分譲マンションの購入者の中には、カンボジアを訪れて、チャリティーの受取人に会って新しい家の鍵を直接に手渡した者もいた[8]。

トムスの商業的成功とは裏腹に、靴の寄贈プログラムは大きな批判を浴びた。トムスは、二つの別々の大学のグループに、彼らの無償の靴の影響に関する調査を２０１２年に委託した。これらの研究で明らかになったのは、トムスの無償の靴には意味のある恩恵はなく、むしろ自立よりも援助依存を助長する可能性を高めていることだった。[9] 元人権弁護士アマンダ・タウブは、「Vox」誌の2015年の有名な記事で、次のように宣言している。

トムスと、それに類似する他の多くの企業は、イエスマン的な（無批判に従う人々向けの）慈善活動を行っている。彼らは、彼ら自身が望むこと（流行の高価なアクセサリーを私たちに購入させる）を実現するために、私たちにとって聞き心地のよいことを伝えている。決して、私たちが望むこと（私たちが購入した商品によって世界でできる限り良いことが行われる）を実現するために、私たちが聞く必要があることを伝えているのではない。[10]

この批判に対応するためか、トムスは2019年に寄贈モデルを修正した。現在では、顧客は目的を選択できるようになり、資金は銃犯罪の撲滅といった特定の問題に取り組む非営利団体に振り向けられるようになった。ただ、靴の寄贈も選択肢としては残っている。

トムスの慈善事業モデルを活用しているワールド・ハウジングにとっても、この種の検証を適用するのは合理的なことであり、ワールド・ハウジングが同様の問題を抱えている可能性は高い。ただ、靴を無償で配ることと、家を無償で配ることとはまったく異なっている。後者は空間的なものであり、住宅に関わるすべての社会文化的な属性が含まれるため、ワン・フォー・ワンの空間的スキームには、マーケティング上のギミック以上に、何らかの建築的または都市的な重要性があるかもしれない。ジジェクは、「リベラル共産主義者の究極の夢は、目に触れない第三世界の搾取工場に労働者階級全体を輸出することである」と述べている。[11]

バンクーバー・ハウスのスキームは、独自の方法でこのような輸出を加速させる。標準的な慈善活動とは異なり、ワン・フォー・ワンのような寄贈を空間を対象として行うと、階級ごとに住む場所が決まるというように、地理的な分断が大きくなっていく。バンクーバーでスーパープライムの高層ビルが増加するのに伴って、市内からは低所得者が追い出され、同時に地球の裏側では別の貧困層のために空間が作られる。バンクーバーの労働者階級がカンボジアに移住するわけではないが、バンクーバー・ハウスで示された方向性はカンボジアへの移住とそれほど異なるものではない。労働者を目にすることがなくなった世界中のバンクーバーのような都市は、一見フリクションレスな（摩擦的な要因のない）資本によって、隔離された土地へと変貌している。そこには世界的な投資家階級の建物だけが存在する。すべての労働と苦悩はスラムに隠される。結局のところ、カール・マルクスが産業プロレタリアートと呼んだ人々の大部分は、現在、世界で最も発展を遂げた国々の外側に住んでいる。[12] バンクーバー・ハウスの広告資料には、「住人にとっての市民権の意味は……プロジェクトの壁を超え、カナダの国境さえも超える」と書かれている。

米国の歴史家マイク・デイヴィスは、２００６年の著書『スラムの惑星』（酒井隆史監訳、篠原雅武、丸山里美訳、明石書店、２０１０年）で「構造調整、通貨切り下げ、国家の歳出削減を背景とした都市の急速な成長により、必然的にスラムが大量生産されている」と主張した。[13] スラムの居住環境とは国連の定義によると、耐久性のある住宅、十分な居住空間、安全な水へのアクセス、適切な衛生設備へのアクセス、立ち退きを強制されないための居住権の保障のうち、どれか一つでも欠いている世帯に存在するものである。[14] 国連の2001年の統計によると、世界の都市人口の31・6パーセントにあたる10億人弱がスラムに住んでいた。[15] スラムの人口に関する正確な統計をとることはほぼ不可能だが、2003年に発行された国連による最初の「スラムに関するグローバルアセスメント」では、「スラムの人口が1990年代に大幅に増加したのはほぼ確実である。さらに、断固とした具体的なアクションがとられなければ、次の30年間で世界のスラム人口は約20億人に増加すると予測される」と述べられている。[16] この報告書の2010年の改訂版の内容はより楽観的なもので、世界のスラム人口の絶対数は増加したが、都市人口に占める割合は減少しており、スラムの拡大を抑制する取り組みが前向きな結果をもたらしていると報告されている。[17]

スラムの拡大の理由は多岐にわたり複雑だが、それが金融資本主義の台頭とともに起こったということは認識すべきである。マイク・デイヴィスが指摘しているように、スラムの機能と密接に関係している非公式経済（政府が実体を把握できない違法な経済活動を含む）は、自由化の直接的な結果として台頭してきたと国連の報告書では明確に宣言されている。[18] デイヴィスの見解では、さまざまな規模での富裕層だけのための居住区（ゲーティッド・コミュニティからドバイのような都市国家全体まで）の建設を推進しているものは、じつはスラムの大規模な増殖を引き起こしているものでもある。つまり、規制緩和と民営化という新自由主義的政策と、トマ・ピケティが言う格差の拡大を後押しする金融資本主義的な活動によって、富裕層が投機的な富の保管場所を建設することが可能になった。しかしその一方で、貧困層は取り残されている。ニューヨークやバンクーバーのスーパープライム高層ビルは、ナイロビやメキシコシティのスラムと表裏一体の関係にあるのだ。

巨大なカーテンとしてのバンクーバー・ハウス

ビャルケ・インゲルスによれば、私たちはバンクーバー・ハウスを「巨大なカーテンとして考えるべきであり、そのカーテンが開かれるのは、バンクーバーに世界を、そして世界にバンクーバーを披露する瞬間である」[19]という。マジシャンのハリー・フーディーニには、カーテンを使った有名な「変身」というトリックがあった。フーディーニの妻のベスは、箱の中で縛り付けられたフーディーニの周りにカーテンを引き、手を3回叩く。3回目の手を叩く音とともにフーディーニがカーテンを開けて姿を現し、その瞬間、妻が消えたことに気づいて聴衆は驚愕する。そして、箱が開けられると、中で縛られていたのは彼女であったことがわかる。このトリックは、より専門的には「置換トリック」と呼ばれるものである。バンクーバー・ハウスの倫理戦略におけるイリュージョンも似たような置換トリックであり、小さな慈善によって大きな搾取を隠蔽しているのだ。

バンクーバー・ハウスの形状はこの置換に影響を及ぼしているのだろうか。フーディーニのトリックにおけるカーテンは、置換を行うために必要なカバーとして機能する。建築の形状はここではどのようなカバーとして機能しているのだろうか。この頭でっかちな建物では、下層では三角形の平面が、上層では長方形の平面に変化する。この変形によって、最上階（もっとも高価で収益性が高い）の床面積が増えているのだ。この建物の彫刻的ダイナミズムは収益性を高めると同時に、居住による活気が欠如しているという事実を覆い隠している。この建物が既存のパターン通りに使われる場合には、普通に居住される可能性が最も高い、より手頃な価格の住戸の数は、建物の形状自体によって最小限に抑えられている。一方で、上層の住戸は所有されながらもほとんどの期間において人が住むことはない。それは活力を装ったデッドスペースであり、さまよい歩くゾンビのようなものである。

ワールド・ハウジングが建設したスラム住宅には人が住んでおり、バンクーバー・ハウスはおそらく空き家が多い（所有されているがほとんど利用されていない）状態になるだろう。貧困と労働者階級を目に見えない場所に輸出するというワン・フォー・ワン寄贈モデルの夢において、倒錯的な側面が見てとれる。この拡大された輸出には、身体的な家庭生活そのものも含められる。労働者階級の輸出はこの夢の一つの側面にすぎず、バンクーバー・ハウスが示しているのは、建築における使用価値に関わる伝統的概念、つまりシェルター機能の提供という概念も、その夢の中に含まれているということだ。この観点では、シェルター機能は貧しい人のためのものであり、通常の身体的居住のための実際の住居は労働者階級的アナクロニズムということになる。「住む（living）」と「彫刻（sculpture）」という言葉の組み合わせは、置換トリックのこの側面を強調する。いわゆる芸術として考えられているもの、つまり平凡な「彫刻」が、物言わぬ投資ツールに「住む」という体裁を提供する。そして投資はバンクーバーで行われるが、実際の生活は遠く離れたカンボジアのスラムで行われる。

マイク・デイヴィスが書いているように、「1980年以来……非公式経済が猛烈な勢いで戻ってきて、都市と居住における周縁性の問題は、反論の余地のない圧倒的なものになった」[20]。デイヴィスは、その結果として疎外された人々を「余剰人類」として概念化している。バンクーバー・ハウスは、この余剰人類を支援しているようにも見えるが、実際には、超富裕層が自らの存在と拡大を支援するシステムを継続しながら、自身の道徳的自意識を強化するための倫理的活力の源泉として余剰人類を維持している。建物のダイナミックで幻想的な物理的形状は、この余剰人類の源泉と連動して、独自の「住まい」を作り出す。それぞれが独自の置換トリックを実行して「住まい」を別のものに置き換えている。ここでマルクスの言葉を思い出さざるを得ない。「資本とは死んだ労働であり、生きた労働を吸収することによってのみ吸血鬼のように活気づき、また吸収の量に応じてますます活気づく」[21]。

秘密と仲介者

バンクーバー・ハウスの住戸の中でもより高価なものを購入するような投資家層は、ダミー会社や複数の仲介業者を利用するといった方法で身元を隠して全容を分かりにくくするなど、自分たちの行動を隠蔽するための手法を用いることがよくある[22]。法人、トラスト、またはリミテッド・パートナーシップ【訳注：米国などで認められている企業形態で、無限責任を負うゼネラル・パートナーと有限責任のリミテッド・パートナーによって組織される】を介した不動産の購入は、所有者の正体を隠すのによく使われる便利な方法である。たとえば、米国では、合同会社（ＬＬＣ）が高額な不動産購入のためのダミー会社として広く利用されている[23]。ダミー会社は仲介ネットワークと並行して機能することで、超富裕層を不動産所有に関わる煩雑さから解放する。これらの仲介業者には、コンサルタント、弁護士、ファンドマネージャー、格付会社、監査法人といった商行為の代理人が含まれる[24]。英国の社会学者で政治経済学者のウィリアム・デイヴィスは、都市の不動産業界における仲介業者の役割を探求する文章の中で、「単純な財産権（事実上、政治的で規範的にならざるを得ない）を一連の関連会社に変換することは、公的説明責任を回避し、とりわけ課税を逃れる手段である」と述べている。[25] 金融資本主義的な建築は地域の特殊性から逃れようとする一般的な傾向があり、このような保護戦略はその甚だしい例である。それは極端なポスト・ソーシャル的単純化だと言える。

デイヴィスによれば、富裕層の投資家たちは仲介業者を利用することで、「公共の関心事や論争に関与せずに済むような代理形態を求めている。それは、発言の権利が求められる民主的な代理形態というよりも、退場の権利を確保する委任の形態である」。[26] スーパープライムのタワーマンションには物理的に人がほとんど住んでいないだけでなく、主体が存在しないという状態は所有権そのものにまで及んでいる。このようにして、スーパープライムのタワーマンションは、不在でありながら存在するという複数のパラドックスを生み出す。所有されていながら誰も住んでおらず、まるで匿名で保持されているトロフィーのようなものである。仲介業者は、退場を容易にする霊媒師とでもいうような役割を果たしている。ここでの「退場」とは、まったく新しい金融資本主義のダイナミズムを可能にする多方向の「退場」であり、アバター建築とでもいうべき建築とアーバニズムにもとづくものである。超富裕層はこのような環境において、常に居住しているわけではない建物に簡単に出入りすることができる。スーパープライム不動産のダミー会社と仲介業者はポスト・ポリティクスの一つの形態である。そもそも「政治」（politics）とは「都市（polis）の事柄」を意味しているし、ポスト・ポリティクスの最も強力な形の一つは、建築空間と都市空間で見られる。

慈善的都市開発

興味深いことに、ワン・フォー・ワン住宅寄贈プログラムは、都市開発政策が倒錯的に派生したものであり、1990年代後半にバンクーバーが先駆けとなって現在では世界中の多くの超高級アバター都市で見られるようになったものである。バンクーバーの開発には、多くの空間金融取引が組み込まれており、民間の開発による地域社会への利益を利用することを目的としている。1992年に始まった開発費賦課金（DCL）は、バンクーバー市内のすべての開発に適用される単位面積当たりの定額手数料である。1999年に始まったコミュニティ・アメニティ寄付金（CAC）は、区画整理を伴う開発にのみ適用される。どちらもディベロッパーから現金または現物で資金を受け取り、それを図書館、保育施設、パブリックアートなどの地域施設に充てる。2010年から2017年にかけて、CACからの最大の割当金は低所得者向けの住宅に充てられた。[27] その結果、「ここの中層の建物があちらに見える新しい公園を支援する」といったような、寄付する側と受け取る側の敷地を結ぶ緊密な空間金融ネットワークが市内に誕生した。寄付金は、寄付者の開発用地内の施設（マンションの低層部に設けられた公共のアートギャラリーなど）に直接的に資金提供される場合もあれば、街の反対側に位置する特定のものに提供される場合もある。多くの場合、複数の開発から提供された現金は一旦プールされ、後日に利用される。

「バンクーバーの高級住宅の新たな指標」として宣伝された「8X・オン・ザ・パーク」という

名前の新しいタワーマンションは、通りの向かいにある公営住宅プロジェクトに２０００万ドルを寄付した。[28] しかし、このようなシナリオにおける寄付する側と受け取る側の関係については、公然とは宣伝されないように配慮されていることが多い。ほとんどのＤＣＬおよびＣＡＣのシナリオでは、寄付する側のプロジェクトと受け取る側のプロジェクトが同じ敷地の構成要素である場合を除き、その関係を突き止めることは難しい。いずれにしてもこのプロセスは、公営住宅の実質的民営化に向けて機能していると言える。ディベロッパーには必要な利益を保証し、進行中の分譲マンション開発を通じて行政がその政策目的を達成するという、見かけ上は倫理的な資本主義的スキームにおいて実行されている。[29]

バンクーバー・ハウスの分譲マンションの各投資家は、裕福な国と貧しい国の間の格差を維持するだけでなく、おそらくそれを拡大させるワン・フォー・ワン寄贈プログラムという手法を通して道徳的に保護されている。その一方で、バンクーバーのような都市の中における開発慈善活動は、そのようなダイナミクスを加速させるものとして理解できる。住みやすさを向上させるバンクーバーのアメニティ（パブリックアート、保育施設、公園など）も住みやすさ指数のランキングを上げ、国際資本を惹きつける都市としてのバンクーバーの名声を高めている。やや逆説的ではあるが、このような国際資本が不動産価格の高騰を促しており、多くの人々がバンクーバーに住むことを諦めざるを得なくなった。ディベロッパーのウェストバンクは、バンクーバー・ハウスと他の三つの建物によるパブリックアートのための開発寄付金を取りまとめて、バンクーバー・ハウスの真横の橋に吊るされている３５０万ドルの彫刻の代金を支払った。ロドニー・グラハムによって製作された「スピニング・シャンデリア」は、フランスのあるシャンデリアを拡大して再現したもので、重さは3200キロ以上である。街のアトラクションとなっており、1日に2回、点灯、降下、回転する。言うまでもなく、住宅価格とホームレス問題に悩まされている都市において、このシャンデリアは論争の的となった。自意識過剰なスーパープライムタワーの周辺環境に変化をもたらすことを目的とした贅沢な美的表現であり、そのために、社会全般の利益になることを意図しているはずの行政の仕組みを利用しているという批判があったのだ。本来であればバンクーバー市内における慈善活動は、世界的な投資資本の基準に合わせて都市体験を変革し、安全で環境に優しく、住みやすい、そして最終的には害のない光景を作り出すはずだ。バンクーバー・ハウスの場合、それはあまりにも厚顔無恥で、パロディに近いものである。バンクーバー・ハウスは、地元においい

ロドニー・グラハム作、「スピニング・シャンデリア」、バンクーバー、2019年。4.25メートル × 6.4メートルの18世紀のシャンデリアを再現したこの作品は、バンクーバー・ハウスに隣接するグランビル橋から吊り下げられている。

ては無難なアメニティへの寄付を行い、地球の裏側ではそれほど高級ではないもので貢献をしている。

アバターとサロゲート

バンクーバー・ハウスのワン・フォー・ワン寄贈プログラムは、現代資本が奨励する倫理的な和解の最前線としてみれば、期待はずれの展開である。しかしながら、新自由主義的な過剰さを伴う金融資本主義的建築を冷静に評価すると、そこではフィクションよりも奇妙な現実が明らかになる。大規模な過剰建築が常態化し、成長と衰退が重なり合い、所有された空き家が蔓延し、市場における振れ幅であるボラティリティが地域社会を不安定化している。この超現実的な視点からみれば、すべてはフィクションのようだ。おそらく今日のフィクションの最も重要なカテゴリーは、金融フィクション（financial fiction）、つまりfi-fiとでも呼ぶべきものであろう。私たちの現実を形成する金融フィクションにおいては、バンクーバー・ハウスのフーディーニのようなイリュージョン（嘘）が問題であるだけでなく、ディストピア的フィクションを助長している。すなわち、このフィクションでは、二つの都市が連動して存在している。立派に建設されているがほとんど誰も住んでいない少数のスーパープライム都市（アバター）と、遠く離れた、実際に生活が営まれている多数のスラム都市（サロゲート）だ。バンクーバー・ハウスのような建物は、裕福な投資家にとって、息を吹き込まれる可能性を備えたアバター（キャラクターもしくはアイコン）のようなものである。霊媒師のような仲介業者たちが雇われ、秘密の「アニメーション」が定期的に生じるアバター建造物のネットワークを維持している。これらのアバターたちが「最もふさわしい地域で」仮死状態でいる間、サロゲートで現実の生活が送られている。バンクーバー、マンハッタン、メルボルンといった場所は、ナイロビのキベラ、ムンバイのダラビとは対照的に、華々しく栄えている。大多数の人類がいまだに非常に人間的である一方で、超富裕層は空間的儀式を行って空間と時間を克服しようとしている。

第7章

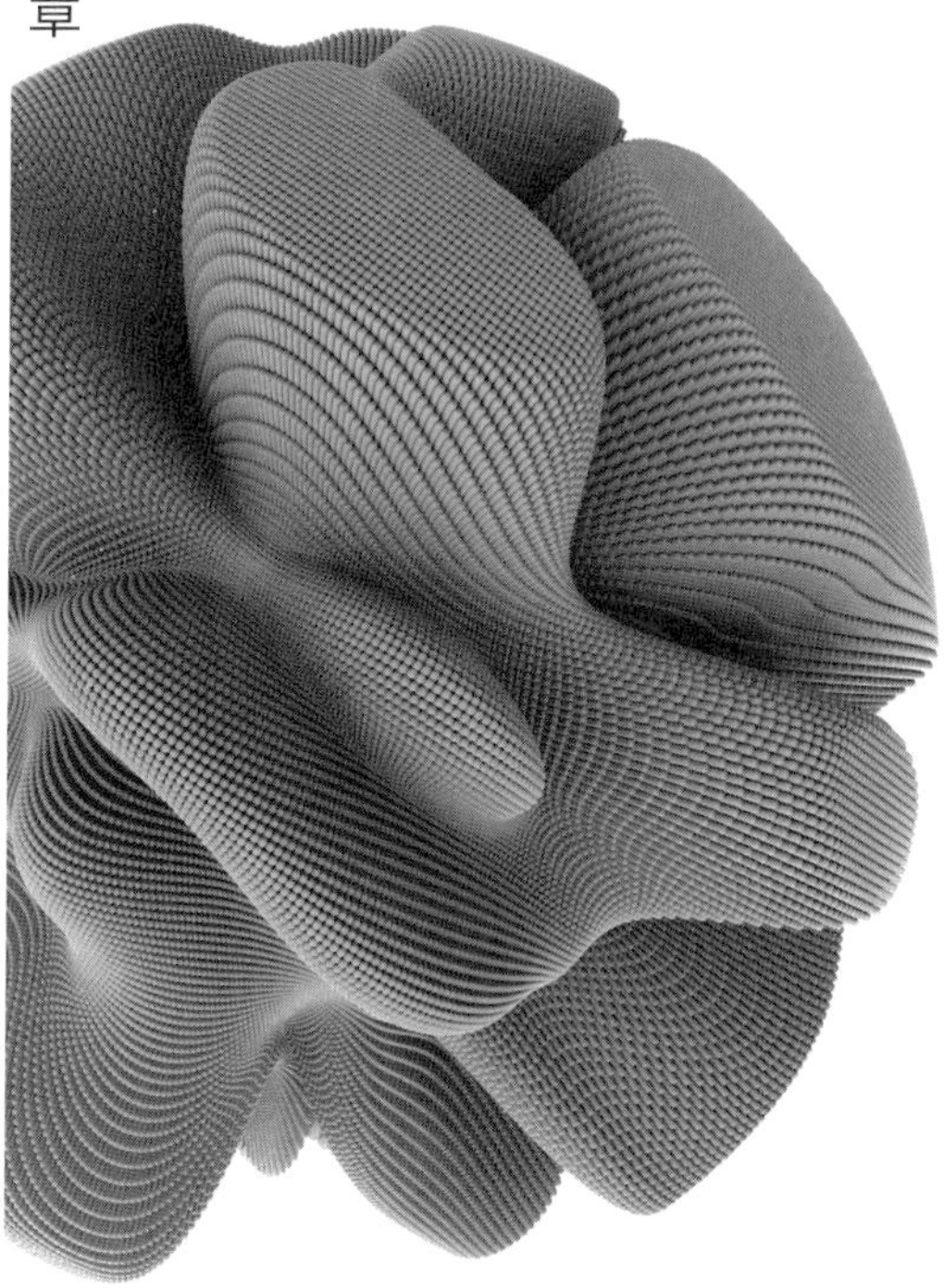

不変のオブジェ

金融資本主義建築の特徴をよく表しているものとして、あまり利用されていない極細タワーマンションが挙げられる。マンハッタンのミッドタウンにある432パーク・アベニューはニューヨーク市を拠点とする建築家ラファエル・ヴィニオリによって設計されており、この現象を完璧に体現しているプロジェクトだ。壮大なプロポーションを持つ432パーク・アベニューは一貫して正方形とグリッドで構成されており、トランス・ヒューマンの象徴として捉えられる。この建物は、金融資本主義に内在する精神性に捧げられており、新しい形のモニュメントだと言える。

432パーク・アベニュー

432パーク・アベニューは、平面上では28・5メートル×28・5メートルの正方形で、階数は85、屋根の高さは426メートル、塔状比は15となっている。極細で、非常に純粋な形状の建物である。高層ビルは一般的に、ポディウムや拡張した低層部、あるいは材質の変化といった特定の形で地面に接する。また、その上部は先細ったり、尖ったり、帽子のような形になっているなど、独特の形で空に向かっていることが多い。432パーク・アベニューでは、このようなことは、何ひとつ行われていないようである。[1] それは、完璧な正方形の接地面をそのまま純粋に85階分の高さまで垂直に押し上げたもので、地面と接するのとまったく同じように空と接している。建物の形は、厳密にどこで始まりどこで終わるのかということにはまったく無関心であるようだ。ひっくり返しても、永遠に伸ばしても、何も変わることはないだろう。そして、10平方メートルの巨大な正方形の窓が格子状に並べられたまったく同一の四つの立面が、この基本的な造形的特徴を増幅させている。見た目の唯一の変化といえば、この細長い建物が七つの垂直の区画にさりげなく分割されていることであり、その分割は連続したコンクリートのグリッドの奥にある建物のコアを露出させたスペースによって行われている。最下層の区画にはスタッフ用宿泊施設、会議施設、スイミングプール、ワインセラーといった分譲マンションの所有者向けの設備が配置されており、上の六つの区画はすべて分譲マンションになっている。こうしたプログラムの違いを外観から判断することはできない。

33平方メートルのワンルームマンションから740平方メートル強の広さでワンフロア全体を占めるマンションに至るまで、この建物には104の住戸がある。販売データを追跡するニューヨークの不動産ウェブサイトCityRealtyによると、432パーク・アベニューで販売された住戸の平均価格は5万9200ドル／平方メートル以上で、[2] 建物全体の成約販売額の合計は20億ドルを超える。一般的に不動産の所有権は不明瞭であり、特にスーパープライムビルは秘匿性が高いために入居率に関する正確なデータを取得することは困難だが、どの報告書においても、432パーク・アベニューには、ほとんどの期間においてほぼ誰も住んでいないようである。[3]

ラファエル・ヴィニオリ・アーキテクツの432 パーク・アベニュー、ニューヨーク市、2015年。

タワー（塔）と居住に関する略史

特定の住宅市場におけるタワーマンションの空き家率は未だかつてないもののように思えるが、近代以前において、シェルター機能を提供するものとしては、タワーはほとんど考えられていなかったということを思い出しておくべきだろう。初期のタワーは、ある程度の身体的な居住には対応していたが、意味のある形で人間の居住を目的としたものではなく、むしろ、せいぜい短期間かつ断続的な入居に対応できる機能を果たしたり、あるいは単に無形の人間的ニーズを満たすようにしか設計されていなかった。たとえば、現在の考古学理論では、世界初の高層ビルとも呼ばれる「エリコの塔」は、長らく信じられていたような防御目的の監視塔ではなく、むしろ垂直にそびえる権力の象徴であったことが示唆されている。「新石器時代初期のエリコの人々を、周辺の環境、さらには宇宙」と結ぶ天空の標識として建設されたのだ。[4]「沈黙の塔」は9世紀にゾロアスター教徒が死骸を昇華させるためにペルシャに建てたものであり、肉体的存在と非物質的な死後の世界との間の橋渡しとして機能していた。「アイルランドの円塔」の目的については議論がなされており、望楼や鐘楼から王室の礼拝堂に至るまでさまざまな説がある。中世のボローニャには100以上の塔があったと考えられており、中には60メートルに達するものもあり、塔を建てた家族を守ると同時に塔の所有者の社会的威信を示していた可能性がある。これらの例が示すように、前近代の塔の歴史においては、一方では富の表現と保護、他方では精神的媒介という二つの絡み合った機能が支配的であった。

19世紀にはシカゴとニューヨークを起源として、人が入居できるシェルター機能を備えたタワ

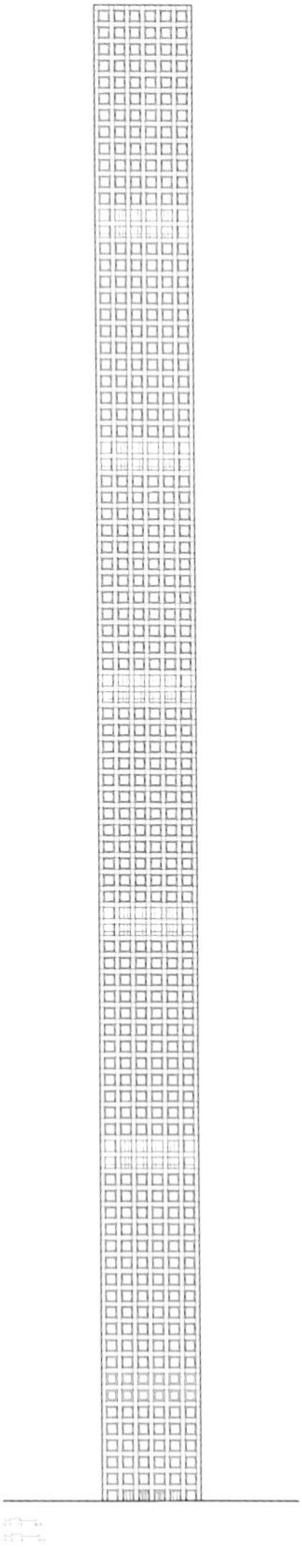

ラファエル・ヴィニオリ・アーキテクツの432 パーク・アベニュー、立面図。

ーが普及した。このようなタワーが世界の都市化の大部分において多数派の存在になったのは、産業資本主義が完全に定着してからのことである。人が居住できるタワーは新しい形と役割を持つようになり、利益の指数関数的な増加を求めて地面を複製するという資本主義独特の機能を果たすようになったのだ。初期の米国の高層ビルの多くは、ゴシック様式の大聖堂に倣った意匠になっていた。このことから分かるように、初期の塔の役割は、資本主義的装置としての高層ビルの暗黙の精神性を強化し、物質世界と非物質世界の間の媒体となることであった。1912年の完成から17年の間、世界で最も高い建物だったネオゴシック様式のウールワース・ビルは「商業の大聖堂」と呼ばれていた。このような産業資本主義の司令塔のような高層ビルにより、膨大な数の人々を収容するために垂直構造を用いるということが標準化されていった。そして、当初は主に企業の労働空間のためであった垂直に伸びるシェルターには、最終的には住居も収まるようになっていった。

1980年代に始まった規制緩和、民営化、市場自由化の時代においては、西側の主要な経済様式として金融資本主義が産業資本主義を追い越し、人体と物理的居住という建築における中心的かつ絶対的な課題が退けられた。人が入居するタワーが産業資本主義によって台頭したのと同様に、金融資本主義によって、シェルター機能を持たない、人が入居していないタワーへの回帰が起きたといえる。しかし、初期のタワーは意図的にまばらな、あるいは断続的な入居を目的としていたのに対し、金融資本主義の新しい無人のタワーは住居を装っている。このような「脱住宅的」住宅は、金融資本主義から派生しているとともに、資本主義の肉体からの離脱、つまり精

左：アイルランドのアードモアにある「アイルランドの円塔」のイラスト。ヘンリー・オブライエン著「アイルランドの円塔（トゥアハ・デ・ダナーンの歴史）」（1898年）より。

中央：ゾロアスター教の「沈黙の塔」の概念的イラスト。エドワード・アイヴズ著「イギリスからインドへの航海」（1773年）より。

下：トニ・ペコラーロ、中世ボローニャの概念的イラスト、エッチング、2012年。

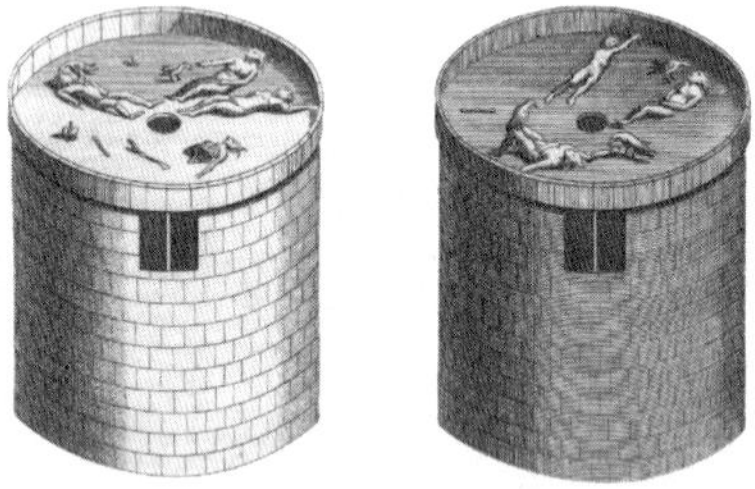

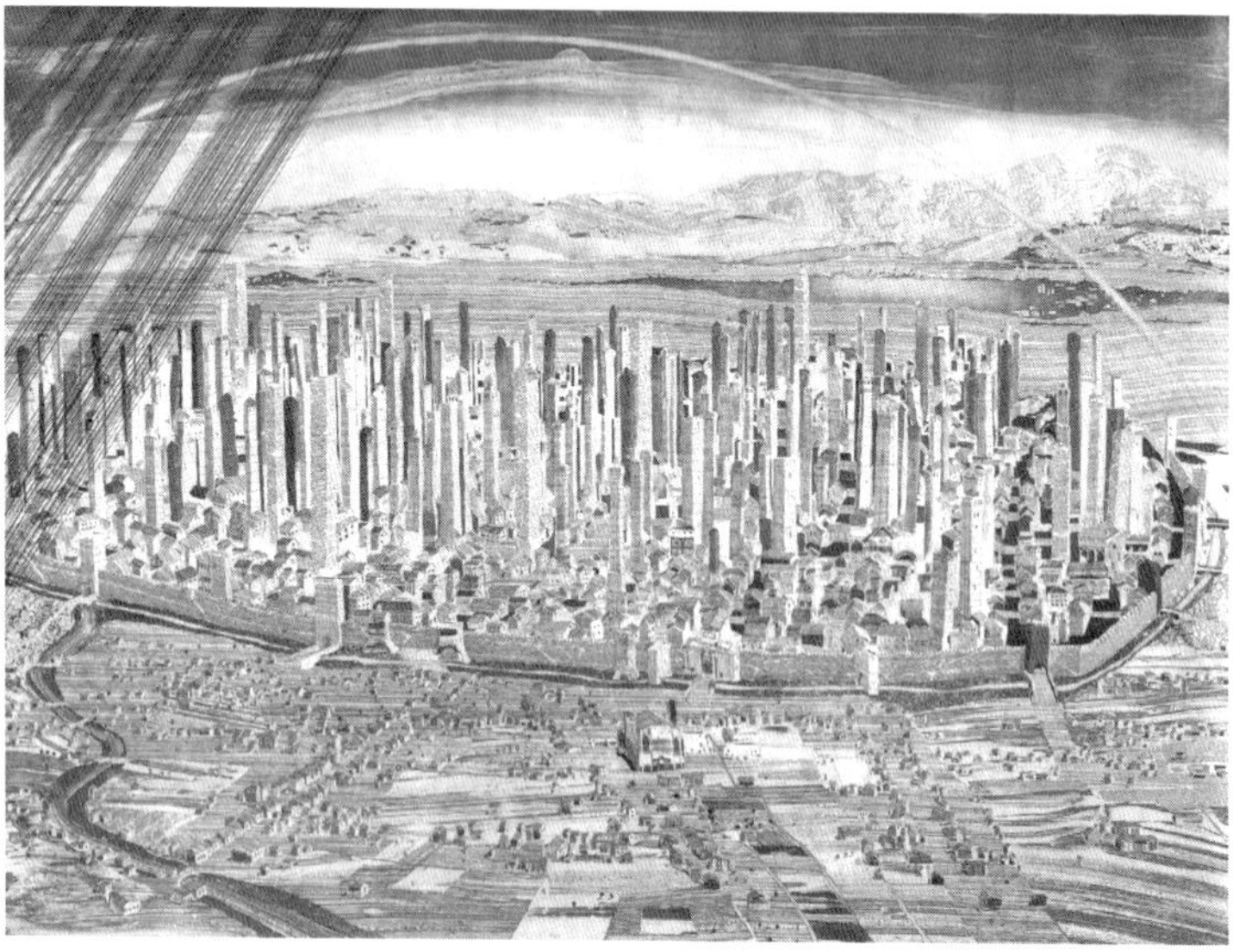

神的資本主義とでもいうべきものへの移行を示すものとして捉えることもできる。

現代資本主義と肉体からの離脱

金融、保険、不動産の市場が相互に関連した経済は、現代資本主義において中心的な地位を占めており、それに匹敵するのはテクノロジー業界のみである。違いはあるものの、これらの支配的な市場領域に共通しているものは、現代資本のイデオロギーを示すバロメーターである。つまり、どちらも資本蓄積のための活動において、肉体からの離脱に向けた同じような軌道を辿っている。

シリコンバレーの非物質化された世界観は、それがトランス・ヒューマニズム、つまり人間の能力を劇的に向上させるテクノロジーによって人間の状態を変える運動を提唱していることから最もよく理解できる。英国生まれの哲学者で未来学者のマックス・モアは、1990年に現代的な意味での「トランス・ヒューマニズム」の最初の定義を提供したことで知られている。[5]

トランス・ヒューマニズムは、人の生命の性質や可能性の劇的な変化を認識して先取りするという点でヒューマニズムとは異なっている。このような変化は、神経科学や神経薬理学、寿命の延長、ナノテクノロジー、人工超知能、宇宙居住といったさまざまな科学やテクノロジーと、合理的な哲学や価値体系の組み合わせから生じる。[6]

トランス・ヒューマニズムには、ポスト・ヒューマニズムとの類似点もあるが、これら二つの主張は著しく異なっている。ポスト・ヒューマニズムにはさまざまな主張が組み込まれているが、ヒューマニズムとそれに関連する人間性の概念、人間の性質、人間の状態に関するクリティカルな評価が強調される傾向がある。ニューヨークを拠点とする哲学者フランチェスカ・フェランドによれば、「ポスト・ヒューマニズムは、ポストモダニズムから派生したものだが、トランス・ヒューマニズムは科学技術、特に人類の進化に関する初期の考え方にその起源がある……。生体のような単一システム内での存在という概念が多様性と多重性に置き換わることを示している」[7]。

現在ではこのような考え方が主流となっており、企業権力の中枢にいる人々によって広められている。テスラとスペースXのCEOであるイーロン・マスクや、グーグルでエンジニアリング部門のディレクターを務めているレイ・カーツワイルなど、世界最大手のテクノロジー企業のリーダーたちは、かつてマイナーだったさまざまなSFファンタジーを召喚し、来たるべき人類の変化を告げている。人間と機械の融合によって不死が現実世界でも可能になると断言するカーツワイルは、「私たちは病気と老化を克服できるようになり、私たちの思考のほとんどは非生物学的なものになるだろう。……そして私たちは寿命を無限に延ばすことができるようになるだろう」と述べている[8]。

トランス・ヒューマニストによれば、超高性能のナノテクノロジーが不可避的に体内に組み込まれてしまえば、無呼吸で15分間も全力疾走したり、何時間も水中に潜ったり、吹雪の屋外で体を保護するものなしで眠ることが可能になるかもしれないそうだ。しかし、そのような変化です

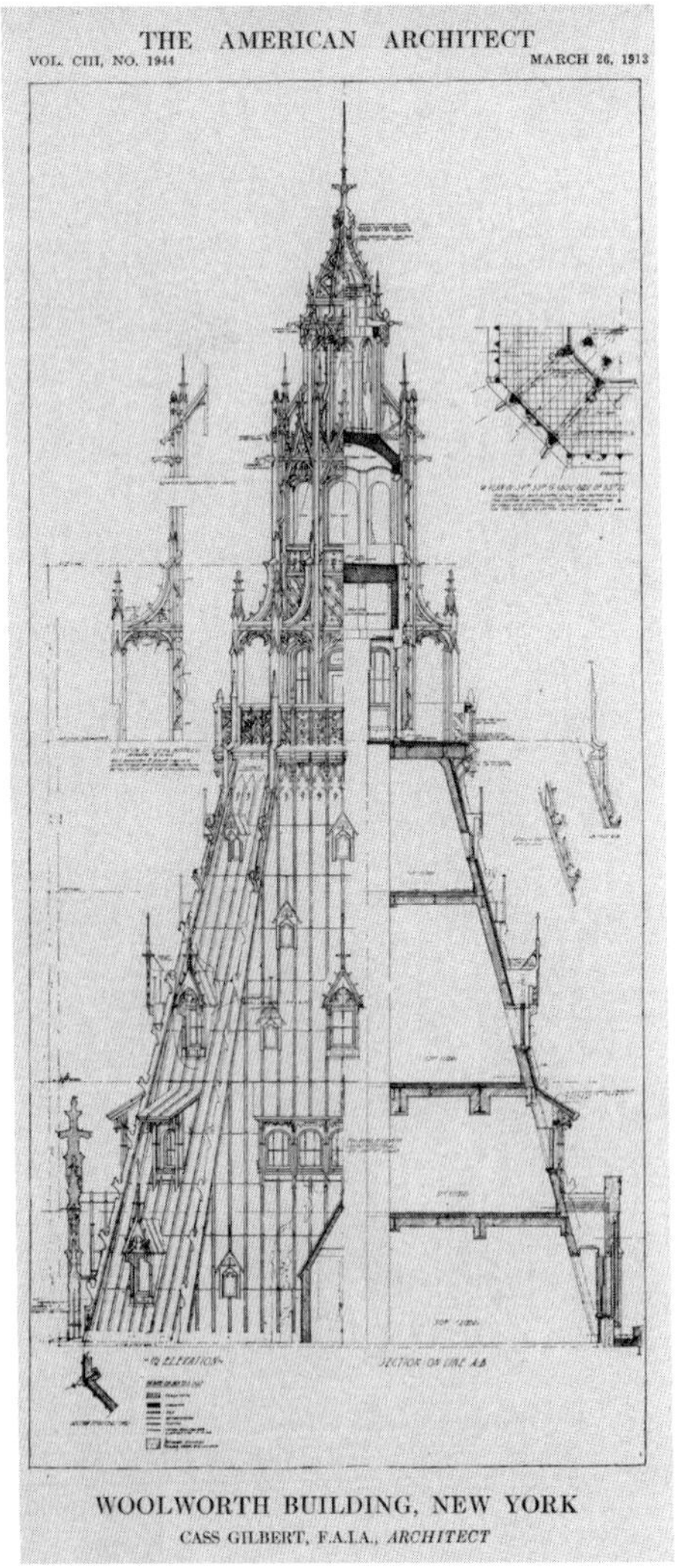

キャス・ギルバート設計のウールワース・ビル、ニューヨーク市、1912年。尖塔の半分の立面図および断面図、1993年の「アメリカン・アーキテクト」誌より。

ら、完全に肉体を離れて純粋な電磁エネルギーになるという大きな飛躍への小さな一歩にすぎない。このビジョンでは、人間は自らの生物システムを改変し、究極的にはそれを超越することで、環境と人間の関係を劇的に変化させる。人間が生命を維持できるだけでなく快適に過ごせる温度、湿度、酸素の限定的な許容範囲から解放された場合、シェルター機能の必要性は残るのだろうか。このような状況で建築はどのように機能するのだろうか。

人類が純粋な電磁エネルギーの脱物質的、脱肉体的な状態（トランス・ヒューマニストがシンギュラリティと呼ぶもの）に到達するフェーズへの移行は、究極的には精神的なビジョンである。それを裏付けるかのように、マックス・モアの1990年の重要な文章は主に宗教の問題に関連しており、有神論に代わるものとしてトランス・ヒューマニズムを提案した。彼は次のように書いている。「神は抑圧的な概念であり、私たちよりも強力な存在だったが、それは私たちの未熟な自己の概念に似せて作られたものだった。より高い形態へと無限に拡大する私たち自身のプロセスが、このような宗教的な考え方に取って代わるべきであるし、またそうなるであろう」[9]。トランス・ヒューマニズムの精神的および宗教的側面は衰えることなく維持されており、シンギュラリティを探求したカーツワイルの著書の一つには、『スピリチュアル・マシーン――コンピュータに魂が宿るとき』（田中三彦、田中茂彦訳、翔泳社、2001年）というタイトルが付けられている。

SF作家のヴァーナー・ヴィンジは、テクノロジー業界で人気のある形式のトランス・ヒューマニズムに影響を与えた。ヴィンジは「不死は達成可能であろう」と書いており、米国の宗教文化評論家のマーク・C・テイラーは、次のように述べている。

このコメントから分かるのは、多くの影響力のある人々にとって、テクノロジーの未来を形作るビジョンが宗教的なものだということであり、これは重要な意味を持つ。かつて人間と呼ばれていたものに関するまったく新しい考え方のように思えるものは、実は、朽ち果てた肉体と有限の世界から逃れ、地球上の生活における痛み、苦しみ、そして退屈さに悩まされない超越的な異世界の領域で、不死を獲得することによって時間から逃れるという古代の探求の現代版である。数式とアルゴリズムは、死からの解放を約束する新しいグノーシス（個人的な精神知識）になる。[10]

このような宗教性は、現代資本主義の論理体系ともうまく整合する。イタリアの哲学者ジョルジョ・グリツィオッティは、テクノロジー主導の資本主義において見られる新しい形態について、「トランス・ヒューマニズムは、シリコンバレーの新自由主義にうまく適合した哲学である」と述べている。[11] さらに、「シンギュラリティの最も熱狂的な支持者が、テクノロジー業界の億万長者で、彼らの金融資産が、それが取引される現実と同じくらい仮想的であるのは偶然ではない」[12]と続ける。グーグルのような巨大企業がこのような未来を積極的に追求しているという事実からも、その利害関係は明確である。結局のところ、誰がテクノロジーを生産・維持し、この新種のテクノ・スピリチュアルなドメインが機能する電磁的連続体を推進するのか。手数料ベースの精神的なドメインが、企業の株主に莫大な利益を生み出すことは、たやすく想像できる。

資本主義と精神性

資本主義は常に多かれ少なかれ精神的なものであったと主張する者は多い。資本主義の父とも呼ばれる18世紀の政治経済学者兼哲学者のアダム・スミスは、自由市場の目に見えない力を説明するために「見えざる手」という喩えを使った。このフレーズはスミスの著作の精神的原動力を反映しており、世俗的なものから神学的なものに至るまでさまざまな解釈を生み出した。20世紀初頭のシカゴ学派の経済学者で、スミスに関する最も重要な研究者の一人であるジェイコブ・ヴァイナーは、神に導かれた調和を基本とする倫理体系を提唱したスミスの初期の著書『道徳感情論』の文脈から離れてスミスの『国富論』を理解することは不可能であると主張した。ヴァイナーが指摘しているのは、スミスの主張において自由放任主義が人類に利益をもたらしているのは、スミスが「宇宙の偉大な指揮者」、「目的因」、「自然の創造者」、「偉大な心の裁判官」、「見えざる手」、「摂理」、「神聖なる存在」、そしてまれに「神」などといろいろな呼び方をしている慈悲深い力のおかげであるということだ。[13]

この資本主義の重要なテキストである『資本論』における神の役割以外に、資本主義の形而上学的および精神的な側面を考察した研究者も存在する。ゲオルク・ジンメルは『貨幣の哲学』（居安正訳、白水社、1999年）の中で、貨幣の形而上学を取り上げた。

貨幣の所有権の自然増価は、貨幣の形而上学的な性質と呼ばれるものの一例にすぎない。すなわち、あらゆる特定の用途を超えて拡張し、それが究極の手段であるため、あらゆる価値の可能性をあらゆる可能性の価値として実現する性質のことである。[14]

ドイツの社会学者マックス・ウェーバーは、プロテスタンティズムが資本主義の発展に影響を与えたと主張したことでよく知られている。[15] ドイツの哲学者ヴァルター・ベンヤミンは、「宗教としての資本主義」という短い文章の中で「純粋な宗教的カルトであり、おそらくこれまでで最も極端なカルトである資本主義の中では、あらゆるものがこのカルトとの直接的関係においてのみ意味を持っている。資本主義には特別な教義も神学もない」[16] と述べている。イタリアの哲学者ジョルジョ・アガンベンは、ベンヤミンの文章と同名の論文の中で、ベンヤミンの主張をもとに、宗教としての資本主義の可能性を探求している。宗教としての資本主義において、神に取って代わるのは信用と債務という信仰にもとづくシステムであり、最も純粋な形の信用である貨幣が神として機能することを可能にしていると論じている。[17]

マーク・C・テイラーは、資本主義の宗教的側面について幅広く執筆しており、儀式用の捧げものとして中国で発明された最初の紙幣から、キリスト教の貨幣記号からドル記号（$）が採用されたこと、そして相場の上昇が続く「ブル（雄牛）マーケット」が生贄に使われた動物に関連していることに至るまで、あらゆることに言及している。[18] テイラーは、資本主義が初期の段階から宗教的な側面を持っていたことを説明する一方で、金融資本主義の出現により、資本主義が世界における支配的な宗教活動様式へと移行したと主張している。テイラーによれば、金本位制の廃止後、貨幣は投機的かつ自由に変動するようになり、電子的にも取引されるようになると、金融は精神的交流の主要な手段として芸術に取って代わった[19]。彼によると、「20世紀後半には、ヘーゲルの絶対者的なものが、貨幣が事実上非物質化した世界的交換ネットワークに現れる。（G・W・F・）ヘーゲルによる「精神」の論理的分析を通して解釈すると、貨幣が通常の意味を超えた神であることが明らかになる」[20]。

トランス・ヒューマニズムの人気から見てとれる資本主義のユートピア的な精神性は、空虚さの極端な形態、つまり空虚な肉体を予感させる。金融資本主義の建築が、今日の空虚な都市を建設することで、知らず知らずのうちに肉体を離脱した未来に備えているとしたらどうだろうか。建築の金融化、つまり空き家のまま放置される純粋な金融手段としての建築の役割が、物理的なシェルターが時代遅れになった、肉体を離脱したトランス・ヒューマニズムへの第一歩だとしたらどうだろう。貨幣が非物質化しただけでなく、その神のような役割にのめり込んでいた人々自身も物質的ではなくなり、ひいては建築を変えつつある。

ダウンタウン・アスレチック・クラブと肉体の塔

精神的な資本主義とその空虚さを考察する上では、肉体的な入居の象徴的な事例を再検討することが有益であり、今日の金融の台頭以前の資本主義との関連で理解できる。レム・コールハースの1978年の『錯乱のニューヨーク』（鈴木圭介訳、筑摩書房、1995年）での回想によれば、ロウワー・マンハッタンの金融街にあるダウンタウン・アスレチック・クラブは縦に積み上げられた機械であり、独身男性の体を完璧にするためのものだった。1930年にオープンしたこの肉体のための機械は、当時の産業資本主義にとって非の打ち所がない塔だった。商品が生産・販売されるときには、物質的生産に対する強い思いが存在し、それは存在論的に肉体にまで及ぶ。「n階で、ボクシング・グローブをつけたまま裸で牡蠣を食べる」というのが、垂直に積み重ねられた肉体に対するコールハースの社会的結論だ。コールハースにとって、この肉体の「保育器」（ダウンタウン・アスレチック・クラブ）は、「精神的であると同時に肉体的」でもある。[21] この塔は肉体改造のための機械であるとともに、独身生活のカルトという形での原始的な精神性も推し進める。コールハースが示すように、「（ダウンタウン・アスレチック・クラブ）の卒業生が彼らの集団的ナルシシズムに対して支払うべき唯一の代償は、不毛さである。自己によって誘発された突然変異は、将来の世代では再現することはできない。メトロポリスの魅惑は個人の遺伝子の中に留まる。遺伝子は依然として〝自然〟の最後の砦であり続ける[22]」。

金融の権化としての432パーク・アベニュー

ダウンタウン・アスレチック・クラブが産業資本主義にとって理想的な塔であるように、432パーク・アベニューは金融資本主義にとって完璧な塔である。コールハースの主張によれば、高層ビルはその誕生の瞬間には完璧だった稀有な発明だが、現在に近づくにつれ着実に退化し、プログラム上の多様性を失ってソーシャル・コンデンサー（社会の圧縮器）としての可能性を失った。[23] 432パーク・アベニューやその他の投資用分譲マンションにおける住人の退居は、この方向性を極端な帰結点に向けて加速させるだけである。

社会的および肉体的パフォーマンスが低下する中で、432パーク・アベニューは物質的な力と非物質的な力の境界にある機械として機能する。この概念的な観点からすると、建物の造形的かつ美的な特徴は特に重要である。この建物は平面形状から立面のグリッドに至るまで正方形を容赦なく繰り返すことで、最近の高層ビルでは類のないモノリシックな抽象化を実現している。ヴィニオリは、この建物が「不変のオブジェのように見える」ことを望んでいたと話している。[24] ここでいう「不変」とは、造形的に変化のない全体性、完全に等方的な均質性、つまり特徴のない物体を意味しているようである。しかし同時に、「不変」は、あらゆる場所と時間に存在するという意味での物体を示唆している。言い換えれば、この言葉は二重の超越性、つまり遍在する純粋性を喚起する。こうして、ダウンタウン・アスレチック・クラブの原始的な精神性は、完全な精神性に置き換えら

ラファエル・ヴィニオリ・アーキテクツの432 パーク・アベニュー、ニューヨーク市。

左:ラファエル・ヴィニオリ・アーキテクツの432 パーク・アベニュー。ラファエル・ヴィニオリによる概念的スケッチ。

下:アルド・ロッシのサンカタルド墓地、モデナ、イタリア、1984年。スケッチ。

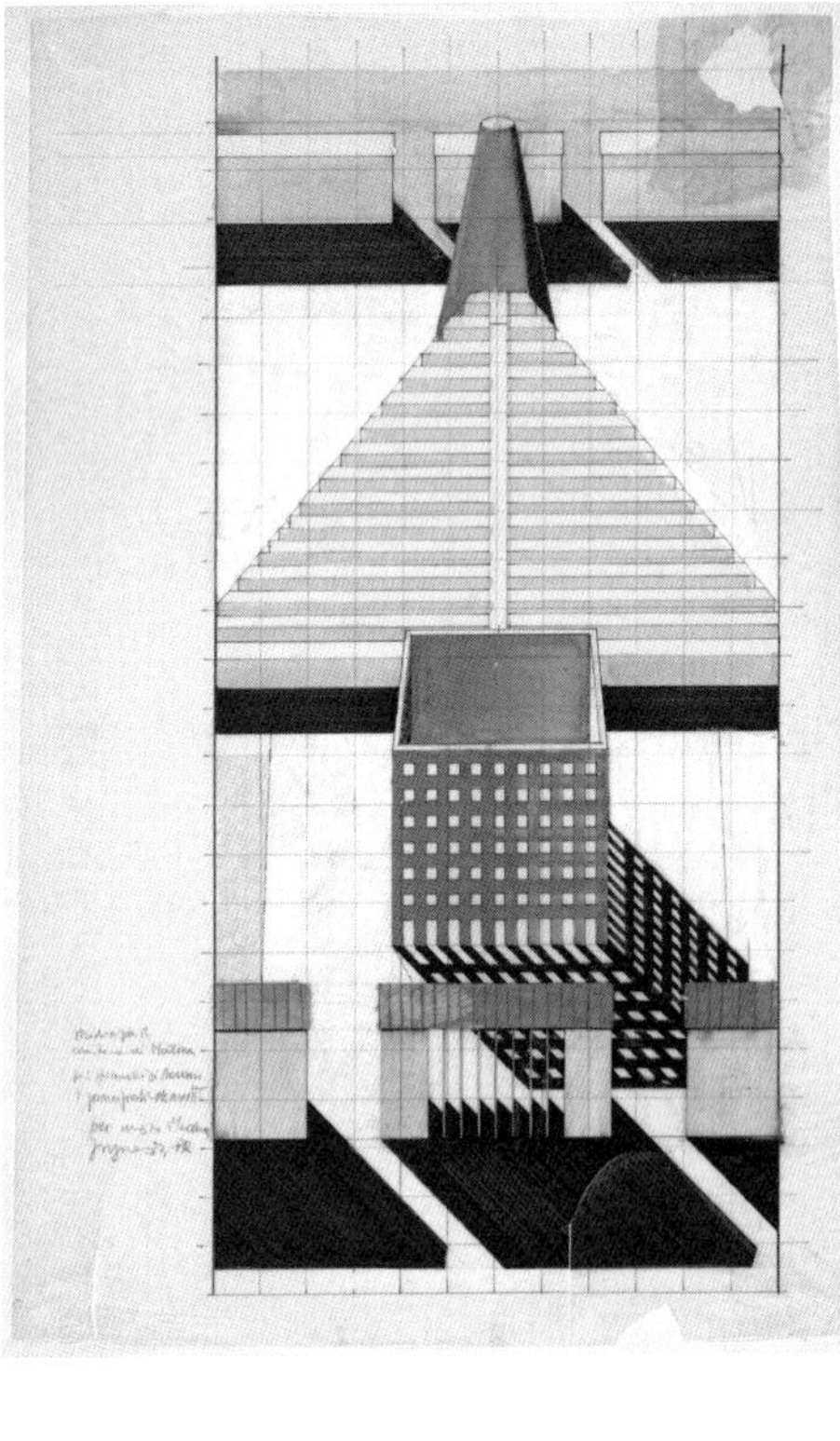

れるのだ。

寺院や教会といった宗教的な建物やモニュメントは、建築史の中核である。現代において特徴的であるのは、金融資本主義は信仰であり、その中で機能する建物が増えているということだ。そしてラインホールド・マーティンは、現在の建築は「世界規模の金融化によって生み出され、そしてそれを生み出している宗教的な熱狂を補完し、複製さえしている」と書いている。[25]そして彼は次のように問いかけている「建築と資本の関係を少なくとも一部は『宗教的な』ものとして理解することは何を意味するのだろうか」[26]。その答えは、432パーク・アベニューのような建物がいかにして速やかに単純化され、抽象化され、そして非物質化されるのかにある。ゾロアスター教の「沈黙の塔」やスタンリー・キューブリックの映画『2001年宇宙の旅』のモノリスのように、432パーク・アベニューは肉欲がまったくない精神性だけの象徴的なオブジェである。資本主義の精神的な衝動のアバターとして異なる世界と時代の間をさまよい、肉体的な喜びさえない、永遠の利益という先のない世界へと私たちを追いやっているのだ。[27]

アルド・ロッシとサンカタルド墓地の納骨堂

フレドリック・ジェイムソンは、金融資本主義を決定づける造形的特徴は「極端な等方空間」であることを1990年代後半には察知していた。モダニズムの自由な平面から派生したものではあるが、「モダニズムがかけ合わさると、もはやモダニズムの面影はなく、それはまったく別の空間である」[28]とジェイムソンは書いている。この「モダニズムの2乗」について、究極的なモニュメンタリティを備えた等方的な形状という点で、432パーク・アベニューの前例となるものがある。現代の資本主義的オフィスタワーは、ほぼ無限の等方性のパターンを提供しており、その形状の多くはカーテンウォール（多くの場合はガラスで、鏡面ガラスのこともある）で実現されている。ジェイムソンは、これらの壁と、その壁で包まれた建物の形状を、1980年代の金融資本主義的建築の2番目に重要な特徴、つまり「皮膜で囲まれた容積」として特定した。[29]

432パーク・アベニューの立面を構成するコンクリートの耐力グリッドは、ジェイムソンが説明した包み込む外皮のボリュームよりも強固で、より厳格で根源的な建築を思い起こさせる。この厳格さの最も有名な実践者はイタリアの建築家アルド・ロッシである。彼のアプローチは1960年代のイタリア固有の活気に満ちた左派的な知性主義の中で形成された。[30] 1956年にイタリア共産党に入党した彼は、党の政治と資本主義都市に代わる都市をどのように構築するかについての議論に影響を受けた。[31] ロッシの答えはシンプルで合理主義的かつ自律的な建築であり、「資本主義都市域におけるオープンエンドな空間」に疑問を投げかけるものだった。[32]

432パーク・アベニューではモニュメンタリティ、コンクリートの堅牢さ、格子状に配置された窓の開口部、相対的に低い入居率などが際立っている。こうした特徴を考慮すると、イタリアのモデナにあるロッシのサンカタルド墓地の納骨堂とこのプロジェクトを、美観、形状、機能の点で関連付けて考えたくなる。納骨堂の建設は1978年に始まっており、それは新自由主義の世界舞台でのデビューと金融資本主義が現在のように台頭するよりも以前の混乱の中だった。[33]

ロッシは、墓地の中心軸上で目を引く部分に納骨堂を配置した。[34] この構造は完全な立方体に近

アルド・ロッシによる立方体のサンカタルド墓地の納骨堂、モデナ、イタリア、1984年。

く、正方形の平面と、まったく同じ四つのファサードを持つ。立面については等間隔に配置された正方形の開口部のグリッドが特徴となっている。これらの属性により、432パーク・アベニューと同様の等方的な均質性が生まれる。しかし432パーク・アベニューはほとんど誰も住んでいないために使用されなくなった空間であると言えるが、納骨堂は文字通り中空の空間である。その外部のボリュームは、空に向かって開いた空虚な内部を取り囲んでおり、4面の外壁のくぼみの中には死者の骨が安置されている。このように、納骨堂の立方体は二つのまったく対照的な体験を提供しており、外側では堅牢で重厚なボリュームを見せつつも、内側は完全に空洞になっている。

ロッシの建築観は、彼がフランスの建築家エティエンヌ＝ルイ・ブーレーに関心を持っていたことから理解できる。ロッシは、ブーレーの『建築、芸術試論』(*Architecture. Essai sur l'art*) の序文の中で、「死の神殿! あなたの姿は私たちの心を凍らせるはずだ」というブーレーの言葉を引用している。[35] このコメントは、建築の特徴全般に対するブーレーの姿勢を要約しており、基礎的類型としてのメモリアルやモニュメントの建築的な重要性を示している。ロッシはサンカタルド墓地を「死者の都市」と呼んでおり、米国の建築史家ユージーン・J・ジョンソンが書いているように、このプロジェクト全体の基本的な建築の類型は住宅である。そして、ロッシは納骨堂の立方体を「放棄された、あるいは未完成の家であり、窓は開口のみで屋根もない」と表現している。この住宅のような形状と特徴は、ジョンソンが「時間、死、そして再生の舞台」と呼ぶ、墓地の究極の目的を果たしている。[36] この空虚な住宅プロジェクトは、住宅であると同時に住宅ではないことにより、肉体的世界と非肉体的世界のはざまに位置するモニュメントとして機能している。明白かつ必要な精神性を備えた納骨堂の立方体と、世俗主義的に見える432パーク・アベニューに造形的な類似点があることから、両者の精神的な側面は明らかだ。しかし、ロッシは墓地を都市のように、現代の資本は都市を墓地のようにしているという点で対照的だ。

スペインの建築家ラファエル・モネオはこの納骨堂について次のように書いている。

曖昧な二重のアクセスを通って中に入ると、家にたどり着く。その家からは、かつてはそれを居住可能なものにしたすべての要素が取り除かれている。それは、荒涼とした、屋根のない立方体である。……しかし、この家は道を隠していない。その道は、永遠の無限性、死が意味する時間の価値の喪失を物語る亀裂の間に延びている。[37]

ロッシによる納骨堂の立方体は、放棄された集合住宅として設計されており、今日の精神的な資本主義との間でのイデオロギー上の重要な違いが際立っている。外観だけが住居のようになっていることは、生まれ変わりの可能性がないロッシの納骨堂の目的には合っている。つまり、死者は生き返ってキッチンやリビングルームを使用することはない。一方で432パーク・アベニューでは、住宅の内部は完全に維持されており、必要に応じて居住することもできる。これは、金融資本主義とトランス・ヒューマニズムの結びつきという急進的な理想主義を示唆しており、納骨堂とは好対照をなしている。432パーク・アベニューは決して終わることのない生命のモニュメントであり、それは死を超越した時間の外側にあり、ロッシの墓地との最大の違いである。

影響力のある初期のモダニストでオーストリア人建築家のアドルフ・ロースは、ロッシにとって非常に重要な存在で、ロッシの作品には彼の影響が「常に存在していた」[38]。ロースは1909年の論文『建築』の中で、「建築のごく一部は芸術に属しているといえる。墓碑と記念碑である。それ以外の建築は、芸術の領域から締め出さねばならない」[39]と書いている。やや驚くべきことかもしれないが、資本主義とトランス・ヒューマニズムが実現しようとしている住人のいない都市の建設は、ロースの主張の新たな展開に相当する。「墓碑と記念碑以外の建築が持つのは機能であり、それは肉体による居住と同等であり、肉体が存在しない投資という行為は確かに機能の欠如に等しい」。したがって、投資の論理がシェルター機能の論理より優先されるのに伴い、建物はロースが言うところの真の芸術の領域に向かって進んでいるのかもしれない。それは逆説的だが、ロースが考える建築の本質に近づいている。

もしわれわれが森を歩いていて、シャベルで積み上げたとおぼしき縦6シュー（約180センチメートル）【訳注：シューはオーストリアにおいて使用されていた長さの単位で、1シューが約0・316メートル】、横3シュー（約90センチ）ほどの盛り土を見つけたとしよう。するとわれわれは粛然とする。この盛り土はわれわれに向かって「ここに死者が葬られています」と語りかけているからだ。これが建築なのだ。[40]（『にもかかわらず――1900-1930』鈴木了二、中谷礼仁監修、加藤淳訳、みすず書

房、2015）

では、産業資本主義における人が入居しているタワーが、長年続いてきたタワーの類型の非物質性からの逸脱であるのと同じように、産業資本主義と「形態は機能に従う」を掲げる近代主義が、墓碑、モニュメント、塚の様式からの逸脱であった可能性はあるだろうか。

不滅の者の墓碑

ダウンタウン・アスレチック・クラブは、プログラムとしての建築、つまり人間の物理的な入居を完全に前提とした建築である。ソーシャル・コンデンサーとしての機能に集中することで、アンチモニュメントに近いものになった。そして21世紀初頭に墓碑とモニュメントが復活し、金融資本主義が建築における人間の肉体的入居の役割を（置き換えるのではなく）変位させるのに伴い、モニ

アドルフ・ロースのマックス・ドヴォルザーク霊廟、ウィーン、1921年。
模型の写真。

ユメントの役割が増大する。432パーク・アベニューによるサンカタルド納骨堂の再構築は、金融資本主義の時代における建築の新たな役割と、モニュメントの新たな重要性を明らかにしている。産業資本主義と金融資本主義の転換点に建てられたサンカタルド墓地は、ヒューマニストの墓碑である。死者の遺骨が建築を占有し、それは概念的には人間の存在の有限性を前提としている。対照的に、432パーク・アベニューは、グーグルのカーツワイルが言うように、「人間の生物学的限界内に留まりたくない」人間のための墓である。[41] したがって、432パーク・アベニューは不滅の者の墓碑、あるいは生者の墓地なのだ。納骨堂が、死が暗示する時間の価値を前提としているのに対し、432パーク・アベニューは「不変」であることで時間と場所の制約を超越しようとしているモニュメントである。ロッシの左派的建築の属性を金融資本主義的な属性へと再構築するこ

ラファエル・ヴィニオリ・アーキテクツの432 パーク・アベニュー、ニューヨーク市、2015年。建物の3メートル角の窓の手間に配置されたバスタブのインテリアパース。

とから分かるのは、困難でさえもその再生産手段として吸収してしまう資本主義の果てしない能力だ。そこから思い起こされるのは、「実現しようとしている建築は常に支配的な階級の表現であるため、その反対派の建築など存在しない」[42]というロッシの言葉である。

432パーク・アベニューで極めて印象的な広告イメージは、建物の3メートル角の南向きの窓からマンハッタンを望む豪華なバスタブのCGパースである。この窓からの眺望には、クライスラービルディング、エンパイア・ステート・ビル、ワン・ワールド・トレード センター（フリーダムタワー）がすべて収まっている。432パーク・アベニューの非肉体性とその精神的な役割を前提に考えると、このイメージが肉体を強調しつつ否定していることは偶然ではないことに気づく。都会の真ん中で裸になるという贅沢を約束するこの豪華な空っぽのバスタブは、21世紀における、存在しない金融の肉体のための石棺である。

第8章

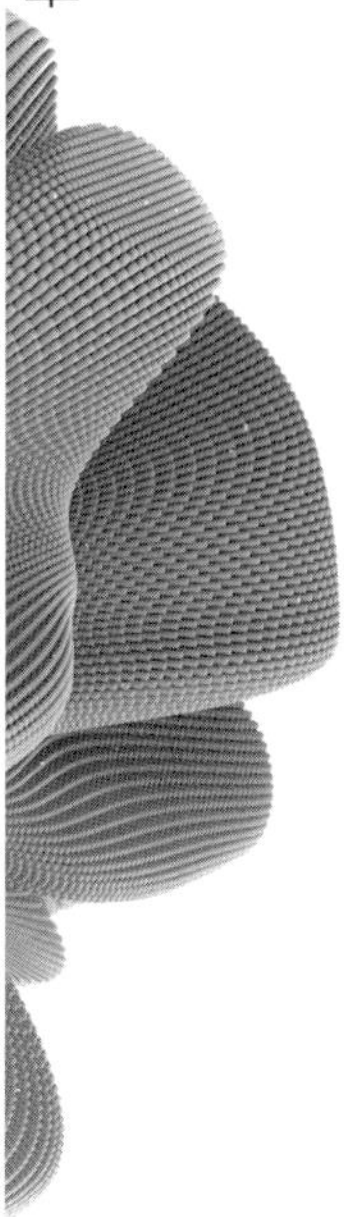

Sci-FiからFi-Fiへ

金融資本主義により、シェルターとしてだけでなく、物理的実体としての建築について再考することが不可欠になっている。建築の実務と、それに必須な表象（イメージ図など）においては、表象と現実の関係が常に重視されてきたが、テクノロジーと投資活動によってこの関係に新たな圧力が掛かっているのだ。

プレセールス（建物が完成する前の住戸のマーケティングと販売）の役割が高まっていることからも、これらの新たな圧力の存在が示唆されている。長い間、建築を定義する属性の一つに物理的な堅牢性があったが、デジタル表現と大量の計算処理の出現によって、この定義は数十年にわたって疑問視されてきた。いまや拡張現実と仮想現実の可能性によって、それはさらに揺らいでいる。プレセールスに関わる投資活動が示すのは、仮想建築資産とでも呼ぶべきものに対する活発な市場がすでに存在していることだ。今日の金融資本主義の時代の到来に伴い、仮想と現実が新たな形でつながり合った、より媒介的な建築が出現した。金融資本主義が加速するにつれてこのようなつながりの拡張と形態はさらに変異し、現実と仮想のさらに新しいハイブリッドが生み出されるだろう。

プレセールス：建物が完成する前の売買

　プレセールスは、物件の建設前または建設中に行われる。今日のプレセールスの具体的な特徴は金融資本主義に特有のものだが、建設前に住宅を購入するという行為そのものは以前からあった。プレセールスの前身となるものはすでに19世紀に存在し、20世紀初頭に普及した。まだ物理的に存在していない住宅を購入するという現象は、現代の資本主義的な住宅市場における基本的な特徴であると言っても過言ではない。米国のデパートであるシアーズは、1908年から1940年の間に7万戸以上のカタログ住宅を販売した。[1] これらの住宅は同社の通信販売カタログの図面や画像をもとに購入され、住宅が「家」から「消費財」へと移行する上で重要な役割を果たした。このような住宅によって新しい購入、輸送、建設の方法が普及したが、住宅が投資商品へと大きく移行することはなかった。

シアーズ・ローバックのモデルホーム番号102、ザ・ハミルトン。シアーズ・カタログ、1911年。

現物を直接に見ることなく建物やその一部を購入するというのは、第二次世界大戦前には一般的ではなかった。当時の建物の市場は、建物がこの世界にすでに物理的に存在していることを前提としていた。戦後の米国における郊外化によりその状況が変わり始め、営利目的の大規模な住宅開発プロジェクトでは、プレセールスによる保証が求められるようになった。ウィリアム・J・レビットは、1950年時点で米国最大のディベロッパーだったが、彼の名を冠した郊外住宅コミュニティのレビットタウンはプレセールスに依存していた。購入希望者は、将来の住まいをシミュレーションする実物大のモデルハウスを訪問できた。米国の建築史家グウェンドリン・ライトは、「その年に建設される新しい住宅の販売が1949年3月に開始されると、会社はその評判と1棟のモデルハウスにもとづいて1日で1400件の契約を締結した」と伝えている。[2]「ショーホーム」と呼ばれるモデルハウスは、今日でも米国全土の郊外住宅の重要な部分であり続けている。

西側諸国では政府が住宅所有を積極的に推進したことによって、住宅購入者が将来の住宅購入について想像を働かせるようになった（一方で、賃貸物件に住む人は既存の不動産を利用する傾向が強いので、そのようなシミュレーションは彼らにとって現実的に意味のある問題ではない）。米国の住宅所有率は、1900年から2020年の間に46パーセントから65パーセントに増加し、[3]イングランドとウェールズでは、1918年から2011年の間に23パーセントから64パーセントに、[4]そしてオーストラリアでは、1947年から2016年の間に53パーセントから67パーセントに増加した。[5]住宅購入者の増加に伴い、建築を事前に想像するプロセスに、より多くの人が引き込まれるようになったのだ。

分譲マンションの人気が高まるのと並行して、プレセールスが盛んに行われてきた。中国語圏での最初のプレセールスは、1960年代後半に台湾の分譲マンションで行われたもののようである。[6] それ以来、この手法は特に北米、香港、シンガポール、台湾、中国本土で普及した。[7] 2004年には、香港とシンガポールでは「ほぼすべて」の住宅プロジェクトがプレセールスで販売されたと報告されている。[8] 北米の多くの分譲マンション市場では、現在、建設の数年前にマーケティングと販売を開始するのが一般的になっている。

プレセールスによる住宅購入者は厳密には住戸を購入するのではなく、将来の完成時に特定の住宅を特定の価格で購入するという契約を締結している。法的には、プレセールス契約は不動産取引ではなく金融商品の取引に該当し、不動産とは異なる規制の対象となる。既存の金融商品の中で最も近いものは、先物デリバティブである。デリバティブの取引では、買い手は、たとえば、将来の特定の日付に特定の価格で株式を購入することに同意する。そして、株式のデリバティブ市場があるのと同じように、プレセールス契約の市場も存在する。プレセールス契約では、ディベロッパーから最初に購入されてから住戸が完成するまでの間に、複数回の売買がされる場合もある。

販売センターでは、建物とその住戸のイメージ図などを展示することで、プレセールスを促進する。分譲マンションの建設が盛んな都市では、販売センターそのものが都市環境の大きな特徴となっている。販売センターは、建築のイメージ図などを中心に編成されており、平面図、パース、建物の模型、仕上げサンプル、場合によっては標準的な住戸の原寸大のインテリア、さらには想定される眺望のシミュレーションといったものが展示されている。需要の高い市場では、販売センターの公開初日に最初の権利を得ようと熱望している購入希望者が、長蛇の列をなす。販売センターの前で3、4日間の泊まり込みをする人も珍しくない。分譲マンションのデビューは、レアなファッションアイテムや消費者向けテクノロジーのリリースと同じようなものになりつつある。たとえば新型iPhoneが発売されるときに、すぐに購入して試してみようとする人々がいち早く列をなして特別な興奮を味わっているが、そういったイベントと同じなのだ。

プレセールスはリスク共有の手段であり、ディベロッパーや建設関連の金融業者は、リスクの一部をマンション購入者に移転することができる。ディベロッパーは売れ残りの在庫が増える可能性を低減できるのと同時に、金融業者はディベロッパーがローンを返済できなくなる可能性を減らすことができる。プレセールス物件の購入者は、ある程度のリスクを負うことの代償として、完成してから物件を購入する人よりも低い価格で住宅を購入することができる。プレセールス物件のすべての購入者が住宅開発プロジェクトの中でより高度な投資上の役割を担うことになり、そのこと自体が資産機能を向上ならびに拡大させる。

一定の割合の住戸がプレセールスで販売されるまでディベロッパーが建設を開始しないこともよくあるので、資金調達のために必要最低限のプレセールスを達成しなければならない場合が多い。北米では、その最低基準は70パーセントである。[9] 通常、ディベロッパーはできるだけ早く建設に着手することを希望しているが、それがどうなるかは、申請手続き、プロジェクトの規模や複雑さ、プレセールスの売れ行きといった多くの要因によって決まる。プレセールス契約はプロジェクトごとに異なり、不動産市場ごとに特定の基準がある。たとえばトロントでは、入居の延期について、合意された入居日から4年半まで、契約で認められている場合が多い。[10] プレセールスの手付金を支払ってから入居までに何年も待たされるのは一般的で、プレセールスから竣工までの期間は一般的には約4年だが、その期間には幅がある。3年で完成するプロジェクトもあれば、最大で8年かかるようなプロジェクトもある。ビャルケ・インゲルスのバンクーバー・ハウスの場合、プレセールスから入居までに5年の期間を要した。

　住宅購入はほとんどの個人や家庭にとって人生で最大の買い物であり、実際の建物の竣工前におけるプレセールスは建物のイメージ

2017年、バンクーバー郊外のポートコキットラムにあるモントローズ・スクエアの分譲マンションのプレセールスの列には100人以上が並び、中には何日も泊まり込む人もいた。この写真の撮影者は、ある不動産業者のために325ドルの報酬で列に並んだというが、メトロ・バンクーバーではこういったことがよく行われている。

図などに大きく依存する。さらには、長期間の待機も必要となる。こういったことを考慮すると、今日の北米においてはプレセールスが広く普及して標準的な手法になっているというのがどれだけ凄いことなのか、言い表すのは困難である。これは建築のシミュレーションにとってはかなりの偉業であり、不動産市場においてＣＧが深く浸透していることを物語っている。

建築「先物」市場

プレセールスの譲渡の市場は、金融資本主義において活動が激化している分野である。金融商品の投機的な取引によって利益獲得を重視する姿勢が、この市場で明確に見られる。不動産において最も投機的であろう動きは、住戸が完成して基本的な不動産取引が完了する前に、買い手が別の買い手にその住戸をより高い価格で譲渡するときだ。多くの場合、ディベロッパーは、これらの譲渡取引ごとに何パーセントかの手数料を受け取り、その金額は、購入価格の１～５パーセントであると言われている[11]。このような市場での動きは地域ごとに異なり、透明性が欠如しているため、正確に評価するのは難しい。プレセールス契約は法的に不動産取引とみなされないため、それを追跡または記録する手段もない。ディベロッパーは、譲り受ける側に対して法的に義務を負っているため、譲渡の当事者同士以外で取引に関する情報を持っている唯一の主体である。

　したがって、譲渡取引に関するデータについては、メディアやオンラインなど世間一般で話題となっている不完全な証拠に依存せざるを得ない。このテーマでは相当な量の議論が行われており、かなりの数の取引があることを類推させる。たとえば、カナダの二つの全国紙のうちの一つ

「グローブ・アンド・メール」紙の2018年の調査では、ある不動産業者へのインタビューも含まれており、彼とその顧客がバンクーバー郊外の開発地のプレセールスで120戸の住戸を購入した際の様子が描かれている。その不動産業者は次のように話している。

半分は投資家で、あとの半分はそこに住むことを希望していた人たちだった。しかし、当初は住むことを希望していた者も、(後に)戻ってきたときにはほとんどは転売目的となってい た。……過去2年間は最も利益が大きくなっており、譲渡により30万から40万(カナダドル)を稼いでいる。[12]

価格が急騰する市場では、販売センターのプレセールスの列に並んでいた人が、自分の譲渡証書を購入した後で列の最後尾に戻り、それを売って利益を得たという定番の都市伝説がある。一部の都市で見られる住宅の購入しやすさについての課題には、このような行為も一因となっている可能性があり、それを制限することに対して注目と議論が高まっている。規制にどの程度の効果があるのかは誰にも分からないが、注目すべきことは、この市場、つまりこの世に物理的に存在しない住戸のための市場(要するに建築イメージ図の投機的な取引)が、とにもかくにも存在しているということである。フレドリック・ジェイムソンは、投機が建築をどのように変えているかを理解するためには「先物」が重要な鍵になると考え、1998年に次のように書いている。

金融的および時間的な意味における特定の「先物」が、いかにしてより新しい建築の構造的な特徴となりうるかという問題を、適切な美的観点から探求していくこともできるだろう。建物にはもはや永続性というオーラはなく、そこに潜んでいるのは、建物自体はいつか確実に解体されるという事実だ。そのような確信の中で行われるということが特徴であり、計画的な陳腐化のようなものだと言える。[13]

物質的な意味においては資本主義建築の多くはかつての建築のような永続性を持っていないかもしれないし、さらには、ジェイムソンが先物について論じた時点では金融資本主義の力はまだ完全に発揮されていなかった。その時点では、建築における物理的な陳腐化は、究極的な変化のほんの始まりにすぎなかったのだ。まだ存在していない住戸のための活発な市場があるということは、何を意味するだろうか。それは、建物の計画的な陳腐化を市場が好んでいるというだけではなく、むしろ建物が存在する必要性がまったくないということである。プレセールス市場は脱物質的な住宅市場として考えることができる。もちろん、この市場は最終的には物理的な構造物が建てられることを前提としており、現行の形では、ディベロッパーが土地を所有して建物を建てるという契約上の義務があるため、市場は機能している。したがって、脱物質的な市場は一時的なものであり、物質的な現実に紐づいている。

未来のイメージ

レム・コールハースが指導したハーバード大学の都市研究シリーズ「Project on the City」の２００２年の出版物『Great Leap Forward』の中で、当時大学院生だったナンシー・リンは中国の深圳《しんせん》のプレセールス市場について次のように書いている。

人々は……販売前の段階では自分が何を購入しているか分からないため、広告が不可欠になる。道路や建設現場に設置された、熱狂的な開発のためのおびただしい数の看板は、公共のアート作品となって建築を視覚化する。[14]

これらの看板は、不動産販売会社と連携しており、「道路、オフィスビルの吹き抜けやロビー、デパートなど、ほぼすべての場所に存在した」[15]。そこに描かれたイメージはＣＧに大きく依存しており、ナンシー・リンによるテキストの時期以降、より洗練されたオンラインやアプリベースのマーケティングによってこの傾向はますます強くなっている。このことからも、建築が金融化によって新たな仮想状態へと移行していく度合いが分かる。住戸が仮想表現のみを介して取引される場合には、空き家状態の住戸が増加していることとも相まって、建築生産における変革を意味するだろう。つまり、建築生産は金融テクノロジー（フィンテック）と融合して、建築的な交換価値について、完全に脱物質的な世界が確立される。

リアル・バーチャリティー

経済システム全体がますます仮想化していく中で、不動産市場を介した建築の仮想化は驚くべきことではない。マーク C・テイラーは「産業資本主義から消費資本主義、さらには金融資本主義への移行に伴って、交換の証しの非物質化、つまり仮想化が進んでいる」[16]と書いている。建物は金融化とともに必然的に仮想化されるが、この仮想性は起こりうる現実と当然ながら結びついているため、仮想が現実に取って代わるということではない。テイラーは次のように述べている。

経済のグローバル化と通貨の電子化により、下部構造と上部構造の階層関係は横方向の情報ネットワークの広がりに変わる。もちろん、いわゆる物質的な生産は継続するが、経済を動かす力はますます仮想的なものになっている。私たちがいま直面している理論的な課題は、上部構造を下部構造に還元することではなく、物質性と非物質性が完全に再構成されるという複雑な表層の観点から、かつて表層と深層に見えたものを改めて解釈することである。[17]

完全に再構成された物質性と非物質性が、ここではポイントである。このような再構成は、奇妙な矛盾を引き起こす場合がある。建物自体は、物理的に物質性が減少したようには見えないかもしれない。むしろ多くの場合、さらにモニュメンタルに見える。しかしモニュメントとしては非物質的に機能しており、伝統的な建築の目的という点では機能を失い、投資用のイメージとして電子的に媒介される。

　仮想不動産を売買できる仮想領域は多く存在する。このような形式の不動産は物理的な現実とは結びついておらず、セカンドライフ、エントロピア・ユニバース、ディセントラランドなどのオンライン環境に存在する。

　２００３年以来、オンライン上の仮想世界であるセカンドライフで仮想の土地や建物を借りたり所有したりできるようになり、その取引は仮想通貨を通じて行われている。２００６年、バーチャル不動産起業家になった中国人女性アイリン・グレフのアバターであるアンシェ・チャンが、主にセカンドライフでの不動産の売買および賃貸を通じて初の「バーチャル億万長者」になったと報じられた。彼女のアバターは２００６年５月１日に「ビジネスウィーク」誌の表紙を飾った。セカンドライフの最盛期は過ぎているが、依然として50万人から１００万人のユーザーがいると言われて

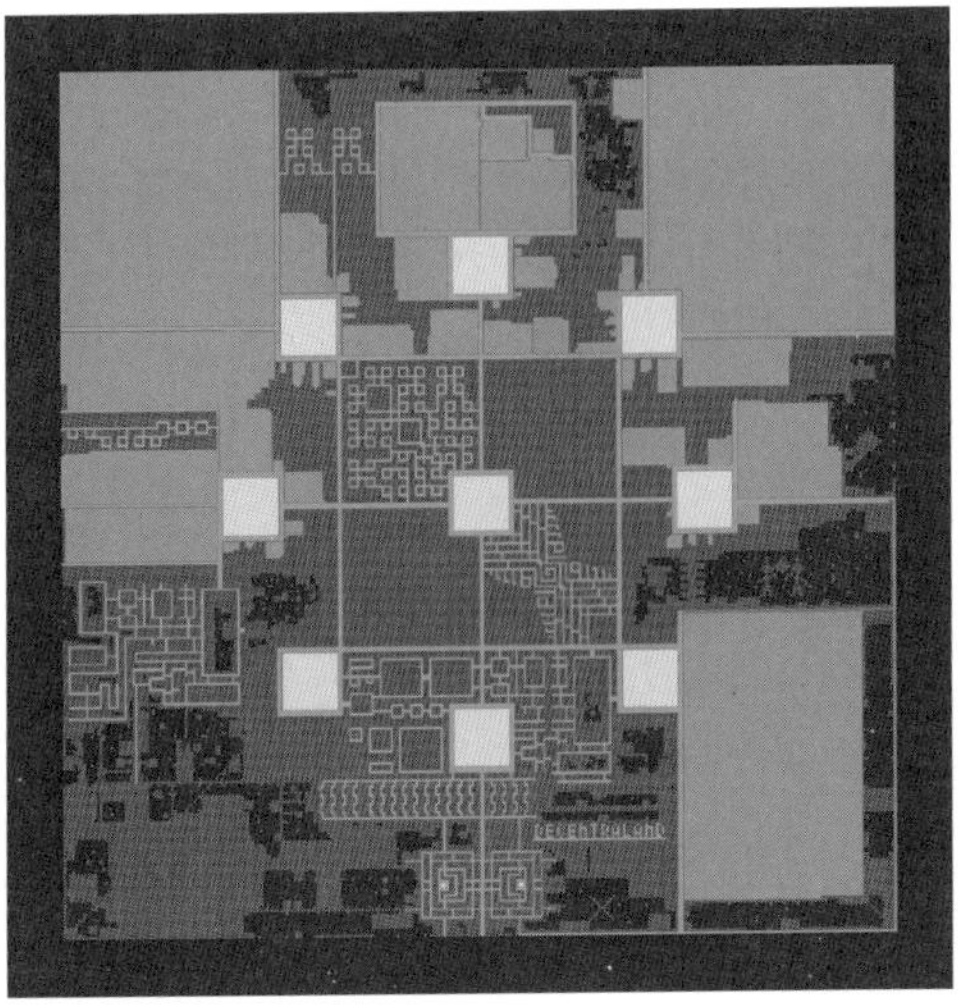

ディセントラランドの「ジェネシスシティ」のマップ。

いる。
２００３年にリリースされたエントロピア・ユニバースでは、数々の記録的な仮想不動産取引が行われてきた。ヤン・パナシュークは、「八つのバイオドーム、スペースドック、スタジアム、クラブ、ショッピングモールを含む」クラブ・ネバーダイと呼ばれるエントロピアの目的地の一部を、実際の米ドルを使って33万５０００ドルで２０１０年に購入したと言われている。[18]
ブロックチェーン技術の出現は、新しい形の仮想世界の発展に一役買っている。ディセントラランドは、２０１７年にリリースされた「ブロックチェーンを活用した仮想現実世界」である。[19] ディセントラランド内のディベロッパーたちは、ジェネシスシティという土地面積が有限である都市を開発している。「ブルームバーグ・ビジネスウィーク」誌は、「仮想不動産で大金を稼ぐ」というタイトルの２０１８年の記事で、ジェネシスシティの１００平方メートルの土地が最大20万ドルで販売されていると報じた。[20]

Lumionのウェブショーケースからのサンプルパース、2020年。ほとんどが葉で覆い隠されている建築。

これらのオンライン・プラットフォームにおける仮想不動産の時価総額は、非仮想不動産の時価総額と比較すると微々たるものだ。しかし、主流である不動産市場が仮想化の方向に移行しており、ファーストライフ（現実世界）がセカンドライフ（仮想世界）に近づいているという仮説は、このようなオンライン不動産の存在から信憑性が高まっている。これらの仮想環境は、完全に非物質的な建築でも経済的価値を持つことができるということを示している。これらの市場が不動産市場と融合するのに伴い、すべての不動産、ひいては建築が、現実と仮想のハイブリッドであるという、まったく新しい世界観が出現する。

市場ベースの住宅を設計する北米の建築家の間では、販売会社の方が建築家よりも今や力を持っているという嘆きが共有されている。たとえば、バンクーバーでは、150戸以上の分譲マンションの建築設計報酬は、建設費の約2・5パーセントである。[21] これは、1戸あたり約4000ドルに相当する。[22] 販売会社にも一定の率で報酬が支払われるが、基準となるのは（はるかに高い）住戸の販売価格である。これらの報酬料率はほとんどの場合において伏せられているし、プロジェクトごとに異なるため、正確な数字を特定することは困難だが、販売価格の2パーセント前後であると推定される。[23] 2017年12月時点のバンクーバーのマンションの基準価格は42万4500ドルなので、これに対する販売会社の1戸あたり報酬は約8500ドルとなり、1戸あたりの建築設計報酬よりも112パーセント高いことになる。

このような報酬のヒエラルキーは意思決定プロセスに現れており、分譲マンションの販売に特化した販売会社は初日からプロジェクトチームの一員となり、建築家よりも多くの意見を反映させることができる。このような文脈での建築家の役割は、市場に訴求できるライフスタイルを容易に表現できるような、お決まりの器を提供することだけになりがちだろう。CGは、プロジェクトの販売目標を伝達するための比類ないツールであり、多くの意味で、それがプロジェクトの全容である。ロンドンを拠点とする建築家のジャック・セルフは、「ディベロッパーや商業建築家が採用している現代のレンダリング・エンジンは、世界をありえないほど輝かしい現実として偽ることで、資本の残酷さを隠蔽している」と述べている。[24]

Lumionのような3Dソフトウェアを使えば、ライブラリのデータからドラッグ&ドロップだけで現実世界の要素（家具、人物、乗り物、植物、大気や気象の条件など）を配置することができる。Lumionの宣伝資料では次のように書かれていた。「現実的なランドスケープや都市の背景、スタイリッシュな効果、コンテンツライブラリの何千ものオブジェクトやマテリアルを使用することで、あなたのデザインに瞬時に命が吹き込まれます」[25]。マーケティングの知見と3Dソフトウェアの統合によって生まれたのは、建築が投資用のイメージ作成業務であるとみなされるような社会環境だ。

英国の政治経済学者ウィリアム・デイヴィスは、「金融化が必然的に依存する唯一の資源は……未来である」と書いている。[26] トランス・ヒューマニストのモニュメントはすでに金融資本主義の特徴となっているが、次のステップではどうなるのだろうか。投資指向の建築が、物質そのものからどんどん遠ざかっていくのだろうか。活気に満ちたプレセールス市場が示すように、それは以前から起きていることだ。この新しい状況において建築に残されるものは実現可能性を伴う建物のイメージ作成であり、これはすでに建築生産において既成事実となりつつあるかもしれない。プレセールスの期間が10年、20年、50年、そして永遠に延びていき、投資の媒体として投資イメージだけが存在すると想像すれば、非金融的なものが金融化された場合の一つの可能性が垣間見える。

この観点から、3Dソフトウェアを建築ツールとしてだけでなく、一種のフィンテックとしても概念化することができる。なぜなら、建築は3Dソフトウェアによって金融電子圏に昇華され、「固体であるもの」はすべて「固体になる可能性のあるもの」になるからである。仮想現実と拡張現実は、日常生活においてすぐにでも取り入れられるほどに洗練度が増している。このような表現の方式において、今日の建築がバーチャル・リアリティーからリアル・バーチャリティー寄りになっていくことは自明の理だ。ラインホールド・マーティンは、このことを認識しながら、建築について次のように書いている。「それは一種のリアル・バーチャリティーであり、市場とそれを操作する人々の観点においては、実際に存在する有形のもので、有用な物体と呼ぶのが妥当であろうもの（つまり、本物の建物）はすべて、一連の表象に置き換えられてしまった」[27]。

SFと建築

SF作家ウィリアム・ギブソンが1985年に生み出した「遠ざかる街の灯」というサイバースペースの比喩からは、現実空間との密接な関係が即座に伝わってくる。ギブソンの『ニューロマンサー』（黒丸尚訳、早川書房、1986年）、そしてSFというジャンル全体が、都市建築の強い感覚を確立しているため、建築設定があまり具体的でないＳＦを想像することは困難である。同時に、建築の実務を、科学やテクノロジーに大きく依存した一種のフィクションとして理解することもできる。19世紀後半に初めて使用された鉄骨の梁から20世紀後半の電子センサーに至るまで、特定のテクノロジーや科学的な知識が建造物に組み込まれており、建物自体もまた一種のテクノロジーである。

より広範な文化的および美的な意味においても、建物は科学的な知識の影響を受けている。アントワーヌ・ピコンとアレッサンドラ・ポンテは著書『建築と科学』(Architecture and the Sciences)の序文で、「ウィトルウィウスやレオナルド・ダ・ヴィンチの時代から、科学は建築のイメージや比喩の源泉として機能し、建造空間の形成に直接的な影響を与えてきた」と述べている。[28] ウィトルウィウスは、建築家が気象学、天文学、医学の知識を持つことの重要性を説いているだけでなく、『建築について』(*De Architectura*)のおよそ3分の1を、脱水機から強制ポンプに至るまでのローマの技術の説明に費やしている。未来を発明する先駆的な行為としての建築とＳＦとの共生関係により、建築をＳＦとして、またＳＦを建築として考えることが可能になる。

もちろん、科学技術の進歩と経済システムの間には強い関係がある。どの生産様式においてもテクノロジーは重要な要素であり、テクノロジーの変化は経済発展に大きな影響をもたらす。[29] たとえば、17世紀から18世紀にかけてのオランダとイギリスにおける鋤の技術改良は重農主義の出現と関連しているし、蒸気機関などの工業化に関わるイノベーションは産業資本主義の台頭と連動して機能した。マーク・Ｃ・テイラーが述べているように、「化石燃料と印刷技術がなければモダニズムと産業資本主義は実現不可能だったように、電気、そして画像の制作と拡散における革命的な変化がなければポストモダニズムと消費資本主義は実現不可能だったであろう」[30]。

時間の経過とともにテクノロジーや経済構造が変化するのに伴い、建築も変化する。初期のモダニズムは産業資本主義と共生関係にあった。ル・コルビュジエが穀物サイロ、電車、自動車、オーシャンライナー（豪華客船）など産業資本主義の産物に魅了されていたことは有名である。コルビュジエにとっての産業資本主義は、レム・コールハースにとっての消費資本主義である。コールハースの事務所であるOMA（Office for Metropolitan Architecture）は1975年に設立され、その最初の主要プロジェクトであるオランダ国立ダンス・シアターは1987年に完成した。OMAのミース的およびコルビュジエ的美観と、プログラム主導の超機能主義の組み合わせは、コンシューマリズムのより大きな特徴と共鳴している。しかし、こうした関心が最も顕著に表れているのは、OMAの折衷的な素材パレットである。OMAによる塗装、カーペット、カーテン、コラージュのようなテクスチャーの探求は、商業主義的インテリアデザインの世界と共鳴している。アンディ・ウォーホルが広告やセレブ文化の美学を実験的に取り入れたように、OMAは商業インテリアのオブジェや雰囲気を再配置し、変調させる。

OMAの1995年の著書『S,M,L,XL』は、典型的な設計事務所のモノグラフや建築家のマニフェストから大きく脱却したものだった。この著書は序文において「建築が生み出される条件を明らかにする融合体」であると宣言している。このような開示を行うための主な手段として、文学的なテキスト、つまりフィクションとノンフィクションを曖昧にする数々の物語がある。O

MAのプロジェクト「ネクサスワールド集合住宅」の画像は、「東京への決死の電話」というフレーズから始まる「日本語を学ぶ」というタイトルのストーリーとともに掲載されている。ダラヴァ邸プロジェクトは、「それは明らかに建築に対して強い情熱を持っている人物によって青インクで書かれたものだった。読んでみると、このプロジェクトが神話のような仕事になることがすぐに分かった」[31]という謎めいたエピソードから始まる。フランス国立図書館の図面は、架空の日記の上にレイアウトされている。『S,M,L,XL』は、このような一連のテキストにOMAの建築プロジェクトを余すところなく組み込むことで建物とテキストを融合させており、そこではフィクションとノンフィクションは曖昧だ。

『S,M,L,XL』のエッセイ「シンガポール・ソングライン」は、ウィリアム・ギブソンのシンガポールについての考えに対する批評から始まる。このエッセイは、コールハースとギブソンの違いを伝えながら、ギブソンに対するコールハースの関心を示している。『S,M,L,XL』には、コールハースがサイバー空間と現実空間の概念的な重なり合いに言及する箇所があり、たとえば「ジェネリック・シティとは、都市生活の大部分がサイバー空間に移った後に残るものである」[32]と書かれている。テキストそのものの参照よりも重要なことは、『S,M,L,XL』のフィクションの全体的なトーンには、ギブソンのサイバーパンクのトーンとの重要な共通点があることである。サイバーパンクにおいて基本となる文学的仕組みは、一種のハードボイルドなフィルム・ノワール的スタイルを介した、ハイテク未来主義と平凡で日常的な社会状況の並置である。このジャンルは、文化的な変革とテクノロジーの型破りな使用を表現しながら、ユートピアとディストピアの矛盾を探求する。サイバーパンクもまた、その環境を設定する上で建築空間や都市空間について多く言及する傾向がある。

『S,M,L,XL』のエッセイやフィクションはディストピアであると同時にユートピアであり、常に刺激に富んだ手法で、テクノロジーとグローバリゼーションの影響下で変容する建築を描いている。国際的なコミュニケーションと輸送が容易になったことによって新たに力を得た建築家は、世界的な都市化のノマドとして描かれている。しかし建築家は同時に、終わりのない旅という空虚な魅力から逃れることのできない、平凡で無力な人物でもある。フレドリック・ジェイムソンは都市関連のテキストで、「ここではサイバーパンクを参照すべきであるようだ。……サイバーパンクは（コールハースのように）自らの（そして世界の）過剰さを大いに楽しんでいるようである」[33]と、コールハースとサイバーパンクの共鳴をほのめかしている。

『S,M,L,XL』にはSF的な性質があり、この本の建築的内容はサイバーパンクの系譜に位置付けられる。その融合体は、ファックス、格安航空旅行、パーソナル・コンピューティング、消費者文化などの１９９０年代初頭の社会工学的な関心事から導き出されたものである。今であればどこに帰結するだろうか。過去20年間における最もテクノロジー指向の建築の実務では、パラメトリックデザインを中心として、デジタルの新たな可能性に焦点が当てられてきた。パラメトリックデザインは、最も基本的な意味で、デザインプロセスにおけるアルゴリズム的な思考を重視する。その歴史は少なくとも一世紀を遡り、当初はアナログだったが、コンピューターがアルゴリズム方程式を実行するようになった。そのプロセスが洗練されて造形的な可能性が向上すると、数々のアイコニックな造形がもたらされるようになった。コールハース的なプロジェクトが消費資本主義との関係で理解できるとするならば、パラメトリックデザインは金融資本主義との関係で理解することができる。

しかし、パトリック・シューマッハが支持する、スタイルを重視するパラメトリックデザインの姿勢は、最も重要な点をおそらく見逃している。金融資本主義的な建築は金融アルゴリズムを基礎としているため、パラメトリックなスタイルの曲線的なエキゾチシズムだけに固執しているのではなく、さまざまなスタイルをすでに吸収しながらアルゴリズム化されている。シューマッハ版のパラメトリック建築の造形を近視眼的に捉えてしまうと、必ずしもパラメトリックに見えない建築における、大きな変化を見落としてしまう。現代資本主義の建築における主な目的は、物理的に形状を曲げたり歪めたりすることではない（重要な側面ではあるが）。むしろ、金融テクノロジーは、シューマッハが思い描いているよりもはるかに急進的なもの、つまり金融資本主義というスピリチュアリティのために、脱シェルターおよび脱物質の形に向けて建築を推進している。

金融のテクノロジー

高度なコンピューティングと金融の統合はいち早く行われ、それによって包括的な変化がもたらされた。ニューヨーク証券取引所は１９６６年にコンピューター制御による取引システムに切り替え、１９７１年に開設されたナスダックは、世界初の電子証券取引所になった。マッキンゼー・グローバル・インスティテュートの２０１６年の分析によれば、テクノロジー業界以外で見ると、米国経済において最も高度にデジタル化された三つのセクターは、金融、メディア、（医師、弁護士、会計士などの）プロフェッショナルサービス業界である。[34] デジタル技術なしには、今日の経済はまったく想像できない。

現代のグローバル化した資本主義では、金融情報をほぼ瞬時に転送する必要があり、それ自体が著しくアルゴリズム的である。世界の株式取引高において、アルゴリズムにもとづいている割合については議論があるが、大部分（70〜90パーセント）であるということについては概ねコンセンサスが取れている。[35] これらのアルゴリズムによって、ナノ秒単位で株式を売買するという、人間では操作できない高頻度取引が可能になっている。高頻度取引が導入された当初には、トレーダーが株価の瞬間的な変動を利用することが可能になり、その競争優位性によって大きな利益をもたらすものだった。アルゴリズム取引は、生産を行わずに利益を得ることに重点を置いた、金融資本主義の極端な形である。この極端な手法は人工知能によってのみ可能であることから、金融資本主義はおそらくＡＩにとって有利な経済形態である。

フィンテックは、金融業界と高度なコンピューティングを最大限に統合することを目指している。世界経済フォーラムによると、「（フィンテック系の）企業はモバイルテクノロジー、ビッグデータ、優れた解析能力を駆使して、さまざまな顧客層向けの製品を提供している」。[36] フィンテックの例は、ワイズ（旧トランスファーワイズ）のような「ボーダレス口座」を使って簡単に世界中でお金を動かすことを可能にするサービスから、ビットコインやイーサリアムなどの分散型暗号通貨までさまざまである。多くのビジネス・アナリストの主張によると、音楽、テレビ、出版と同様に金融サービスは物理的な商品ではなく情報で構成されているため、ソフトウェアによる継続的な混乱の影響を非常に受けやすい。世界的な監査法人デロイトの報告書によるとフィンテック業界は大きく成長しており、フィンテックへの世界の投資は２００８年に約10億ドルだったが、２０１７年には２２０億ドルに達した。[37]

プロップテックの台頭

金融業界では不動産が中心的な地位を占めているため、当然のことながらフィンテックのサブカテゴリーには不動産に特化したものがある。キャッチーな略語が好まれる現代において、この領域は「不動産テック（RE Tech）」あるいは「プロップテック（PropTech）」として知られている。フィンテックは金融業界全般を対象としているが、プロップテックがフォーカスしているのは、ディベロッパー、不動産販売業者、賃貸業者、投資家、およびさまざまな関連専門職といった、不動産に特化した多様な市場関係者である。プロップテックは、不動産の設計、建設、販売、広告、取引、運用に対応している。プロップテックの例としては、ジロー（Zillow）などのオンライン不動産データベースが挙げられる。ジローが提供するのは、販売中の住宅に関する地理的および金融関連のデータ、匿名でカスタマイズできるローン・シミュレーション、不動産アドバイス用の掲示板を提供する住宅用不動産のモバイルインターフェイスだ。おそらくこれまでで最も破壊的なインパクトを持ったプロップテックは、一般の人々にとって住宅の運営方法を一変させたエアービーアンドビー（Airbnb）である。また、ブロックチェーン技術とそれによって可能となる分散型台帳が不動産取引のプロセスを一変させつつあり、時間とコストの両面で不動産取引を本質的に効率化する可能性があると、大きく期待を寄せる者もいる。[38]

フィンテックやプロップテックに限らず、金融商品と金融業務の包括的な発明によって、これまで存在しなかったまさに世界的な不動産市場が生まれた。これらの発明がテクノロジーとして考えられることはほとんどないが、過去40年間における極めて影響力のある技術革新である。21世紀初頭のテクノロジーの変化により、不動産情報の収集、分析、伝達の速度が向上した。こうした変化として、インターネット上で地域別あるいは住居別のデータが利用可能になったことや、不動産ビッグデータが出現し、オンライン不動産システムに組み込まれたことなどが挙げられる。

オーストラリアの都市地理学者ダラス・ロジャースによると、彼が「投資家中心の仲介テクノロジー」と呼ぶものが2000年以降に登場しており、これが裕福な投資家にとって重要になっている。これらのテクノロジーが世界中の投資家に提供するのは、地域の不動産や、さらには地元の金融機関についての小規模データの閉鎖ネットワークへのアクセスだ。ロジャースが一例として挙げるものに、中国人の購入者とオーストラリア、カナダ、米国の不動産市場を結び付ける統合プラットフォーム型のウェブサイト「居外」（中国語で「海外の家」の意）がある。[39] 不動産専門家に焦点を当てた同様の仲介テクノロジーも見られる。この観点では、REITや住宅ローン担保証券、およびそれらの一般化された電子仲介なども、テクノロジーをもとにした仕組みとして理解できる。

金融フィクションとしての建築

『S,M,L,XL』における建築的言説へのアプローチが読者に気づかせたのは、現代の状況を概念的に整理するために、思索的なフィクションのレンズを通して見ることの有用性だった。このようなアプローチは今日でも同様に適切だと思われるが、サイバーパンクという特定の思索のジャンルは、25年前ほど有効ではなくなってきている。

建築的な思索の手法が修正されるとすれば、主導的であるにもかかわらず建築ではほとんど議論されない新しい状態、つまり金融資本主義への移行が必要となる。金融がテクノロジー化し、テクノロジーが金融化していることによって、建築活動の領域を構想する手段として浮き彫りになるのは、建築がＳＦを利用することの可能性だ。新しい建築知識を生み出すためのアプローチは、ＳＦ（サイエンス・フィクション）の「サイエンス」を金融テクノロジーに置き換えること、言い換えれば、ＳＦから金融フィクションへ、つまりSci-FiからFi-Fiへ移行することかもしれない。

ジェイムソンは、「要点を詳しく述べることはしないが、私は、金融資本の抽象的な側面または唯物論的な昇華が、サイバースペースと同じような半自律性を享受しているという印象を持っている」[40]と書いた。カール・マルクスは金融資本主義の主要な要素である信用と株式制度について、彼が擬制（架空）と呼んだタイプの資本を伴うものであると説明したが、これも同様の意味での半自律性にもとづいている。マルクスにとって、物理的な生産の変動が伴わない株式市場の変動や、会計実務で生じる資本の倍増は、その半自律性、つまり架空性を意味していた。ルドルフ・ヒルファディングがマルクスの初期の考えを発展させて、金融資本主義としてより完全な形で表現したのに伴い、金融をフィクションとして捉えるという流れが拡張され、これはさまざまなレベルで今日まで続いている。建築が金融資本主義にとって好ましい媒体となるのに伴い、マルクス、ヒルファディング、レーニンなどの視点から見た建築もまた架空のものとなった。あるいは、建築に元からあった架空性が加速したと言った方がよいかもしれない。したがって、分譲マンションのプレセールス市場、CGパースの優位性、プロップテックのアルゴリズムは、擬制資本の半自律性と同等のものであると言える。

金融フィクションのジャンルには通常、文学、映画、そしてリー・クレア・ラ・ベルジュが「金融活字文化」と呼んでいる、ビジネス・ジャーナリズムから投資の指南書に至るまでの活字空間の広がりがあり、[41] たとえば映画『ウォール街』からトマス・J・スタンレーの1996年の著書『となりの億万長者：成功を生む7つの法則』（斎藤聖美訳、早川書房、1997年）に至るまで多岐にわたる。余剰資金により新たな金融商品や金融業務の創出が促進されるのと同時に、ラ・ベルジュのような学者にとっては、新たな「文学的意味や、物語の形式の生産と論争のための手段」も確立される。[42] これらの新しい手段は、単に金融を表現しているだけでなく、建築が金融化の一部であるのと同様に、金融化を構成する要素でもある。ラ・ベルジュは、抽象性、複雑性、単純性を、金融に関する学術的な言説および金融フィクションの用語を体系づける顕著な常套句として特定している。[43] しかし、金融は常に抽象的かつ物質的なものであるため、抽象性や複雑性と実際の人間のありようの間には永続的な矛盾が存在する。ラ・ベルジュは次のように書いている。

より大きな社会構造はそれを構成する行為から乖離しているように見えるものの、取引や信用の付与（即時の取引および無制限の期間に及ぶ可能性のある取引の両方を含む）といった行為は、そのような社会構造に必然的に結び付けられている。その点で、現実的抽象（real abstraction）は金融の批判的研究にとって潜在的に有用な概念であるようだ。金融は抽象的に見えるかもしれないが、現実的抽象としては、具体的でもある。[44]

金融資本主義の建築は、現実的抽象、つまりリアル・バーチャリティーである。それは、物質的で具体的な存在と、金融という一見神秘的で抽象的で複雑で非物質的な領域との間の限界空間における装置として機能する。もちろん、これこそが金融資本主義の活動の場である。金融資本主義の台頭により、人間のためのシェルターとしての建築の伝統的な概念は弱められ、比較的抽象的で非物質的な、つまり架空の、脱シェルター的な金融機能に取って代わられた。このように抽象的かつ非物質的でありながらもリアルな金融都市に住み続けることによって、人間という主体は、自らの金融化された現実において架空の人物へと変化していく。

あとがき

どうにかして私たちの精神を高めて、
資本主義が人類にこれまでに起こった最高の出来事であると同時に、
最悪の出来事であるということを理解しなければならない。
——フレドリック・ジェイムソン、１９９２年

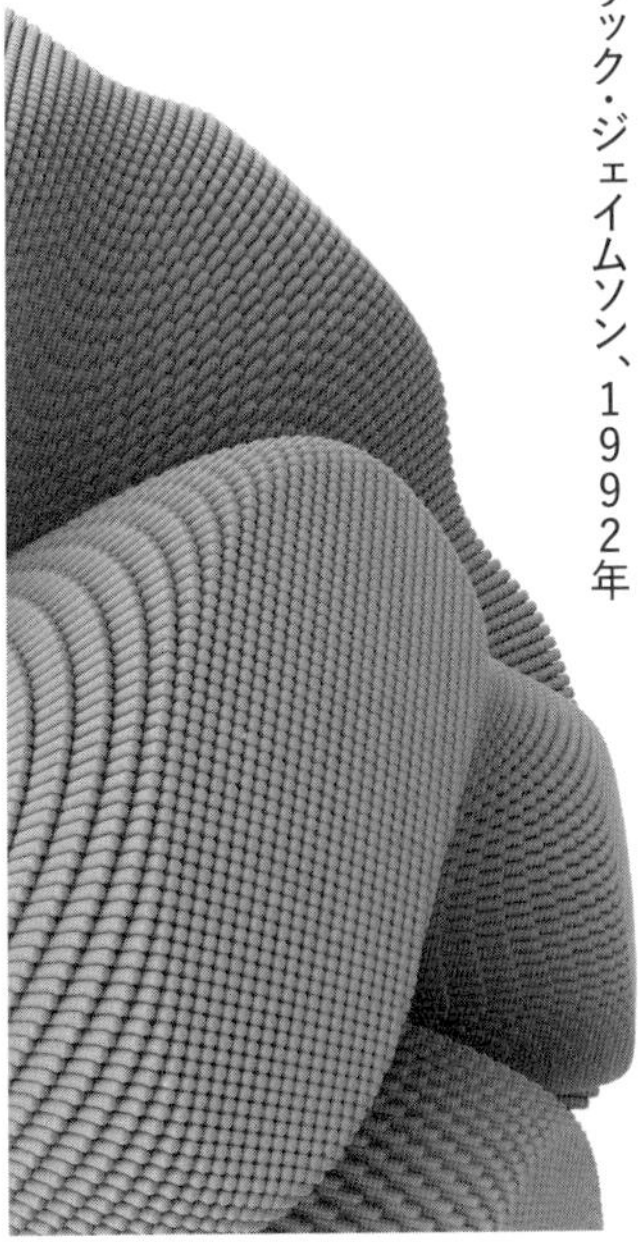

本書の最終原稿も終わりに近づいていたときに、新型コロナウイルスが出現した。編集とレイアウトの作業が進む中、世界的なパンデミック、北米とヨーロッパにおける警察の人種差別的な残虐行為への広範な抗議活動、気候変動に関連した数多くの異常気象、米国での2020年11月の大統領選挙が近づく中での政治的な権限移譲など、世界はさまざまな面で非常に不安定になっているように見えた。私は自宅マンションで一人でこのあとがきをタイプしているにもかかわらず、N95マスクを着用している。ウイルスから身を守るためではなく、バンクーバーと北米の西海岸を一週間ほど覆い続けている、喉と鼻を焦がすような山火事の濃い煙への対策だ。(新型コロナウイルス以前のプロジェクトで偶然に余っていた)N95マスクが2枚あり、今回の感染がさらに拡大した場合に備えて捨てずにいたのだが、今こそが、このマスクを使う最適のタイミングだったようだ。

新型コロナウイルスによって引き起こされた恐怖、混乱、そして人命の喪失のさなか、少なくとも建築の観点から見えてきたのは、公衆衛生、経済、建築空間の驚くべき結びつきである。一般的に、新型コロナウイルスに対応する上で中心となる関心事は経済と健康のバランスだが、ウイルスを軽減する主な手段は空間的なもの、つまりソーシャル・ディスタンスを取ることである。世界の多くの地域で最初のロックダウンが行われたときに人々は外出自粛(ステイホーム)を求められ、現在では何百万人もの人々が継続的に在宅で仕事ができるように、住まいのインテリアを改装している。本書で述べている今日の金融資本主義の非肉体的な傾向は、新型コロナウイルスによる社会状況の中でますます強くなった。対面で会う代わりにオンラインで長く話すようになったり、実店舗で買い物をする代わりにアマゾンで注文したりなどして閉ざされた「ソーシャル・バブル」を維持すればするほど、私たちは自身の肉体から遠ざかり、マンハッタンの432パーク・アベニューのように非物質化した金融資本主義の象徴をより深く信奉するようになっていく。

金融資本主義が生み出した建築の投資ポートフォリオは、新型コロナウイルスの時代には特定の役割を果たした。複数の不動産を持つ投資家は、より安全だと思われる場所に割と簡単に移転できた[1]。ニューヨークの中心にあるマンハッタンの別荘ではリスクが高すぎるなら、代わりに少し離れたロング・アイランド島のハンプトンズへ行けばいい。ハンプトンズでも近すぎるのであれば、4番目のコロラド・ロッキーズにある物件はどうだろう……。このような特権は、金融資本主義によって生じた格差を例示するものであり、新型コロナウイルスとその対応においてはこうした格差が浮き彫りとなり、さらに加速した。

不動産や建築は、しばしば人種差別の強力な媒体として機能してきた。金融資本主義の空間に現れる格差には、人種差別的な側面が確実にある。それは、黒人が多数を占める地区の一戸建て住宅をかっさらっていく機関投資家の略奪的な手法から、地球規模で人種的な分離を広めるバンクーバー・ハウスの空間慈善活動に至るまで、あらゆることで確認できる。アメリカの地理学者ルース・ウィルソン・ギルモアが言ったように、「資本主義は格差を必要としており、人種差別が格差を保持している」[2]のである。ブラック・ライブズ・マター運動が求めているのは、警察による暴力だけでなく、人種差別的な暴力が行われるあらゆる場所において、人種的な動機に基づく黒人への暴力の終結だ。そしてこれは、建築家による暴力や、金融化の制約による暴力にまで及ぶ可能性がある。

現在の不安定な状況から大きな変化が生まれるだろうか。前例のない山火事は、気候変動を止めるための集団的な行動へとつながるだろうか。ブラック・ライブズ・マター運動は意味のある形で人種差別を減らすことができるだろうか。新型コロナウイルスによってもたらされた変化は住宅市場に恒久的な変革をもたらすだろうか。これらを判断するのは非常に難しい。しかし、重大かつ画期的な変化が起こらないことも十分に考えられる。２００８年の金融危機によって露呈したのは、建物を投機的金融市場の中心に位置付けることとの問題だった。しかし、大恐慌以来で最悪の金融危機と言われていたこの危機の後も、大きな変化は起きていない。事実、世界の金融システムとそれが機能する建造環境は、２００７年よりもさらに不安定な状況にある。ここバンクーバーも手頃な価格の住宅に関わる深刻な危機に悩まされているし、大規模な住宅バブルが弾けようとしているという情報が街のいたるところで聞かれるようになってから随分と経っているものの、パンデミックの期間も住宅価格は上昇し続けている。最近話をした住宅ローンの専門家は「市場は盛況だ！」と言っていた。市場における唯一の変化は、物件探しがさらに非肉体的なものになり、「バーチャル内覧」が定番になったことである。

しかし、現在の路線が永遠に続くとは思えない。貧富の格差がどれほど極端に広がれば、システム全体が崩壊するのだろうか。ミネアポリスなどの街頭での抗議活動も、資本主義が必要とする格差の現れである。私としては、事態が新型コロナウイルス感染症以前の状態に戻らないことを願っている。

資本主義の欠点にどう対処するかという問題について、建築は長らく取り組んできた。しかし、いかなる攻撃をも吸収する資本主義の強欲さはよく知られるところである。建築は今や金融であるため、優れた批判的思考力を持った建築家は、ある種の批判的な金融を実践する必要がある。これは建築家が銀行家になるべきだという意味ではなく、建築家が構造エンジニアと協業しているのと同じような方法で、これからは金融業者と協力することを検討してもいいのではないかということだ。建築には金融資本主義からの意味のある自律性はなく、そう主張することは、建物や都市全体で展開されている格差を恒久化するだけである。批判的かつ創造的な行為としての建築は、21世紀においてその目的を改めて主張するために、活動領域を拡大しなければならない。建築は現在の不安定な状況の中にこそ、未来の居場所を見つけることができるのかもしれない。後戻りはできないのだ。

謝辞

本書は、カナダ社会科学・人文科学研究評議会による助成研究から発展したものです。このプロジェクトが始まったとき、ブリティッシュ・コロンビア大学の建築&景観建築学科（ＳＡＬＡ）の大学院生だった研究助手のロリンク・ヴァース氏とホシマール・ドミンゲ氏の素晴らしい貢献に感謝します。

さまざまな形でご協力をいただいた多くの方々に感謝しており、ここで何人かを紹介させてください。アイルランドのゴースト・エステートを案内してくれた写真家のアンソニー・ホーヒー氏。レズリー・ヴァン・ドゥザー氏は、私が同僚のサラ・スティーブンズ氏と共同企画した金融、保険、不動産レクチャーシリーズを支援してくれました。私が南カリフォルニア建築大学（ＳＣＩ-Ａｒｃ）在職中に研究を支援してくれたマーシャ・フパロ氏。ブリティッシュ・コロンビア州の不動産業界に関する知見を共有してくれたジェイ・ウォーレンバーグ氏。私の研究に新たな可能性を見出してくれたデヴィッド・ルイ氏。原稿のさまざまな側面についてフィードバックをくれたジョージ・ベアード氏、ジョン・バース氏、ペギー・ディーマー氏、アレックス・デュヴァル氏、ジェフ・マン氏、シェリー・マケイ氏、サラ・スティーブンズ氏には特に深く感謝しています。

このプロジェクトを支援し、実現させてくれたPrinceton Architectural Pressの皆さん、なかでも、敏腕編集者のサラ・ステーメン氏にはとても感謝しています。最後に、私がＳＡＬＡ、ハーバード大学デザイン大学院、ＳＣＩ-Ａｒｃで教えてきたすべての学生に敬意を表します。本書は、これらの学生たちの鋭い洞察から無数の形で恩恵を受けています。

■参考文献

まえがき

1. Leilani Farha, UN Human Rights Council, *Report of the Special Rapporteur on Adequate Housing as a Component of the Right to an Adequate Standard of Living, and on the Right to Non-Discrimination in This Context*, A/HRC/34/51, January 18, 2017, https:// digitallibrary.un.org/record/861179.
2. 社会科学人文科学研究会議(SSHRC)は、カナダにおける社会科学および人文科学の主要な助成金交付機関であり、カナダ政府によって運営されている。
3. K. Michael Hays, *Architecture Theory since 1968* (Cambridge, MA: MIT Press, 1998), 3.
4. Fredric Jameson, *Postmodernism, or, The Cultural Logic of Late Capitalism* (Durham, NC: Duke University Press, 1992), 5.
5. Jameson, *Postmodernism, or, The Cultural Logic*, 38.
6. Jameson, *Postmodernism, or, The Cultural Logic*, 44.
7. Fredric Jameson, "The Brick and the Balloon: Architecture, Idealism and Land Speculation," *New Left Review* 228 (March–April 1998): 26.
8. Fredric Jameson, "Culture and Finance Capital," *Critical Inquiry* 24, no. 1 (1997): 260.
9. Jameson, "Brick and Balloon," 44.
10. ジェイムソンは、建築史家のチャールズ・ジェンクスからこの用語を借用している。以下を参照。"Brick and Balloon," 44.
11. Reinhold Martin, "Financial Imaginaries: Toward a Philosophy of the City," *Grey Room* 42 (Winter 2011): 65.
12. Martin, "Financial Imaginaries," 65.
13. Martin, "Financial Imaginaries," 64.
14. Martin, "Financial Imaginaries," 77.
15. たとえば、ラインホールド・マーティン著 *Utopia's Ghost: Architecture and Postmodernism, Again* (Minneapolis: University of Minnesota Press, 2010)では1980年代の金融資本主義を考察するにあたり、主に企業オフィスビルについて論じている。第5章"Materiality."を参照。
16. 新自由主義に関する研究において、ダグラス・スペンサーはザハ・ハディドやフォーリン・オフィス・アーキテクツなどの建築家を引用し、自身の概念的立場を展開している。以下を参照。 *The Architecture of Neoliberalism: How Contemporary Architecture Became an Instrument of Control and Compliance* (London: Bloomsbury, 2016).
17. Giovanni Arrighi, *The Long Twentieth Century: Money, Power, and the Origins of Our Times* (1994; repr., New York: Verso, 2010), 6. 引用は2010年版による。
18. 以下を参照。Sara Stevens, *Developing Expertise: Architecture and Real Estate in*

Metropolitan America (New Haven, CT: Yale University Press, 2016).

序章

エピグラフ: Fredric Jameson, "The Brick and the Balloon: Architecture, Idealism and Land Speculation," *New Left Review* 228 (March–April 1998): 32.

1. ジョヴァンニ・アリギは、1994年の著書『*The Long Twentieth Century*』の冒頭で、「この四半世紀の間、資本主義のあり方が根本的に変化したように思われる」と記している。 Giovanni Arrighi, *The Long Twentieth Century: Money, Power, and the Origins of Our Times* (New York: Verso, 2010), 1.
2. Greta R. Krippner, "The Financialization of the American Economy," *Socio-Economic Review* 3, no. 2 (2005): 174.
3. 以下を参照。 Karl Marx, "Part Eight: Primitive Accumulation," in *Capital: A Critique of Political Economy*, vol. 1 (1867; repr., London: Penguin Books in association with New Left Review, 1981). ［カール・マルクス著『資本論　経済学批判　第1巻　IV』(中山元訳、日経BP、2012年)］
4. 以下を参照。Krippner, "Financialization of American Economy."
5. "Listed Domestic Companies, Total," World Federation of Exchanges Database, World Bank, accessed March 7, 2020, https://data.worldbank. org/indicator/CM.MKT.LDOM.NO.
6. "Stocks Traded, Total Value (Current US$)," World Federation of Exchanges Database, World Bank, accessed March 7, 2020, https://data. worldbank.org/indicator/CM.MKT.TRAD.CD.
7. "Stocks Traded, Total Value (% of GDP)," World Federation of Exchanges Database, World Bank, accessed March 7, 2020, https://data.worldbank.org/indicator/CM.MKT.TRAD.GD.ZS.
8. Costas Lapavitsas, *Profiting without Producing: How Finance Exploits Us All* (London: Verso, 2013), 7.
9. Bernard Lietaer, *The Future of Money: A New Way to Create Wealth, Work, and a Wiser World* (London: Century, 2001), 312.
10. Lietaer, *Future of Money*, 314.
11. "Triennial Central Bank Survey of Foreign Exchange and Over-the-Counter (OTC) Derivatives Markets in 2019," Bank of International Settlements (Basel), December 8, 2019, https://www.bis.org/statistics/rpfx19.htm.
12. David M. Kotz, *The Rise and Fall of Neoliberal Capitalism* (Cambridge, MA: Harvard University Press, 2015), 33.
13. Krippner, "Financialization of American Economy."
14. David M. Kotz, *Neoliberalism, Globalization, Financialization: Understanding Post-1980 Capitalism* (paper, Department of Economics, University of Massachusetts

Amherst, August 2015), 24, https://www.umass.edu/economics/sites/default/files/Kotz.pdf. This paper is a revised version of chap. 2, "What Is Neoliberalism?," in Kotz, *Rise and Fall*.

15. "Business: Stockholders," *The First Measured Century*, PBS, December 2000, http://www.pbs. org/fmc/book/14business6.htm.
16. Lydia Saad, "What Percentage of Americans Owns Stock?," Gallup, September 13, 2019, https://news.gallup.com/poll/266807/percentageamericans-owns-stock.aspx.
17. Randy Martin, *Financialization of Daily Life* (Philadelphia: Temple University Press, 2002), 3.
18. Karl Marx, *Capital: A Critique of Political Economy* (1894; repr., London: Penguin Books in association with New Left Review, 1991), 3:566.［カール・マルクス著、フリードリヒ・エンゲルス編『資本論』向坂逸郎訳、岩波文庫、1969年］
19. Marx, *Capital*, 3:601.［前掲書］
20. Marx, *Capital*, 3:526.［前掲書］
21. Marx, *Capital*, 3:596, 3:600.［前掲書］
22. Marx, *Capital*, 3:572, 3:568.［前掲書］
23. Rudolf Hilferding, *Finance Capital: A Study of the Latest Phase of Capitalist Development* (1910; repr., trans. Tom Bottomore, London: Routledge and Kegan Paul, 1981), 6.
24. Hilferding, *Finance Capital*, 115, 112, 104.
25. Hilferding, *Finance Capital*, 133, 134, 138.
26. Vladimir Lenin, *Imperialism: The Highest Stage of Capitalism* (1916; repr., London: Junius, 1996), 102.
27. Arrighi, *Long Twentieth Century*, 6.
28. Arrighi, *Long Twentieth Century*, 6.
29. Fredric Jameson, "Culture and Finance Capital," *Critical Inquiry* 24, no. 1 (1997): 249–50.
30. Jameson, "Culture and Finance Capital," 251.
31. Lapavitsas, *Profiting without Producing*, 44.
32. Lapavitsas, *Profiting without Producing*, 106, 103, 168.
33. Lapavitsas, *Profiting without Producing*, 29.
34. Jameson, "Brick and Balloon," 26.
35. Kotz, *Neoliberalism, Globalization, Financialization*, 1.
36. Kotz, *Neoliberalism, Globalization, Financialization*, 23, 9, 25.
37. Jeremy Clift and Elisa Diehl, eds., *Financial Globalization: The Impact on Trade, Policy, Labor, and Capital Flows* (Washington, DC: International Monetary Fund, 2007), 8.

38. Susan Lund and Phillipp Härle, "Global Finance Resets," *Finance and Development* 54, no.4 (December 2017): 43.
39. Lapavitsas, *Profiting without Producing*, 14.
40. Reinhold Martin, *Utopia's Ghost: Architecture and Postmodernism, Again* (Minneapolis: University of Minnesota Press, 2010), 106.
41. Timothy Mitchell, "Rethinking Economy," *Geoforum* 39 (2008): 1120.

第1章　金融資本主義と建築

エピグラフ: Rem Koolhaas, "Beijing Manifesto," *Wired*, June 2004, 124.
1. Fredric Jameson, "Culture and Finance Capital," *Critical Inquiry* 24, no. 1 (1997): 260.
2. Michael Hudson, "The Transition from Industrial Capitalism to a Financialized Bubble Economy" (working paper 627, Levy Economics Institute, 2010): ページ番号なし。
3. Prequin, *Prequin 2019 Global Real Estate League Tables*, accessed May 29, 2020, https://docs.preqin.com/reports/2019-Preqin-Global-Real-EstateLeague-Tables.pdf.
4. Amy Whyte, "The Biggest Investors in Real Estate," *Institutional Investor*, August 3, 2018, https://www.institutionalinvestor.com/article/b19c23gdjjkvn9/The-Biggest-Investors-in-Real-Estate.
5. Christopher B. Leinberger, "The Need for Alternatives to the Nineteen Standard Real Estate Product Types," *Places* 17, no. 2 (2005): 25.
6. Vladimir Lenin, *Imperialism: The Highest Stage of Capitalism* (London: Junius, 1996), 54.［ウラジーミル・レーニン『帝国主義：資本主義の最高の段階としての』宇高基輔訳、岩波文庫、1956年］
7. Giovanni Arrighi, *The Long Twentieth Century: Money, Power, and the Origins of our Times* (London: Verso, 2010), 184.
8. David Harvey, *The Limits to Capital* (University of Chicago Press, 1982 ,London: Verso, 2018), 347.［松石勝彦・水岡不二雄訳『空間編成の経済理論――資本の限界（上・下）』（大明堂，1989・1990年）］
9. Costas Lapavitsas, *Profiting without Producing: How Finance Exploits Us All* (London: Verso, 2013), 4.
10. Manuel B. Aalbers, *The Financialization of Housing: A Political Economy Approach* (London: Routledge, 2016), 2, 83.
11. Aalbers, *Financialization of Housing*, 3.
12. World Bank, *World Development Report 2009: Reshaping Economic Geography* (Washington, DC: World Bank, 2009), 206.
13. Hudson, "Transition from Industrial Capitalism," unpaginated.

14. "Households and Nonprofit Organizations; One-to-Four-Family Residential Mortgages; Liability, Level," Economic Research, Federal Reserve Bank of St. Louis, accessed May 30, 2020, https://fred.stlouisfed.org/series/HHMSDODNS.
15. "Household Debt, Loans and Debt securities," IMF DataMapper, International Monetary Fund, accessed May 30, 2020, https://www.imf.org/ external/datamapper/HH_LS@GDD/AUS/USA/GBR/CAN.
16. Thomas I. Palley, *From Financial Crisis to Stagnation: The Destruction of Shared Prosperity and the Role of Economics* (New York: Cambridge University Press, 2012), 58.
17. International Monetary Fund, *Global Financial Stability Report, April 2018: A Bumpy Road Ahead* (Washington, DC: International Monetary Fund, 2018), 93.
18. Alex Blumberg and Adam Davidson, "The Giant Pool of Money," May 5, 2009, in *This American Life*, podcast, MP3 audio, 59:00, https://www.thisamericanlife.org/355/the-giant-pool-of-money; Aalbers, *Financialization of Housing*, 3.
19. PwC, *Asset & Wealth Management Revolution: Embracing Exponential Change* (2017), 7, https://www.pwc.com/gx/en/industries/financial-services/asset-management/publications/asset-wealthmanagement-revolution.html.
20. Aalbers, *Financialization of Housing*, 84.
21. David Harvey, "Right to the City," *New Left Review* 53 (September–October 2008): 24.
22. Blumberg and Davidson, "Giant Pool of Money."
23. David Harvey, "Foreword: The Urban Roots of the Financial Crisis," in *Subprime Cities: The Political Economy of Mortgage Markets*, ed. Manuel B. Aalbers (Chichester, UK: Blackwell, 2012), xv.
24. Harvey, "Right to the City," 24.
25. Lapavitsas, *Profiting without Producing*, 260.
26. Aalbers, *Financialization of Housing*, 83.
27. Arrighi, *Long Twentieth Century*, 184.
28. The Penthouses, Pentominium, accessed May 10, 2020, http://pentominium.com.
29. Arindam Dutta, "Marginality and Metaengineering: Keynes and Arup," in Aggregate Architectural History Collective, *Governing by Design: Architecture, Economy, and Politics in the Twentieth Century* (Pittsburgh: University of Pittsburgh Press, 2012), 257.
30. Catherine Yoshimoto, "Yield-Seekers Embrace Emerging Market Real Estate," FTSE Russell, accessed May 31, 2020, https://www.ftserussell.com/blogs/yield-seekers-embrace-emergingmarket-real-estate.
31. "History," Colliers International, accessed January 30, 2018, http://www.colliers.

com/en-us/about/history.

第2章　ゾンビとゴースト、成長と衰退

本章の旧バージョンは、カレッジ・スクール・オブ・アーキテクチャー協会の第102回および第103回年次総会で発表され、「アセット・アーバニズム：ゴースト、ゾンビ、増幅された成長と衰退の同時性」として発表した。Ghosts, Zombies, and the Simultaneity of Amplified Growth and Decay," in *Globalizing Architecture: Flows and Disruptions: Paper Proceedings, ACSA 102nd Annual Meeting, Miami Beach, 2014*, ed. John Stuart and Mabel Wilson (Washington, DC: Association of Collegiate Schools of Architecture, 2015), 686–94 and "Spain Is Everywhere: Asset Urbanism and the Spatial Avatars of Neoliberalism," in *The Expanding Periphery and the Migrating Center: Paper Proceedings, 103rd ACSA Annual Meeting, Toronto*, 2015, ed. Lola Sheppard and David Ruy (Washington, DC: Association of Collegiate Schools of Architecture, 2015), 421–30.

1. US Government Accountability Office, *Vacant Properties: Growing Number Increases Communities' Costs and Challenges*, GAO-12-34 (Washington, DC: GAO, 2011), 12.
2. Michael Hudson, "The Transition from Industrial Capitalism to a Financialized Bubble Economy" (working paper 627, Levy Economics Institute, 2010): 7(ページ番号なし)。
3. US Census Bureau, "Rental and Homeowner Vacancy Rates by Area," Housing Vacancies and Homeownership, Annual Statistics: 2018, https://www.census.gov/housing/hvs/data/ann18ind.html.
4. US Census Bureau, "Rental and Homeowner Vacancy."
5. Daniel A. Hagen and Julia L. Hansen, "Rental Housing and the Natural Vacancy Rate," *Journal of Real Estate Research* 32, no. 4 (2010): 413–33.
6. J. W. R. Whitehead, "The Settlement Morphology of London's Cocktail Belt," *Tijdschrift voor economische en sociale Geograpfie* 58 (January–February 1967): 20–27.
7. Julie Satow, "Pied-à-Neighborhood," *New York Times*, October 24, 2014, https://www.nytimes.com/2014/10/26/realestate/pieds-terreownersdominate-some-new-york-buildings.html.
8. Jeffrey C. Mays and Jesse McKinley, "Lawmakers Support 'Pied-à-Terre' Tax on Multimillion-Dollar Second Homes," *New York Times*, March 11, 2019, https://www.nytimes.com/2019/03/11/nyregion/mta-subways-pied-aterre-tax.html.
9. Population Division—New York City Department of City Planning, Selected Housing Characteristics, 2017 American Community Survey 1-Year Estimates, New York City and Boroughs, https://www1.nyc.gov/assets/planning/

download/pdf/planning-level/nyc-population/acs/hous_2017acs1yr_nyc.pdf.

10. Elyzabeth Gaumer, *Selected Initial Findings of the 2017 New York City Housing and Vacancy Survey* (New York: New York City Department of Housing Preservation and Development, 2018), 17.
11. *Atelier Parisien d'urbanism, recueil thématique 1er, 2e, 3e et 4e arrondissements de Paris* (Paris: Paris Urbanism Agency, 2017), 18.
12. Evie Burrows-Taylor, "Paris: 26 Percent of City Centre Homes Lie Empty," *The Local*, August 18, 2017, https://www.thelocal.fr/20170818/paris-26-percent-of-city-centre-homes-empty.
13. Sarah Lyall, "A Slice of London So Exclusive Even the Owners Are Visitors," *New York Times*, April 1, 2013, http://www.nytimes.com/2013/04/02/world/europe/a-slice-of-londonso-exclusive-even-the-owners-are-visitors.html.
14. Savills World Research, *Spotlight: The World in London* (London: Savills Research, 2012), 4.
15. "Population and Dwelling Count Highlight Tables, 2016 Census," Statistics Canada, accessed May 19, 2020, https://www12.statcan.gc.ca/censusrecensement/2016/dp-pd/hlt-fst/pd-pl/Table.cfm.
16. *Measuring the Presence of Absence: Clarifications and Corrections in the Reportage of the BTAworks' Foreign Investment in Vancouver Real Estate*, March 25, 2013, accessed November 15, 2013, http://www.btaworks.com/2013/03/25/measuring-the-presence-of-absence- clarificationsand-correctionsin-the-reportage-of-the-btaworksforeign- investment-invancouver-real-estate/.
17. Jan Nijman, *Miami: Mistress of the Americas* (Philadelphia: University of Pennsylvania Press, 2011), 168.
18. Katrin Kandlbinder, Norman G. Miller, and Michael Sklarz, "Leveling the Playing Field: Out-of-Town Buyer Premiums in US Housing Markets over Time," *International Journal of Housing Markets and Analysis* 12, no. 3 (June 2019): 387.
19. "Narco-A-Largo: Money Laundering at the Trump Ocean Club, Panama," Global Witness, November 2017, https://www.globalwitness.org/en/campaigns/corruption-and-money-laundering/narco-a-lago-panama.
20. Catherine Cashmore, *Speculative Vacancies 8: The Empty Properties Ignored by Statistics* (Melbourne: Prosper, 2015), 18.
21. "The Housing Crisis in Cities: Causes, Effects and Responses: Summary of the Talks Given at the Barcelona Housing and Renovation Forum," MACBA auditorium, Barcelona, March 19–21, 2019, 15.
22. Scott Bollens, "An Island in Sectarian Seas? Heritage, Memory and Identity in Post-War Redevelopment of Beirut's Central District," in *Urban Heritage in*

Divided Cities: Contested Pasts, ed. Mirjana Ristic and Sybille Frank (London: Routledge, 2019), 179.
23. Feargus O'Sullivan, "Paris Is Tripling Its Tax on Second Homes," Bloomberg CityLab, January 26, 2017, https://www.citylab.com/equity/2017/01/paris-france-property-taxes-vacationhomes/514496/.
24. Satow, "Pied-à-Neighborhood."
25. Joseph Schumpeter, *Capitalism, Socialism and Democracy* (New York: Harper & Brothers, 1942).［ヨーゼフ・シュムペーター『新装版 資本主義・社会主義・民主主義』中山伊知郎、東畑精一訳、東洋経済新報社、1995年］
26. David Harvey, *The Urbanization of Capital: Studies in the History and Theory of Capitalist Urbanization* (London: Basil Blackwell, 1985), 16.
27. DEHLG (Department of Housing, Local Government and Heritage), as referenced by Rob Kitchin et al., *A Haunted Landscape: Housing and Ghost Estates in Post-Celtic Tiger Ireland* (Maynooth, Ireland: National Institute for Regional and Spatial Analysis, 2010), 17.
28. DEHLG (Department of Housing, Local Government and Heritage), as referenced by Kitchin et al., *Haunted Landscape*, 17.
29. Kitchin et al., *Haunted Landscape*, 10.
30. *Retail Space Europe: Yearbook 2010* (Amsterdam: Europe Real Estate Publishers, 2010), 23.
31. Andrew MacLaran, Katia Attuyer, and Brendan Williams, "Changing Office Location Patterns and Their Importance in the Peripheral Expansion of the Dublin Region 1960–2008," *Journal of Irish Urban Studies* 7–9 (2008–10): 60.
32. Peter Bacon & Associates, *Over-Capacity in the Irish Hotel Industry and Required Elements of a Recovery Programme*, November 2009, 12, http://www.ihf.ie/documents/ HotelStudyFinalReport101109.pdf.
33. DKM Economic Consultants, *Review of the Construction Industry 2007 and Outlook 2008 to 2010* (September 2008), ii, https://www.housing.gov.ie/sites/default/files/migrated-files/en/Publications/StatisticsandRegularPublications/ConstructionIndustryStatistics/FileDownLoad%2C18630%2Cen.pdf.
34. Kitchin et al., *Haunted Landscape*, 11, 12.
35. Morgan Kelly, "The Irish Credit Bubble" (working paper 09/32, UCD Centre for Economic Research Working Paper Series, University College Dublin, December 2009), 9, https://www.ucd.ie/t4cms/wp09.32.pdf.
36. See Barend Wind, Caroline Dewidle, and John Doling, "Secondary Property Ownership in Europe: Contributing to Asset-Based Welfare Strategies and the 'Really Big Trade-Off,'" *International Journal of Housing Policy* 20, no. 1 (January 2020): 25–52. 以下も参照。 Manuel Aalbers et al., *Buy-to-Let: gewikt en gewogen*

(Leuven, the Netherlands : KU Leuven and University of Amsterdam, 2018), https://www.sp.nl/ sites/default/files/onderzoek_buy_to_let_0.pdf.
37. Anne McGuinness, "The Distribution of Property Level Arrears," *Economic Letter Series, Central Bank of Ireland* 6 (2011): 3.
38. John FitzGerald, in discussion with the author, Dublin, July 23, 2013.
39. "House Price Statistics," Department of Housing, Local Government and Heritage, Ireland, accessed November 16, 2020, https://www.housing.gov.ie/housing/statistics/house-prices-loans-and-profile-borrowers/house-price-statistics.
40. "Housing Stock and Vacant Dwellings 2006 and 2011," Central Statistics Office (CSO), Ireland, accessed November 16, 2020, https://statbank.cso.ie/px/pxeirestat/Statire/SelectVarVal/Define.asp?maintable=CDP07.
41. *Annual Housing Statistics Bulletin 2006* (Dublin: Government of Ireland, 2007), 41, https://www. housing.gov.ie/sites/default/files/migrated-files/en/Publications/StatisticsandRegularPublications/HousingStatistics/FileDownLoad%2C14648%2Cen.pdf.
42. Mark Scott, Craig Bullock, and Karen Foley, "Design Matters: Understanding Professional, Community and Consumer Preferences for the Design of Rural Housing in the Irish Landscape," *Town Planning Review* 84, no. 3 (2013): 338.
43. Department of Housing, Planning and Local Government (Republic of Ireland), *Resolving Unfinished Housing Developments: 2017 Annual Progress Report on Actions to Address Unfinished Housing Developments* (February 2018).
44. "Forty Ghost Estates Targeted for Demolition," The Journal.ie, November 18, 2013, http://www.thejournal.ie/ghost-estates-demolish-1180225-Nov2013/.
45. Housing Agency, Department of Environment, Community, and Local Government (Republic of Ireland), *National Housing Development Survey: Summary Report*, November 2012, 8.
46. Isabel Concheiro, "Interrupted Spain" in *After Crisis: Contemporary Architectural Conditions*, ed. Josep Lluís Mateo (Baden, Switzerland: Lars Müller Publishers, 2011), 13.
47. William Chislett, "Is Spain Different? The Political, Economic and Social Consequences of Its Crisis," *International Journal of Iberian Studies* 28, nos. 2–3 (June 2015): 258.
48. Christopher Marcinkoski, *The City That Never Was* (New York: Princeton Architectural Press, 2015), 81.
49. Paco Segura, "Infraestructuras de transporte, impacto territorial y crisis," in *Paisajes devastados. Despues del ciclo inmobiliario: impactos regionales y urbanos de la crisis* (Madrid: Traficantes de Sueños, 2013), 85.

50. "Gross Domestic Product," Organization for Economic Cooperation and Development, accessed May 8, 2020, http://stats.oecd.org/index.aspx?queryid=9185.
51. Angel Bergés and Emilio Ontiveros, "La nueva Ley de Suelo desde la perspectiva económica. Sostenibilidad y eficiencia en los Mercados del Suelo." *Ciudad y territorio: Estudios territoriales* no. 152–53 (2007): 260; Ministerio de Transportes, Movilidad y Agenda Urbana, "Precios del suelo," accessed November 9, 2020, https://apps.fomento.gob.es/BoletinOnline2/?nivel=2&orden=36000000.
52. Ministerio de Transportes, Movilidad y Agenda Urbana, "Valor tasado de vivienda libre" accessed November 9, 2020, http://www.fomento.gob.es/BE2/?nivel=2&orden=35000000.
53. Asociación Hipotecaria Española, *Indicadores del coste de la deuda hipotecaria*, 2010, http://www.ahe.es/bocms/images/bfilecontent/2006/04/26/93.pdf.
54. José García-Montalvo, "Deconstruyendo la burbuja. Expectativas de revalorización y precio de la vivienda en España," *Papeles de economía española* 109 (2006): 49.
55. Banco de España, "Indicadores del mercado de la vivienda," accessed November 9, 2020, https://www.bde.es/webbde/es/estadis/infoest/sindi.html.
56. Isidro López and Emmanuel Rodríguez, *Fin de ciclo. Financiarización, territorio y sociedad de propietarios en la onda larga del capitalismo hispano (1959–2010)* (Madrid: Traficantes de Sueños, 2010), 292.
57. Isidro López and Emmanuel Rodríguez, "The Spanish Model," *New Left Review* 69 (May–June 2011): 10.
58. Tomás Mazón, Elena Delgado Laguna, and José A. Hurtado, "Mortgaged Tourists: The Case of the South Coast of Alicante (Spain)," in *Second Home Tourism in Europe: Lifestyle Issues and Policy Responses*, ed. Zoran Roca (Farnham, UK: Ashgate, 2013), 36.
59. Aitana Alguacil Denche et al., *La vivienda en España en el siglo XXI* (Madrid: Cáritas Española Editores, 2013), 104.
60. 以下の引用から。Concheiro, "Interrupted Spain," 19.
61. Professor Fernando Gaja i Díaz, University of Valencia, in discussion with the author, Valencia, Spain, July 7, 2014.
62. Concheiro, "Interrupted Spain," 19.
63. Fernando Gaja i Díaz, "Una desamortización a finales del siglo xx: el 'urbanizador' en la legislación urbanística valenciana," in *Ordenación del territorio y urbanismo en Castilla-La Mancha*, ed. Francisco Blázquez Calvo (Toledo, Spain: Almud, Ediciones de Castilla-La Mancha, 2008), 138.

64. Gaja i Díaz, "Una desamortización," 139.
65. Marcinkoski, *City That Never Was*, 73.
66. Tom Allet, "The 'Ghost' Comes to Life," *Airports International* 52, no. 2 (March 2019): 18.
67. Eugenio L. Burriel, "Empty Urbanism: The Bursting of the Spanish Housing Bubble," *Urban Research & Practice* (2015): 7, doi: 10.1080/17535069.2015.1110196.
68. Eugenio L. Burriel de Orueta, "El estallido de la burbuja inmobiliaria y sus efectos en el territorio," in *Geografía de la crisis económica en España*, ed. Juan M. Albertos Puebla and José Sánchez Hernández (Valencia, Spain: University of Valencia, 2014), 136.
69. José María Ezquiaga Domínguezは、マドリッドの都市化の側面を説明するのに「Archipiélagos postmetropolitanos（ポストメトロポリタンな群島）」という表現を使用している。私は彼の表現から「ポストメトロポリタンな島々」という表現を派生させたが、その定義は異なる。彼の表現については、「Archipiélagos postmetropolitanos（ポストメトロポリタンな群島）」、Cuestiones Urbanas 1 (2010): 46–56を参照のこと。
70. Jorge Salido Cobo, "Venta de pisos a contrarreloj," *El Mundo*, October 10, 2007, https://www.elmundo.es/elmundo/2007/10/02/suvivienda/1191338644.html.
71. "Cuatro bancos se quedan con 2,000 pisos de El Pocero," *El País*, January 15, 2009, https://elpais.com/economia/2009/01/15/actualidad/1232008383_850215.html.
72. Ramón Fernández Durán, "El Tsunami urbanizador español y mundial," *El Ecologista* 48 (2006): 22.
73. Concheiro, "Interrupted Spain," 23.
74. 以下を参照。"About," Phantom Urbanism, accessed May 29, 2019, http://www.phantom-urbanism.com/about.html.
75. Kaiji Chen and Yi Wen, *The Great Housing Boom of China* (working paper 2014-022C, St. Louis: Federal Reserve Bank of St. Louis, 2014; revised 2016), 1.
76. Marcinkoski, *City That Never Was*, 46.
77. Max D. Woodworth and Jeremy L. Wallace, "Seeing Ghosts: Parsing China's 'Ghost City' Controversy," *Urban Geography* 38, no. 8 (2017): 1272.
78. Max D. Woodworth, "Ordo Municipality: A Market-Era Resource Boomtown," *Cities: The International Journal of Urban Policy and Planning* 43 (March 2015): 127.
79. Uchralt Otede, "Kangbashi: The Richest 'Ghost Town' in China?," in *Prosperity*, ed. Jane Golley and Linda Jaivan (Canberra: Australian National University Press, 2018), 79.
80. People and Society, China, The World Factbook, Central Intelligence Agency, accessed September 20, 2020, https://www.cia.gov/library/publications/the-

world-factbook/geos/ch.html.
81. Marcinkoski, *City That Never Was*, 47.
82. "A Fifth of China's Homes Are Empty. That's 50 Million Apartments," *Bloomberg News*, November 8, 2018, https://www.bloomberg.com/news/articles/2018-11-08/a-fifth-of-china-shomes-are-empty-that-s-50-million-apartments.
83. "Beijing Issues New Rules to Limit House Purchase," *China Daily*, February 16, 2011, http://www.chinadaily.com.cn/china/2011-02/16/content_12028324.htm.
84. "More Chinese Cities Restrict House Purchases," *Xinhua Net*, March 29, 2017, http://www.xinhuanet.com/english/2017-03/29/c_136167353.htm.
85. "China's Home Vacancy Rate Is over 20 Percent," China Scope, December 30, 2018, http://chinascope.org/archives/17144.
86. "Housing Should Be for Living In, Not for Speculation, Xi Says," *Bloomberg News*, October 18, 2017, https://www.bloomberg.com/news/articles/2017-10-18/xi-renews-call-housingshould-be-for-living-in-not-speculation.
87. Tamsin McMahon, "Return of the Housing Bubble," *Macleans*, March 4, 2013, https://www.macleans.ca/economy/business/return-of-the-bubble-2/.
88. David Castillo and William Egginton, "Dreamboat Vampires and Zombie Capitalists," *New York Times*, October 26, 2014, https://opinionator.blogs.nytimes.com/2014/10/26/dreamboat-vampires-and-zombie-capitalists/.

第3章　金融のかたち

1. Rodrigo Fernandez, Annelore Hofman, and Manuel B. Aalbers, "London and New York as a Safe Deposit Box for the Transnational Wealth Elite," *Environment and Planning A* 48, no. 12 (December 2016): 2456.
2. Geoffrey DeVerteuil and David Manley, "Overseas Investment into London: Imprint, Impact and Pied-à-Terre Urbanism," *Environment and Planning A* 49, no. 6 (June 2017): 1309.
3. Oliver Wainwright, "Billionaires' Basements: The Luxury Bunkers Making Holes in London Streets," *The Guardian* (Manchester), November 9, 2012, https://www.theguardian.com/artanddesign/2012/nov/09/billionaires-basements-london-houses-architecture.
4. The Royal Borough of Kensington and Chelsea, *Basements: Supplementary Planning Document*, April 2016, https://www.rbkc.gov.uk/sites/default/files/atoms/files/01%20160414%20Final%20Basements%20SPD.pdf.
5. Sophie Baldwin, Elizabeth Holroyd, and Roger Burrows, "Mapping the Subterranean Geographies of Plutocratic London: Luxified Troglodytism?," May 2018, https://www.researchgate.net/publication/325046741_Mapping_ the_

Subterranean_Geographies_of_Plutocratic_London_Luxified_Troglodytism.
6. Baldwinet al., "Mapping SubterraneanGeographies."
7. Landmass London Property Development, *Millionaire Basement Wars*, BBC Documentary, 2015, directed by James Dawson, May 28, 2015, YouTube video, 1:21:07, https://www.youtube.com/watch?v=sLJ0zZQb9x0.
8. Alexander Robertson, "Nice Little FixerUpper!," *Daily Mail*, October 1, 2017, https://www.dailymail.co.uk/news/article-4939090/Foxtons-founder-wins-10-year-mega-basementbattle.html.
9. Sam Greenhill, "Tycoon's Underground Ferris Wheel to Show Off His Ferraris," *Daily Mail*, November 27, 2015, https://www.dailymail.co.uk/news/article-3336344/Foxtons-estateagents-billionaire-founder-wins-battle-Frenchgovernment-London-mega-basement-plans.html.
10. "New 'Sub Squad' to Stop Nuisance Basement Developments," City of Westminster, February 9, 2016, https://www.westminster.gov.uk/new-subsquad-stop-nuisance-basement-developments.
11. Wainwright, "Billionaires' Basements."
12. Royal Borough of Kensington and Chelsea, *Basements*.
13. "New 'Sub Squad.'"
14. "Digging Deep for More Space," Glenigan, accessed October 12, 2019, https://www.glenigan.com/digging-deep-for-more-space/.
15. George W. Bush, "Remarks to the National Association of Home Builders in Columbus, Ohio, October 2, 2004," *Public Paper of the Presidents of the United States, 2004, Book III—October 1 to December 31, 2004* (Washington, DC: United States Government Printing Office, 2007), 2323.
16. Gareth A. Jones and Peter M. Ward, "Privatizing the Commons: Reforming the Ejido and Urban Development in Mexico," *International Journal of Urban and Regional Research* 22, no. 1 (March 1998): 77.
17. Richard Marosi, "A Failed Vision," *Los Angeles Times*, November 26, 2017, https://www.latimes.com/projects/la-me-mexico-housing/.
18. Alfonso Valenzuela Aguilera and Sasha Tsenkova, "Build It and They Will Come: Whatever Happened to Social Housing in Mexico," *Urban Research & Practice* 12, no. 4 (2019): 497.
19. Alfonso Valenzuela Aguilera, "The Crisis in the Private Production of Social Housing in Mexico," *Latin American Perspectives* 44, no. 2 (March 2017): 39.
20. Aguilera and Tsenkova, "Build It," 497.
21. Marosi, "Failed Vision."
22. Liette Gilbert and Feike De Jong, "Entanglements of Periphery and Informality in Mexico City," *International Journal of Urban and Regional Research* 39, no. 3

(2015): 39.
23. Tatiana Bilbao, "A House Is Not Just a House," *Architect*, October 17, 2018, https://www.architectmagazine.com/design/a-house-is-not-just-a-house_o.
24. Christopher DeWolf, "James Cheng: Vancouver's Point Man," *Maisonneuve*, October 24, 2012, https://maisonneuve.org/post/2012/10/24/james-cheng-vancouvers-point-man/.
25. Paul Goldberger, "Too Rich, Too Thin, Too Tall?" *Vanity Fair*, May 2014, https://archive.vanityfair.com/article/2014/5/too-rich-too-thin-too-tall.
26. Feng Fu, *Design and Analysis of Tall and Complex Structures* (Oxford: ButterworthHeinemann, 2018), 129.
27. Juliet Chung and Alyssa Abkowitz, "Ackman Leads Group Paying $90 Million for Manhattan Penthouse," *Wall Street Journal*, May 16, 2013, https://blogs.wsj.com/moneybeat/2013/05/16/ackman-leads-group-paying-record-price-formanhattan-penthouse/.
28. Arindam Dutta, "Marginality and Metaengineering: Keynes and Arup," in Aggregate Architectural History Collective, *Governing by Design: Architecture, Economy, and Politics in the Twentieth Century* (Pittsburgh: University of Pittsburgh Press, 2012), 237.
29. Dutta, "Marginality and Metaengineering," 257.
30. Nadia Alaily-Mattar et al., "Public Real Estate Development Projects and Urban Transformation: The Case of Flagship Projects," in *Routledge Companion to Real Estate Development*, ed. Graham Squires, Erwin Heurkens, and Richard Peiser (New York: Routledge, 2017), 49.

第4章　超富裕層とスーパープライム

エピグラフ1: Joshua Brown, "Meet the House That Inequality Built: 432 Park Avenue," *Fortune*, November 24, 2014, http://fortune.com/2014/11/24/432-park-avenue-inequalitywealth/.

エピグラフ2: Michael Kimmelman, "Seeing a Need for Oversight of New York' s Lordly Towers," *New York Times*, December 22, 2013, https://www.nytimes.com/2013/12/23/arts/design/seeing-aneed-for-oversight-of-new-yorks-lordly-towers.html.

1. OECDの加盟国には、ヨーロッパと北米の国々のほか、日本、韓国、コロンビア、チリ、トルコ、イスラエル、オーストラリア、ニュージーランドが含まれる。
2. OECD, *Divided We Stand: Why Inequality Keeps Rising* (Paris: Organisation for Economic Cooperation and Development, 2011), 24; OECD, *A Broken Social Elevator? How to Promote Social Mobility* (Paris: Organisation for Economic Cooperation and Development, 2011), 66.

3. "Inequality," Organisation for Economic Cooperation and Development, accessed May 31, 2020, http://www.oecd.org/social/inequality.htm.
4. Thomas Piketty, *Capital in the Twenty-First Century* (Cambridge, MA: Harvard University Press, 2014).
5. Merrill Lynch and Cap Gemini Ernst & Young, *World Wealth Report 2001* (2001): 3, https://web. archive.org/web/20120617005805/http://www.in.capgemini.com/m/in/tl/pdf_2001_World_Wealth_Report.pdf.
6. Capgemini, *World Wealth Report 2018* (2018), 8, https://www.capgemini.com/wp-content/uploads/2018/06/Capgemini-World-WealthReport.pdf.
7. *World Wealth Report 2001*, 3.
8. Capgemini, *World Wealth Report 2012* (2012): 7, https://www.capgemini.com/resources/world-wealth-report-2012/.
9. Capgemini, *World Wealth Report 2018*, 8.
10. Vincent White et al., *World Ultra Wealth Report 2018* (New York: Wealth X, 2018), 10.
11. White et al., *World Ultra Wealth Report 2018*, 10.
12. Capgemini and RBC Wealth Management, *World Wealth Report 2013* (2013): 7, https://www.capgemini.com/se-en/wp-content/uploads/sites/29/2017/07/wwr_2013_1.pdf.
13. White et al., *World Ultra Wealth Report 2018*, 11.
14. White et al., *World Ultra Wealth Report 2018*, 13.
15. Knight Frank Research, *The Wealth Report: The Global Perspective on Prime Property and Wealth* (London: Think, 2014), 61.
16. Knight Frank, *Wealth Report*, 11, 61.
17. Savills World Research, *Around the World in Dollars and Cents: How Private Money Moves around the Real Estate World* (2014), 2, 3, https://pdf.euro.savills.co.uk/residential---other/privatewealth.pdf.
18. Erik Weinbrecht, "Sotheby's International Realty Brand Exceeds Record $112 Billion in Global Sales Volume for 2018," Extraordinary Living Blog, Sotheby's International Realty, February 27, 2019, https://www.sothebysrealty.com/extraordinary-living-blog/sothebysinternational-realty-brand-exceeds-record-112-billion-in-global-sales-volume-for-2018/; "At a Glance," Christie's International Real Estate, accessed July 29, 2020, http://www.profusionimmo.ca/documents/Christies_International_Real_Estate_-_Metrics_20161.pdf.
19. "Luxury Real Estate—Redefined," Sotheby's International Realty, accessed May 29, 2019, https://www.sothebysrealty.com/eng/luxury-real-estate.
20. Christie's International Real Estate, *Luxury Defined: An Insight into the Luxury Property Market* (Toronto: August Media, 2013), 4.

21. Reinier de Graaf, "Architecture Is Now a Tool of Capital, Complicit in a Purpose Antithetical to Its Social Mission," *Architectural Review*, April 24, 2015, https://www.architectural-review.com/essays/viewpoints/architecture-is-now-a-tool-ofcapital-complicit-in-a-purpose-antithetical-to-itssocial-mission/8681564.article.
22. Rupert Neate, "UK's Most Expensive Home Valued at £160m," *The Guardian* (Manchester), October 9, 2018, https://www.theguardian.com/uk-news/2018/oct/09/record-160m-paid-for-uksmost-expensive-home-ever-sold.
23. "One Hyde Park," Rogers Stirk Harbour + Partners, accessed April 25, 2020, https://www.rsh-p.com/projects/one-hyde-park/.
24. "One Hyde Park."
25. Patrik Schumacher and Peter Eisenman, "I Am Trying to Imagine a Radical Free-Market Urbanism," *Log* 28 (Summer 2013): 39–52.
26. Patrik Schumacher, "In Defense of Capitalism," European Graduate School Video Lectures, YouTube video, 55:00, November 17, 2015, https://www.youtube.com/watch?v=Ai5nnnc1kyk.
27. Douglas Spencer, *The Architecture of Neoliberalism* (London: Bloomsbury, 2016), 64.
28. Patrik Schumacher, "The Concept of Style and Parametricism as Epochal Style," Patrick Schumacher website, 2016, http://www.patrikschumacher.com/Texts/The%20Concept%20of%20Style%20and%20Parametricism%20as%20Epochal%20Style.html.
29. Spencer, *Architecture of Neoliberalism*, 67.
30. "520 West 28th," Zaha Hadid Architects, accessed April 25, 2020, https://www.zaha-hadid.com/design/520-west-28th-street/.
31. "520 West 28th," Zaha Hadid Architects, video, accessed April 25, 2020, https://www.zaha-hadid.com/design/520-west-28th-street/.
32. Pier Vittorio Aureli, "A Room against Ownership," in *Real Estates: Life without Debt*, ed. Jack Self and Shumi Bose (London: Bedford Press, 2014), 42.
33. Aureli, "Room against Ownership," 44.
34. Pier Vittorio Aureli and Martino Tattara, "Barbarism Begins at Home: Notes on Housing," in *Dogma: 11 Projects* (London: AA Publications, 2013), 92.
35. Aureli and Tattara, "Barbarism Begins at Home," 90.
36. Aureli and Tattara, "Barbarism Begins at Home," 89.
37. de Graaf, "Architecture Is Now a Tool."
38. Hélyette Geman and Tara Velez, "On Rarity Premium and Ownership Yield in Art," *Journal of Alternative Investments* 18, no. 1 (Summer 2015): 14, https://jai.pm-research.com.

39. Kriston Capps, "Why Billionaires Don't Pay Property Taxes in New York," Bloomberg CityLab, May 11, 2015, https://www.citylab.com/equity/2015/05/why-billionaires-dont-payproperty-taxes-in-new-york/389886/.

第5章　単純化とポスト・ソーシャル空間

1. Leigh Claire La Berge, "Introduction," *Scandals and Abstraction: Financial Fiction of the Long 1980s* (New York: Oxford University Press, 2014), 10, Oxford Scholarship Online, 2014, doi: 10.1093/acprof:oso/9780199372874.003.0001.
2. Douglas C. Harris, "Condominium and the City: The Rise of Property in Vancouver," *Law and Social Inquiry* 36, no. 3 (2011): 695.
3. Paul Goldberger, "Too Rich, Too thin, Too Tall?," *Vanity Fair*, May 2014, https://archive.vanityfair.com/article/2014/5/too-rich-too-thin-too-tall.
4. Harris, "Condominium and City," 714.
5. Oliver Wainwright, "'American Psycho' Property Promo Pulled after Twitterstorm," *The Guardian* (Manchester), January 5, 2015, https://www.theguardian.com/artanddesign/architecture-design-blog/2015/jan/05/americanpsycho-redrow-property-promo-pulled-aftertwitterstorm.
6. Robert Call, "Post-Crisis Investment in SingleFamily Homes in Fulton County, Georgia" (master's thesis, MIT, 2017).
7. Alana Semuels, "When Wall Street Is Your Landlord," *The Atlantic*, February 13, 2019, https://www.theatlantic.com/technology/archive/2019/02/single-family-landlords-wall-street.
8. "American Homes 4 Rent, Q4 2019 Earnings Call Transcript," *Motley Fool*, February 28, 2020, https://www.fool.com/earnings/calltranscripts/2020/02/28/american-homes-4-rentamh-q4-2019-earnings-call-tr.aspx.
9. 以下を参照。Paul Heideman, "To Fight Racial Inequality, We Have to Attack the Power of Corporations," *Jacobin*, July 23, 2020, https://jacobinmag.com/2020/07/private-equity-blackstone-anti-racism-housing.
10. Christopher B. Leinberger, "The Need for Alternatives to the Nineteen Standard Real Estate Product Types," *Places* 17, no. 2 (2005): 25.
11. Leinberger, "Need for Alternatives," 25.
12. Matthew Frankel, "The 10 Largest REITs by Market Cap in 2020," *Motley Fool*, January 11, 2020, https://www.fool.com/millionacres/real-estate-investing/reits/10-largest-reits-market-cap-2020/.
13. Armando Ortuño Padilla, María Hernández Hernandez, and Sergio Civier Planelles, "Golf Courses and Land Use Patterns in the South-East of Spain," *Land Use Policy* 51 (February 2016): 207.
14. Manfredo Tafuri, "The Disenchanted Mountain: The Skyscraper and the City,"

in *The American City: From the Civil War to the New Deal*, ed. Giorgio Ciucci, Franceso Dal Co, Mario ManieriElia, and Manfredo Tafuri, trans. Barbara Luigia La Penta (Cambridge, MA: MIT Press, 1979), 469.
15. Reinhold Martin, "Money and Meaning: The Case of John Portman," *Hunch* 12 (2009): 37.
16. Martin, "Money and Meaning," 40.
17. "Vertical Forest," Stefano Boeri Architetti website, accessed May 1, 2020, https://www.stefanoboeriarchitetti.net/en/project/vertical-forest/.
18. Alex Loftus and Hug March, "Financialising Nature?," *Geoforum 60* (March 2015): 172.
19. Justin Davidson, "The Challenges of Constructing New York's Tallest Apartment Building," *New York Magazine Intelligencer*, September 16, 2019, http://nymag.com/intelligencer/2019/09/nyc-tallest-building-centralpark-tower.html.
20. Catherine de Zegher and Mark Wigley, eds., *The Activist Drawing: Retracing Situationist Architectures from Constant's New Babylon to Beyond* (New York: Drawing Center, 2001), 9. The phrase *homo ludens* originates from Dutch historian and cultural theorist Johan Huizinga.
21. Catherine de Zegher, "Introduction," in *The Activist Drawing*, 10.
22. Georg Simmel, *The Philosophy of Money* (1900; repr., London: Routledge, 2004), 232.

第6章　住宅用アバターと生活用サロゲート

本章の初期バージョンは、"Residential Avatars & Life Surrogates,"（住宅用アバターと生活用サロゲート）として『Real Review 5』（2017年冬号）に掲載されたものである。

1. Barry Newman, "TOMS for Houses, *New Yorker*, February, 2014, https://www.newyorker.com/business/currency/toms-for-houses.
2. CBRE, *Global Living 2019*, April 2019, 4–5, https://www.cbreresidential.com/uk/sites/uk-residential/files/property-info/FINAL%20REPORT.pdf.
3. Slavoj Žižek, "Nobody Has to Be Vile," *London Review of Books* 28, no. 7 (April 6, 2006), https://www.lrb.co.uk/v28/n07/slavoj-zizek/nobody-has-to-be-vile.
4. Žižek, "Nobody Has to Be Vile."
5. Žižek, "Nobody Has to Be Vile."
6. TOMS website, accessed October 16, 2019, https://www.toms.com/what-we-give-shoes.
7. Frances Anderton, "Buy a Condo, Gift a House," October 16, 2018, in *Design and Architecture*, podcast, MP3 audio, 16:00, https://www.kcrw.com/culture/shows/design-and-architecture/scooter-wars-gifting-houses-puppets-on-the-movebuy-a-condo-gift-a-house.

8. Anderton, "Buy a Condo."
9. "Free Two Shoes," *The Economist*, November 5, 2016, https://www.economist.com/finance-and-economics/2016/11/05/free-two-shoes.
10. Amanda Taub, "Buying TOMS Shoes Is a Terrible Way to Help Poor People," *Vox*, July 23, 2015, https://www.vox.com/2015/7/23/9025975/toms-shoes-poverty-giving.
11. Žižek, "Nobody Has to Be Vile."
12. Mike Davis, *Planet of Slums* (London: Verso, 2006), 13.［マイク・デイヴィス『スラムの惑星―都市貧困のグローバル化』酒井隆史監訳，篠原雅武・丸山里美訳、明石書店、2010年］
13. Davis, *Planet of Slums*, 17.［前掲書］
14. United Nations Human Settlements Programme (UN-Habitat), "Chapter 1: Development Context and the Millennium Agenda," in *The Challenge of Slums: Global Report on Human Settlements 2003* (revised and updated version April 2010), 16, https://mirror.unhabitat.org/downloads/docs/GRHS_2003_Chapter_01_Revised_2010.pdf.
15. United Nations Human Settlements, *Challenge of Slums*, xxv.
16. United Nations Human Settlements, *Challenge of Slums*, xxv.
17. United Nations Human Settlements, *Challenge of Slums*, 17.
18. Davis, *Planet of Slums*, 175.［前掲書］
19. Hadani Ditmars, "Vancouver House by BIG Gears Up for Completion," *Wallpaper*, April 25, 2019, https://www.wallpaper.com/architecture/vancouver-house-big-canada.
20. Davis, *Planet of Slums*, 176.［前掲書］
21. Karl Marx, *Capital: A Critique of Political Economy* (1867; repr., London: Penguin Books in association with *New Left Review*, 1990), 1:342.［カール・マルクス著、フリードリヒ・エンゲルス編『資本論』向坂逸郎訳、岩波文庫、1969年］
22. Louise Story and Stephanie Saul, "Stream of Foreign Wealth Flows to Elite New York Real Estate," *New York Times*, February 7, 2015, https://www.nytimes.com/2015/02/08/nyregion/streamof-foreign-wealth-flows-to-time-warner-condos.html.
23. 合同会社（LLC）を認める法律を最初に制定したのは、ワイオミング州である（1977年）。LLCは、新自由主義化にともなう連邦政府の規制変更と同時期に誕生している。
24. William Davies, "Elites without Hierarchies: Intermediaries, 'Agency' and the Super-Rich," in *Cities and the Super-Rich: Real Estate, Elite Practices and Urban Politics*, ed. Ray Forrest, Sin Yee Koh, and Bart Wissink (New York: Palgrave Macmillan, 2017), 21.
25. Davies, "Elites without Hierarchies," 30.
26. Davies, "Elites without Hierarchies," 26.

27. "Community Amenity Contributions (CAC) Policy Update," City of Vancouver, accessed May 1, 2020, https://vancouver.ca/home-propertydevelopment/cac-guidelines.aspx.
28. 8X on the Park, accessed April 30, 2020, https://www.8xonthepark.com/the-building/.
29. For discussion of Vancouver's community contribution policies as a developer strategy of accumulation, see Zachary Hyde, "Giving Back to Get Ahead: Altruism as a Developer Strategy of Accumulation through Affordable Housing Policy in Toronto and Vancouver," *Geoforum* (July 2018), https://doi.org/10.1016/j.geoforum.2018.07.005.

第7章　不変のオブジェ

本章の以前のバージョンは、「Constant Object」として『Log 40』(2017年春・夏号) 101–6に掲載された。

1. 432 パーク・アベニューは、北側に小規模な店舗が入る基壇状の部分、西側に駐車場へのアクセス用の小さな突出部を持つ。パーク・アベニューと56丁目の角には、独立した店舗建築の「キューブ」が建つ。これらの要素は各自が独立した建築のように設えられており、タワー本体の純粋性を保っている。
2. "The CityRealty 100," CityRealty, accessed March 15, 2019, https://www.cityrealty.com/nyc/building-indices/the-cityrealty-100/building-list/1.
3. ニューヨークの不動産ジャーナリストは、432パーク・アベニューを含めたスーパープライム・コンドミニアムビルの入居率の算出を試みている。432パーク・アベニューは常にほぼ空室であると広く信じられているが、米国国勢調査のデータ、ニューヨーク市住宅開発局の情報、ニューヨーク市財務局の課税台帳、業界関係者へのインタビューを組み合わせることで、そのことを裏付けている。以下を参照のこと。"NYC's Ghost Towers: Just How Many of Manhattan's Luxury Condos Are Owned by People Who Don't Live There?," *The Real Deal: New York Real Estate News*, April 1, 2019, https://therealdeal.com/issues_articles/ghost-towers-new-york-city/.
4. Roy Liran and Ran Barkai, "Casting a Shadow on Neolithic Jericho," *Antiquity* 85, no. 327 (March 2011), http://antiquity.ac.uk/projgall/barkai327.
5. Nick Bostrom, "A History of Transhumanist Thought," *Journal of Evolution and Technology* 14 (April 2005): 12.
6. Max More, "Transhumanism: Towards a Futurist Philosophy" (1990, revised 1996). この記事はマックス・モア個人のサイトに掲載されていたものだが、現在は閲覧できなくなっている。以下からアクセスできる。https://web.archive.org/web/20051029125153/http://www.maxmore.com/transhum.htm. N O T E S
7. Francesca Ferrando, "The Body," in *Post- and Transhumanism: An Introduction*, ed. Stefan Lorenz Sorgner and Robert Ranisch (Frankfurt: Peter Lang, 2014),

221.
8. "Inventor Ray Kurzweil Sees Immortality in Our Future," PBS News Hour, March 24, 2016, https://www.pbs.org/newshour/show/inventorray-kurzweil-sees-immortality-in-our-future.
9. More, "Transhumanism."
10. Mark C. Taylor, *Abiding Grace: Time, Modernity, Death* (Chicago: University of Chicago Press, 2018), 61; Vernor Vinge, "The Coming Technological Singularity: How to Survive in the Post-Human Era," (lecture, NASA Vision 21 symposium, 1993): 19, https://ntrs.nasa.gov/citations/19940022856.
11. Giorgio Griziotti, "What Is Neurocapitalism and Why Are We Living in It?," interview by Antonella Di Biase, *Vice*, October 18, 2016, https://www.vice.com/en_us/article/qkjxaq/what-isneurocapitalism-and-why-are-we-living-in-it.
12. Taylor, *Abiding Grace*, 64.
13. Jacob Viner, "Adam Smith and Laissez Faire," *Journal of Political Economy* 35, no. 2 (April 1927): 201–2.
14. Georg Simmel, *The Philosophy of Money* (1900; repr., London: Routledge, 2004), 237.
15. Max Weber, *The Protestant Ethic and the Spirit of Capitalism* (London: Routledge, 1930).［マックス・ウェーバー『プロテスタンティズムの倫理と資本主義の精神』大塚久雄訳、岩波書店、1989］
16. Walter Benjamin, "Capitalism as Religion" (1921), in *The Frankfurt School on Religion*, ed. Eduardo Mendieta (New York: Routledge, 2005), 259.［ヴァルター・ベンヤミン『来たるべき哲学のプログラム（新装版）』道籏泰三訳、晶文社、2011年］
17. Giorgio Agamben, "Capitalism as Religion," in *Agamben and Radical Politics*, ed. Daniel McLoughlin (Edinburgh: Edinburgh University Press, 2017), 18.
18. Mark C. Taylor, *About Religion* (Chicago: University of Chicago Press, 1999), 149–54.
19. Mark C. Taylor, *Confidence Games* (Chicago: University of Chicago Press, 2004), 3.
20. Taylor, *About Religion*, 158.
21. Rem Koolhaas, *Delirious New York* (1978; repr., New York: Monacelli, 1994), 155.［レム・コールハース『錯乱のニューヨーク』鈴木圭介訳、筑摩書房、1995年］
22. Koolhaas, *Delirious New York*, 155.［前掲書］
23. Rem Koolhaas, "Kill the Skyscraper," in *Content*, ed. Rem Koolhaas, Brendan McGetrick, and Simon Brown (Cologne: Taschen, 2004), 473.
24. Margaret Rhodes, "NYC's $1.3B Supertall Skyscraper Was Inspired by a Trash Can," *Wired*, June 2, 2015, https://www.wired.com/2015/06/nycs-1-3b-supertall-skyscraper-inspired-trash-can.

25. Reinhold Martin, "In the Bank," *Thresholds* 41 (Spring 2013): 105.
26. Reinhold Martin, "Financial Imaginaries: Toward a Philosophy of the City," *Grey Room* 42 (Winter 2011): 71.
27. フレドリック・ジェイムソンは、SOM(スキッドモア・オーイングズ・アンド・メリル)設計のロサンゼルスのウェルズ・ファーゴ・コートを、スタンリー・キューブリックの映画『2001年宇宙の旅』に登場するモノリスと比較している。以下を参照。 Fredric Jameson, *Postmodernism, or, The Cultural Logic of Late Capitalism* (Durham, NC: Duke University Press, 1992), 13.
28. Fredric Jameson, "The Brick and the Balloon: Architecture, Idealism and Land Speculation," *New Left Review* 228 (March–April 1998): 44.
29. Jameson, "Brick and Balloon," 44.
30. Peggy Deamer, *Architecture and Capitalism: 1845 to the Present* (New York: Routledge, 2014), 131.
31. Pier Vittorio Aureli, *The Project of Autonomy: Politics and Architecture within and against Capitalism* (New York: Temple Hoyne Buell Center for the Study of American Architecture and Princeton Architectural Press, 2008), 14, 53.[ピエール・ヴィットーリオ・アウレーリ『プロジェクト・アウトノミア(自律運動)』北川佳子訳、鹿島出版会、2018年]
32. Pier Vittorio Aureli, "Rossi: The Concept of the Locus as a Political Category of the City," in *The Project of Autonomy*, 69.[前掲書]
33. Kim Moody, "Neoliberalism: The Shadow of Class," *Dialectical Anthropology* 32, nos. 1–2 (2008): 53.
34. Rafael Moneo, *Theoretical Anxiety and Design Strategies* (Cambridge, MA: MIT Press, 2004), 103.
35. Eugene T. Johnson, "What Remains of Man—Aldo Rossi's Modena Cemetery," *Journal of the Society of Architectural Historians* 41, no. 1 (March 1982): 39.
36. Johnson, "What Remains of Man," 44, 54. Also Rossi, as quoted in Johnson, "What Remains of Man," 45.
37. Moneo, *Theoretical Anxiety*, 119.
38. Moneo, *Theoretical Anxiety*, 109.
39. Adolf Loos, "Architecture," in *The Architecture of Adolf Loos: An Arts Council Exhibition*, 2nd ed., ed. Yehuda Safran and Wilfried Wang (London: Arts Council of Great Britain, 1987), 108. [「建築」アドルフ・ロース『にもかかわらず——1900-1930』鈴木了二・中谷礼仁監修、加藤淳訳、みすず書房、2015年]
40. Loos, "Architecture," 108.[前掲書]
41. "'Heaven': Will the Future Be Better Than We Can Imagine?," *CNN International*, June 19, 2006, http://edition.cnn.com/2006/TECH/science/06/19/heaven/.
42. Aldo Rossi, *The Architecture of the City*, trans. Diane Ghirardo and Joan Ockman (Cambridge, MA: MIT Press, 1982), 116.[アルド・ロッシ『都市の建築』大島哲蔵・福田

晴虔訳、大龍堂書店、1991年]

第8章　Sci-FiからFi-Fiへ

本章の初期のアイデアは、「From Sci-Fi to Fi-Fi: Fiction and the Socio-Technologies of Architectural Production」Journal of Architectural Education 69, no. 2 (October 2015): 220–27に掲載されたものである。

1. "What Is a Sears Modern Home?," Sears Archives, accessed June 3, 2019, http://www. searsarchives.com/homes/index.htm.
2. Gwendolyn Wright, *Building the Dream: A Social History of Housing in America* (Cambridge, MA: MIT Press, 1983), 252.
3. "Homeownership Rates," US Census Bureau, accessed June 3, 2019, https://www2.census.gov/programs-surveys/decennial/tables/timeseries/coh-owner/owner-tab.txt. See also "Homeownership Rate for the United States," Economic Research, Federal Reserve Bank of St. Louis, accessed August 17, 2020, https://fred. stlouisfed.org/series/RHORUSQ156N.
4. "Home Ownership Down and Renting Up for First Time in a Century," UK Office for National Statistics, June 19, 2015, https://www.ons.gov.uk/peoplepopulationandcommunity/housing/articles/.
5. Alicia Hall, "Trends in Home Ownership in Australia: A Quick Guide," Statistics and Mapping Section, Parliament of Australia, June 28, 2017, https://www.aph.gov.au/About_Parliament/Parliamentary_Departments/Parliamentary_Library/pubs/rp/rp1617/Quick_Guides/TrendsHomeOwnership.
6. Rose Neng Lai, Ko Wang, and Yuqing Zhou, "Sale before Completion of Development: Pricing and Strategy," *Real Estate Economics* 32, no. 2 (Summer 2004): 330.
7. Su Han Chan, Fang Fang, and Jing Yang, "Presales, Financing Constraints, and Developers' Production Decisions," *Journal of Real Estate Research* 30, no. 3 (July 2008): 374.
8. Lai et al., "Sale before Completion," 330.
9. Robert Edelstein, Peng Liu, and Fang Wu, "The Market for Real Estate Presales: A Theoretical Approach," *Journal of Real Estate Finance and Economics* 45, no. 1 (June 2012): 31.
10. "Understanding the Development Process: Part 2," Urbaneer, January 7, 2015, http://www.urbaneer.com/homewatch/understanding_the_development_process_part_2.
11. Kathy Tomlinson, "Flipping of Condo Units by Insiders Fuels Hot Vancouver Market," *Globe and Mail* (Toronto), April 29, 2018, https://www.theglobeandmail.com/canada/article-flipping-ofcondo-units-by-insiders-fuels-

hot-vancouvermarket/.

12. Tomlinson, "Flipping of Condo Units."
13. Fredric Jameson, "The Brick and the Balloon: Architecture, Idealism and Land Speculation," *New Left Review* 228 (March–April 1998): 43.
14. Nancy Lin, "Architecture Shenzen," in *Great Leap Forward*, ed. Chuihua Judy Chung et al. (Cologne: Taschen, 2002), 167.
15. Lin, "Architecture Shenzen," 167.
16. Mark C. Taylor, *Abiding Grace: Time, Modernity, Death* (Chicago: University of Chicago Press, 2018), 52.
17. Mark C. Taylor, *About Religion* (Chicago: University of Chicago Press, 1999), 147.
18. Oliver Chiang, "Meet the Man Who Paid a Record $335,000 for Virtual Property," *Forbes*, November 17, 2010, https://www.forbes.com/sites/oliverchiang/2010/11/17/meet-the-man-who-paida-record-335000-for-virtual-property/.
19. "Decentraland," BitcoinWiki, accessed June 3, 2019, https://en.bitcoinwiki.org/wiki/Decentraland.
20. Camila Russo, "Making a Killing in Virtual Real Estate," *Bloomberg Businessweek*, June 12, 2018, https://www.bloomberg.com/news/articles/2018-06-12/making-a-killing-in-virtual-real-estate.
21. Architectural Institute of British Columbia, *Bulletin 55: Tariff for Market Multiple-Residential Section*, December 2001, 15, http://aibc.ca/wp-content/uploads/files/2016/01/Bulletin_55_Dec01.pdf.
22. Altus Group, *Canadian Cost Guide 2017*, January 2017, https://www.altusgroup.com/services/reports/2017-construction-cost-guide/. アルタス・グループ(不動産サービス・コンサルタント会社)によるバンクーバーでの13〜39階建てコンドミニアムの建設費をもとに試算をしている。約10,452平方メートルの150戸のコンドミニアムを想定したところ、建設費は23,598,000米ドル、建築費は2.5%で、総費用は589,950米ドル(1戸当たり3,933米ドル)となる。
23. ここでの2パーセントの手数料は、販売手数料を除いたマーケティング費用のみである。これは、筆者がバンクーバーのディベロッパーたちと交わした会話に基づく保守的な見積もりである。
24. Jack Self, "Default Grey: Autonomy and Anonymity," 2015, video, 5:00, https://vimeo.com/124924903.
25. "Product," Lumion, accessed February 22, 2019, https://lumion.com/product.html.
26. William Davies, "Elites without Hierarchies: Intermediaries, 'Agency' and the Super-Rich," in *Cities and the Super-Rich: Real Estate, Elite Practices and Urban Politics*, ed. Ray Forrest, Sin Yee Koh, and Bart Wissink (New York: Palgrave Macmillan, 2017), 23.
27. Reinhold Martin, "Financial Imaginaries: Toward a Philosophy of the City," *Grey*

Room 42 (Winter 2011): 73.

28. Antoine Picon and Alessandra Ponte, eds., *Architecture and the Sciences: Exchanging Metaphors* (New York: Princeton Architectural Press, 2003), 10.
29. Rolf Torstendahl, "Technology in the Development of Society 1850–1980: Four Phases of Industrial Capitalism in Western Europe," *History and Technology: An International Journal* 1 (1984): 157–74.
30. Taylor, *Abiding Grace*, 44.
31. OMA, Rem Koolhaas, and Bruce Mau, *S,M,L,XL* (New York: Monacelli, 1995), xix, 88, 133.
32. OMA, *S,M,L,XL*, 1013, 1250.
33. Fredric Jameson, "Future City," *New Left Review* 21 (May–June 2003): 76.
34. Prashant Gandhi, Somesh Khanna, and Sree Ramaswamy, "Which Industries Are the Most Digital (and Why)?," *Harvard Business Review*, April 1, 2016, https://hbr.org/2016/04/a-chartthat-shows-which-industries-are-the-most-digitaland-why.
35. See Walter Mattli, *Darkness by Design: The Hidden Power in Global Capital Markets* (Princeton, NJ: Princeton University Press, 2019).
36. Matthew Blake, Peter Vanham, and Dustin Hughes, "5 Things You Need to Know about Fintech," World Economic Forum, April 20, 2016, https://www.weforum.org/agenda/2016/04/5-things-you-need-to-know-about-fintech/.
37. Deloitte Center for Financial Services, *Fintech by the Numbers: Incumbents, Startups, Investors Adapt to Maturing Ecosystem* (London: Deloitte, 2017), 7.
38. Andrew Baum, *PropTech 3.0: The Future of Real Estate* (Oxford: Saïd Business School, University of Oxford, 2017), 66, https://www.sbs.ox.ac.uk/sites/default/files/2018-07/PropTech3.0.pdf.
39. Dallas Rogers, "Becoming a Super-Rich Foreign Real Estate Investor: Globalising Real Estate Data, Publications and Events," in *Cities and the SuperRich*, 92–94.
40. Jameson, "Brick and Balloon," 44.
41. Leigh Claire La Berge, "Introduction," *Scandals and Abstraction: Financial Fiction of the Long 1980s* (New York: Oxford University Press, 2014), 4, Oxford Scholarship Online, 2014, doi: 10.1093/acprof:oso/9780199372874.003.0001.
42. La Berge, *Scandals and Abstraction*, 4.
43. Leigh Clair La Berge, "Rules on Abstraction: Methods and Discourses of Finance," *Radical History Review* 118 (Winter 2014): 94.
44. La Berge, "Rules on Abstraction," 100.

あとがき

エピグラフ: Fredric Jameson, *Postmodernism, or, The Cultural Logic of Late Capitalism* (Durham, NC: Duke University Press, 1992), 47.

1. Tracey Tully and Stacey Stowe, "The Wealthy Flee Coronavirus. Vacation Towns Respond: Stay Away," *New York Times*, March 25, 2020, https://www.nytimes.com/2020/03/25/nyregion/coronavirus-leaving-nyc-vacation-homes.html; Kevin Baker, "Affluence Killed New York, Not the Pandemic," *The Atlantic*, August 27, 2020, https://www.theatlantic.com/ideas/archive/2020/08/who-new-york/615715/.
2. *Geographies of Racial Capitalism with Ruth Wilson Gilmore*, directed by Kenton Card (Antipode Foundation, 2020), https://www.youtube.com/watch?v=2CS627aKrJI.

■図版クレジット

p 10　Courtesy of Imaginechina Limited / Alamy
p 20　Photograph by Hufton+Crow. Courtesy of the photographer and Zaha Hadid Architects
p 22　著者提供
p 28　著者提供
p 57　著者提供
p 59　著者提供
p 63　［写真］Jim Bartsch
p 64　左、右上: Courtesy of Pandiscio Green.
右下:［写真］Iwan Baan
p 71　上下: Courtesy of James KM Cheng Architects
p 83　［写真］CAMERA PRESS / GRAHAM Turner / Guardian
pp 86–7　［写真］Josimar Dominguez
pp 90-1　著者提供
pp 92–3　著者提供
p 96　［写真］Lőrinc Vass
pp 98–9　著者提供
p 101　著者提供
p 103　［写真］Lőrinc Vass
p 105　［写真］Josimar Dominguez
p 109　［写真］Tim Franco
pp 112–3　［写真］Paulo Moreira
p 116　上:［写真］Josimar Dominguez. Bottom
左: 著者提供
右下:［写真］Lőrinc Vass
p 121　［図面］Lőrinc Vass, redrawn from the original drawing created by the architects
p 127　著者提供
p 128　著者提供
p 129　左: *10,300 sq ft Homes. Los Encinos, Ensenada, Mexico. 2000–present.* © Livia Corona Benjamin. Courtesy of the artist and Proxyco Gallery, New York.
右: *Backyards. Durango, Mexico. 2000–present.* © Livia Corona Benjamin. Courtesy of the artist and Proxyco Gallery, New York.
pp 130–1　*47,547 Homes, Ixtapaluca, Mexico. 2000–present.* © Livia Corona Benjamin. Courtesy of the artist and Proxyco Gallery, New York.
p 136　上:［写真］Robin Hill. Courtesy of Arquitectonica.

下: Courtesy of Emre Arolat Architecture
p 137　Courtesy of ZinCo GmbH
p 141　Courtesy of SHoP Architects
p 142　Courtesy of SHoP Architects
pp 146–7　著者提供
pp 158–9　Photograph by Paul Raftery
p 163　Courtesy of Rogers Stirk Harbour + Partners
p 167　Courtesy of Rogers Stirk Harbour + Partners
p 170　上: Courtesy of Zaha Hadid Architects
下: Photograph by Hufton+Crow. Courtesy of the photographer and Zaha Hadid Architects
p 171　［写真］Scott Francis. Courtesy of the photographer and Zaha Hadid Architects
p 176　Courtesy of Dogma
p 177　Courtesy of Dogma
p 179　Courtesy of Dogma
p 181　Copyright Charles Correa Associates. Courtesy of Charles Correa Foundation
p 206　著者提供
p 208　上: 著者提供
中: ［写真］Josimar Dominguez.
右: ［写真］Lőrinc Vass
p 209　著者提供
p 210　著者提供
p 213　すべて著者提供
p 214　Bosco Verticale projected by Boeri Studio/［写真］Giovanni Nardi / Courtesy: Stefano Boeri Architetti
p 217　［レンダリング］Norm Li. Courtesy of UNStudio
p 219　［写真］Koumin Lee. Courtesy of WOHA
p 225　著者提供
p 227　上: ［写真］Arlen Redeko. Courtesy of Postmedia Network.
中、下: ［写真］Vandy Muong
p 239　著者提供
p 246　［写真］Halkin Mason. Courtesy of Rafael Viñoly Architects
p 248　［図面］Lőrinc Vass
p 250　上: ［図版］以下より。Henry O'Brien, *The Round Towers of Ireland: Or, The History of Tuath-de-danaans* (London: W. Thacker & Co., 1898), 72.
中: ［図版］以下より。*Edward Ives, A Voyage from England to India* (London:

Printed for Edward and Charles Dilly, 1773), facing 33.
下 : ［エッチング］Toni Pecoraro

p 253　*The American Architect*, March 26, 1913. Courtesy of the Skyscraper Museumより

p 260　［写真］Halkin Mason. Courtesy of Rafael Viñoly Architects

p 261　上 : Courtesy of Rafael Viñoly Architects.
下 : MAXXI National Museum of 21st Century Arts, Rome. MAXXI Architecture Collection. Aldo Rossi Archive. © Eredi Aldo Rossi

p 264　［写真］Gabriele Basilico. Courtesy of Archivio Gabriele Basilico

p 268　Courtesy of the Albertina Museum, Vienna

p 269　［レンダリング］DBOX

p 273　Courtesy of www.sears.com

p 277　［写真］Brent Holmes

p 283　Courtesy of Decentraland

p 284　Courtesy of Lumion

著者略歴――――
マシュー・ソウルズ(Matthew Soules)

ブリティッシュコロンビア大学建築学部准教授。マシュー・ソウルズ・アーキテクチャーの創設者兼ディレクター。ハーバード大学デザイン大学院(GSD)出身。南カリフォルニア建築大学客員教授、GSD客員准教授、またカナダおよび米国の教育機関でゲスト講師を務める。

訳者略歴――――
牧尾晴喜(まきお・はるき)

1974年、大阪生まれ。一級建築士、博士(工学)。株式会社フレーズクレーズ代表。建築やデザイン分野の翻訳を手がけている。同志社女子大学、摂南大学で兼任教員。主な訳書・監訳書に、『ナットとボルト 世界を変えた7つの小さな発明』、『世界を変えた建築構造の物語』(草思社)、『モダン・ムーブメントの建築家たち:1920-1970』(青土社)、『幾何学パターンづくりのすべて』(ビー・エヌ・エヌ)、『あるノルウェーの大工の日記』(エクスナレッジ)などがある。AXIS(アクシス)、VOGUE JAPAN、アイデア、GAといった雑誌での記事翻訳・執筆もしている。

建築のかたちと金融資本主義
氷山、ゾンビ、極細建築
2025© Soshisha

2025年2月4日　第1刷発行

著者　マシュー・ソウルズ
訳者　牧尾晴喜
装幀者　トサカデザイン(戸倉巖、小酒保子)
発行者　碇　高明
発行所　株式会社 草思社
〒160-0022　東京都新宿区新宿1-10-1
電話　営業 03(4580)7676　編集 03(4580)7680

本文組版　株式会社 キャップス
本文印刷　株式会社 三陽社
付物印刷　日経印刷 株式会社
製本所　大口製本印刷 株式会社
翻訳協力　株式会社 フレーズクレーズ
(上田麻紀／荒木久幸)

ISBN978-4-7942-2762-1 Printed in Japan　検印省略

造本には十分注意しておりますが、万一、乱丁、落丁、印刷不良などがございましたら、ご面倒ですが、小社営業部宛にお送りください。送料小社負担にてお取り替えさせていただきます。